大连理工大学管理论丛

中国企业集团创新网络研究

黄海昕　著

国家自然科学基金（71402015，71372082，71632004）
中国博士后科学基金（2014M561237）　　　　　　　资助
教育部人文社科重点研究基地重大项目（15JJD630004）

科学出版社

北　京

内 容 简 介

　　本书对中国企业集团嵌入的本土情境进行深入分析，试图揭示中国企业集团创新网络形成的内在逻辑机理，构建创新网络的过程演化模型。本书突破现有企业集团创新机理的相关研究更多地强调创新外显的正式结构和行为的局部框架，从逻辑层面深入挖掘，构建集团网络创新研究"情境—认知—逻辑—行为"的整合框架。此外，本书还基于不同的研究问题和对象，灵活地使用包括实证检验和质性探索在内的多种研究方法，丰富研究体系。

　　本书适用于相关研究领域的研究者，以及高等院校相关专业的高年级硕士生、博士生及相关学科的教师阅读，也可供企业管理者参考阅读。

图书在版编目（CIP）数据

中国企业集团创新网络研究 / 黄海昕著. —北京：科学出版社，2017.12
（大连理工大学管理论丛）
ISBN 978-7-03-054287-8

Ⅰ. ①中⋯　Ⅱ. ①黄⋯　Ⅲ. ①企业集团-创新管理-网络化-研究-中国
Ⅳ. ①F279.244

中国版本图书馆 CIP 数据核字（2017）第 213346 号

责任编辑：马　跃　李　莉 / 责任校对：樊雅琼
责任印制：吴兆东 / 封面设计：无极书装

科 学 出 版 社 出版
北京东黄城根北街 16 号
邮政编码：100717
http://www.sciencep.com

北京京华虎彩印刷有限公司 印刷
科学出版社发行　各地新华书店经销

*

2017 年 12 月第 一 版　开本：720×1000　B5
2017 年 12 月第一次印刷　印张：15 3/4
字数：310 000
定价：106.00 元
（如有印装质量问题，我社负责调换）

丛书编委会

总　序

　　编写一批能够反映大连理工大学管理学科科学研究成果的专著，是几年前的事情了。这是因为大连理工大学作为国内最早开展现代管理教育的高校，早在1980年就在国内率先开展了引进西方现代管理教育的工作，被学界誉为"中国现代管理教育的先驱，中国 MBA 教育的发祥地，中国管理案例教学法的先锋"。大连理工大学管理教育不仅在人才培养方面取得了丰硕的成果，在科学研究方面同样取得了令同行瞩目的成绩。例如，2010年时的管理学院，获得的科研经费达到2 000万元的水平，获得的国家级项目达到20多项，发表在国家自然科学基金委管理科学部的论文达到200篇以上，还有两位数的国际 SCI、SSCI 论文发表，在国内高校中处于领先地位。在第二轮教育部学科评估中，大连理工大学的管理科学与工程一级学科获得全国第三名的成绩；在第三轮教育部学科评估中，大连理工大学的工商管理一级学科获得全国第八名的成绩。但是，一个非常奇怪的现象是，2000年之前的管理学院公开出版的专著很少，几年下来往往只有屈指可数的几部，不仅与兄弟院校距离明显，而且与自身的实力明显不符。

　　是什么原因导致这一现象的发生呢？在更多的管理学家看来，论文才是科学研究成果最直接、最有显示度的工作，而且论文时效性更强、含金量也更高，因此出现了不重视专著也不重视获奖的现象。无疑，论文是重要的科学研究成果的载体，甚至是最主要的载体，但是，管理作为自然科学与社会科学的交叉成果，其成果的载体存在方式一定会呈现出多元化的特点，其自然科学部分更多的会以论文等成果形态出现，而社会科学部分则既可以以论文的形态呈现，也可以以专著、获奖、咨政建议等形态出现，并且同样会呈现出生机和活力。

　　2010年，大连理工大学决定组建管理与经济学部，将原管理学院、经济系合并。重组后的管理与经济学部以学科群的方式组建下属单位，设立了管理科学与工程学院、工商管理学院、经济学院以及 MBA/EMBA 教育中心。重组后的管理与经济学部的自然科学与社会科学交叉的属性更加明显，全面体现学部研究成果的重要载体形式——专著的出版变得必要和紧迫了。本套论丛就是在这个背景下产生的。

本套论丛的出版主要考虑了以下几个因素：第一是先进性。要将学部教师的最新科学研究成果反映在专著中，目的是更好地传播教师最新的科学研究成果，为推进管理与经济学科的学术繁荣做贡献。第二是广泛性。管理与经济学部下设的实体科研机构有 12 个，分布在与国际主流接轨的各个领域，所以专著的选题具有广泛性。第三是纳入学术成果考评之中。我们认为，既然学术专著是科研成果的展示，本身就具有很强的学术性，属于科学研究成果，有必要将其纳入科学研究成果的考评之中，而这本身也必然会调动广大教师的积极性。第四是选题的自由探索性。我们认为，管理与经济学科在中国得到了迅速的发展，各种具有中国情境的理论与现实问题众多，可以研究和解决的现实问题也非常多，在这个方面，重要的是发动科学家按照自由探索的精神，自己寻找选题，自己开展科学研究并进而形成科学研究的成果，这样的一种机制一定会使得广大教师遵循科学探索精神，撰写出一批对于推动中国经济社会发展起到积极促进作用的专著。

本套论丛的出版得到了科学出版社的大力支持和帮助。马跃社长作为论丛的负责人，在选题的确定和出版发行等方面给予了自始至终的关心，帮助学部解决出版过程中的困难和问题。特别感谢学部的同行在论丛出版过程中表现出的极大热情，没有大家的支持，这套论丛的出版不可能如此顺利。

大连理工大学管理与经济学部

2014 年 3 月

前　言

　　2016 年 11 月 16 日，由中国国家互联网信息办公室主办的第三届世界互联网大会在浙江乌镇召开，会议主题是"创新驱动，造福人类——携手共建网络空间命运共同体"。中国国家主席习近平在会议讲话中提出，要推动"网络创新、网络治理"，进而打造"网络共同体"。事实上，随着互联网技术的发展，大数据、云计算等信息、资源交流的新方式已经推动了企业运营实践，乃至企业组织结构发生剧烈的变化。在这种"创新化、网络化"的时代背景下，作为中国国民经济的支柱力量，企业集团这种经济组织形式与外部环境的互动影响日益深入、频繁，其组织结构构成、资源整合模式和信息沟通方式等方面都从过去相对封闭的大型层级模式向新兴的、开放交互的网络模式转变。

　　传统的企业集团相关研究主要依据委托-代理理论，将企业集团看做理性系统。一般研究认为，企业集团的创新由集团母公司推动，渐次传递到子公司层面，并因此仅仅关注集团正式的科层制结构。尤其在组织创新研究中，相关议题主要聚焦于企业集团组织内部的正式结构、子公司管控机制以及研发、生产、营销等基础价值链端口。

　　随着实践不断发展，企业集团的网络化运营与创新趋势使基于委托-代理理论和结构环境理论的层级控制观在分析时越显不足。从关系网络视角出发进行的集团创新研究弥补了传统研究视角的单一性，对集团内各子公司之间、子公司与外部环境的相关主体之间通过非正式纽带形成的创新网络结构进行分析。目前，国内外关于集团创新网络的研究主要集中在如何测量集团内部创新网络关系、集团创新网络的网络构型怎样影响创新绩效、集团创新网络的层次分析等问题，侧重于集团层面的整体创新网络的宏观分析，但对集团创新网络的结构要素、驱动逻辑、过程机理和关联关系的深入研究还属"黑箱"状态。

　　中国企业集团的产生、发展和演变具有其独特的路径，尤其与国家政治体制和经济体制改革的过程相伴相生，既有深刻的政府烙印，又有强烈的市场诉求。

多种力量、多种逻辑和多种情境对中国企业集团的创新过程共同起着复杂交错的系统性作用，并影响着集团创新网络的形态和结构。在中国企业集团发展早期，集团母公司对子公司进行高度管控，子公司仅仅是集团母公司的单一命令执行者。这种企业集团运营模式具有典型的计划经济特点，缺乏创新、不许创新，也不需创新。随着对外改革开放的政策放开，市场经济的大步发展，全球进入知识经济时代，创新成为中国企业集团成长发展并赢得全球化竞争的重要前提。在快速发展的网络化运营与创新实践中，为实现集团对环境的适应和快速反应，原本由集团母公司担任的创新主角角色已逐渐被优秀的子公司所取代。这些优秀子公司基于资源的积累以及自身成长的内在要求，具有很强的自主创新动机，并通过积极表现自身资源、能力等方面的优势，甚至通过成功地实施创新行为来取得集团认可，并进而获取集团对其进一步的资源投入和特权授予。这个由子公司推动的创新过程促进了集团网络化创新结构体系的形成，子公司的角色也因此从早期的被动接受者开始向积极探索者甚至主导创新者进行转变。子公司创新行为也因此成为提升企业集团整体网络竞争优势，实现成长的关键要素。

基于中国企业集团网络化创新的发展实践，本书结合网络理论、制度视角和管理创新相关理论，结合中国企业集团产生和发展的历史路径，以中国第一汽车集团为例，对中国企业集团创新网络的内涵和结构进行模型构建。在此基础上，逐层分析创新网络的演化驱动力、创新网络要素、创新网络结构和创新环境。随后，基于开放视角，讨论创新网络与环境的交互，进一步构建中国企业集团创新网络的整体情境架构，并深入分析本土情境中多重情境逻辑对企业集团创新网络的影响机理。最后，通过对海尔集团的分析，刻画中国企业集团创新网络的发展路径与演进过程。

本书的写作目的是对中国企业集团嵌入的本土情境进行深入分析，试图揭示中国企业集团创新网络形成的内在逻辑机理，构建创新网络的过程演化模型。在理论层面，一是需要突破企业集团研究领域对集团网络的解释和扩展的初级探索阶段，深入集团内部的认知层面，对企业集团网络化创新模式演变的内在机理进行探索；二是要基于已有制度情境的研究，进一步验证市场环境对企业集团创新的调节作用，并扩展情境的分析维度，抽象为国家制度逻辑和社会逻辑，从多元制度情境的维度解释在企业集团内部的创新逻辑的演化，探索集团创新网络结构中如创新参与主体、过程和行动等要素究竟如何受到基于多元制度情境的包括集团创新文化、创新目标和创新基模在内的内隐创新逻辑的内在驱动机理。现有研究尽管也涉及企业集团创新内在机理的探讨，但更多地强调创新外显的正式结构和行为，本书则从逻辑层面深入挖掘，构建了集团网络创新研究"情境—认知—逻辑—行为"的整合框架。

　　研究的情境构念是我国的整体制度情境，仅粗略涉及地区间的制度差异。这种宏观视角适于与国外研究进行对话，但实际上中国不同地区间的市场分割和制度文化差异是中国企业实践情境的重要特点，后续研究可以继续从中、微观层次进行深化。此外，新近的资源拼凑（entrepreneurial bricolage）理论将"突破资源约束"作为解释企业在创建与成长过程中脱离既定的"手段—目标"导向框架而进行的创新行为的主要动力。这种视角拓展了对集团创新资源的认识，并考虑到企业在不同发展阶段对资源的动态需求，未来的研究可以在此基础上进行整合，构建更合理的框架。

黄海昕

2017 年春

目　　录

第六篇　研　究　结　论

第一篇

研 究 绪 论

第1章 绪 论

第 1 章的主旨在于介绍本书的研究背景、阐述研究意义，并在此基础上提出研究问题，明确研究的主体对象；基于确定的研究目标和研究内容，设计研究方法与技术路线，并对本书的整体架构进行安排。

1.1 研究背景与研究意义

1.1.1 研究背景

1. 实践背景

1978 年十一届三中全会之后，我国政府开始尝试以市场为导向组建企业集团，将企业集团作为一种能够弱化经济波动和弥补市场缺失的特殊企业组织经营形式，作为发达国家的成功经验加以推广。随着经济改革的不断深入发展，企业集团成长为我国国民经济的支柱力量，研究与探索其发展与成长的内在机理对我国经济发展和社会福利提升具有重要意义。但相对于国外丰富的企业集团研究成果，我国学术界对企业集团相关理论的研究和探索还略显薄弱。这在一定程度上是由于国内外对企业集团界定范畴的差异及因此导致的理论异化（郑小勇和魏江，2011）；但最主要的原因还是我国的企业集团有着不同于其他国家的独特发展路径。

我国企业集团大部分是自十一届三中全会以后，在企业横向联合基础上逐步建立并发展起来的，具有较强的政府推动的烙印。早在 20 世纪 70 年代末改革开放之前，我国就已经出现了一批拥有较高水平的人员、技术和设备的大中型骨干企业，为集团的形成奠定了坚实基础。十一届三中全会之后，随着改革开放的进行，传统企业组织形式已不能满足经济发展的需要。1980 年，国务院提出了在国家计划指导下"发挥优势、保护竞争、推动联合"的方针。部门之间开始打开封锁，鼓励企业进行生产、技术等方面的横向经济联合，以形成企业间、地区间、城乡间多种形式和内容的经济联合体。同年，国务院发布《关于推动经济联合的暂行规定》（该规定现已失效，被如《中华人民共和国公司法》（简称《公司法》）等系列相关法律、法规取代），对横向经济联合的意义、原则、组织管理、政府的作用以及有关政策做了原则性规定。政府对经济联合体的认可和推动，促进了企业横向联合，推动了建立跨地区、跨行业横向经济联合体的步伐，为企业集团的发展创造了有利的条件。

随着改革开放的不断深入，企业面临的市场竞争日益激烈，企业联合体的内容和形式从生产技术领域向资金和其他经营领域扩展。企业对其加入的横向经济联合体的稳定性和长期性的要求越来越高，经济联合体内部企业间的吸引力、凝聚力急需得到增强。这个时期出现的一些内部联系更加紧密的企业联合体成为企业集团的雏形。工业管理部门因此在借鉴日本及其他西方发达资本主义国家的经济组织管理经验的基础上，提出了发展企业集团的建议。1987 年，国家计划委员会发布了《关于大型工业联营企业在国家计划中实行单列的暂行规定》，国家经济体制改革委员会（简称国家体改委）国家经济贸易委员会（简称国家经贸委）发布了《关于组建和发展企业集团的几点意见》，后者对企业集团的含义、组建企业集团的原则以及企业集团的内部管理等问题第一次做出了明确规定。在这些政策和行为的推动下，全国掀起了组建企业集团"热"。到 1988 年底，全国经过地市级政府批准并在工商行政管理局注册的企业集团有 1 630 家。尽管此时企业集团已经正式出现，但对企业集团内部的纽带关系界定并不明确，集团赖以形成的依托关系也各不相同，造成集团内部联结纽带松散、盲目多元化和存活率低等问题。这一阶段虽然绝大多数的企业联合体都套用了"企业集团"的名称，但在本质上与真正意义的企业集团存在很大差异。

1991 年初国务院办公会议议定了"选择一百个左右大型工业企业集团进行试点"的工作方向，在不同行业、不同类型的企业集团中进行试点，取得经验。1991年 12 月国务院对企业集团这种法人联合体的组织形式做了明确界定，以此为基础又陆续颁布了系列相关法规政策，对企业集团的组建和运行进行规范。以中央企业、地方企业，甚至许多集体企业、乡镇企业为依托组建了一大批企业集团，有效带动了经济结构的调整和发展。截至 1993 年，全国已组建起企业集团 7 500 多家，其中县级以上的有 3 000 多家。在这一阶段，规范的企业集团开始出现，企业集团内部的联结趋于紧密；企业集团的规模不断扩大，功能不断拓展，实力得到了发展；企业集团内部经营管理水平提高，开始利用市场手段进行结构调整和资源配置。但是这一阶段的企业集团仍然没有建立起真正的产权纽带和现代企业制度，主要还是一个行政管理机构，在降低交易成本、实现规模经济与范围经济等方面的作用还没有明显表现出来（蓝海林，2014）。

　　1994 年《公司法》的颁布，标志着企业集团的发展纳入法治轨道，无论是企业集团核心企业的设立，还是集团内部成员公司之间的经营管理和相互关系都有了基本的行为准则规定。例如，产权关系、政企职能分离等问题也都通过法律形式加以明确，这为企业集团进一步规范经营管理行为奠定了基础。党的十五大报告强调："推动以资本为纽带，通过市场形成具有较强竞争力的跨地区、跨行业、跨所有制和跨国经营的大企业集团。"这明确回答了企业集团发展过程中的最基本、最核心的问题，使企业集团向真正意义上的以产权联结为纽带的法人联合体转变，意味着企业集团从政府主导的生产单元集合向具有主体资格的自治体的方向发展。此后，我国国有企业集团的发展进入了一个经济理性的规范发展阶段。

　　我国的企业集团从诞生之日起就带有浓重的政府烙印。这种与西方企业不同的特殊性是由我国经济发展模式的特殊性决定的。我国现行经济发展处于由计划经济（即政府完全配给资源）到市场经济（即市场完全配给资源）的转型阶段，这种转型状态下的经济运行模式是一种非均衡和充满变革的状态。这样的转型制度背景意味着政府对企业的微观经济活动的深度嵌入，这种政府干预的程度与西方经济理论中的"守夜人"角色有着本质区别，也不能仅仅使用"扶持之手"或"攫取之手"进行简单的二元分类。在迄今三十多年的改革进程中，国有企业集团始终作为改革的中心，内生于整个渐进式改革的过程中（罗仲伟，2009）。政府的主导力量在这个过程中起到了重要的、先进的导向作用，但同时也形成了很多弊端。例如，通过"工业局改制"这种路径组建集团的方式，一方面的确有利于实现规模经济，让企业快速发展；但另一方面也存在盲目地把一些过去完全没有交集的企业生硬地组织到一块，造成了集团"集而不团"的问题。

　　尽管随着国有企业公司治理改革的深入，政府越来越多地把国有企业的控制权转移至企业集团手中（Keister，1998；White et al.，2008），逐步在集团中建立起了较为完善的产权结构；但政府又无法完全释放对企业集团的控制权并赋予其更多的使命，仍对国有企业拥有着相当的控制权，对国有企业的行为仍存在严重的干预。例如，政府为了避免出现大量失业和可能因此而来的社会动荡，实现稳定就业的社会目标，设立了许多政策来维持和提高企业的雇员就业水平，鼓励企业保持一定的雇员数量甚至惩罚一些超量减员的企业，如中央企业（简称央企）50 强之一的军工企业新兴铸管集团，就曾因维持了较高的雇员水平（8 万余人）而获得中央政府授予的"维稳工作先进单位"称号。国有独资的中国国家电网公司（State Grid Corporation of China）在 2010 年的营业收入为 1 845.6 亿美元，员工约为 150 万人，同期美国电力公司营业收入为 144 270 亿美元，雇员却仅为 18 712

人，即使在考虑到技术差距等影响因素之后，中国国家电网仍维持了一个很高的雇员水平[①]。种种实践现状表明简单地套用国外基于效率逻辑对企业集团进行研究的分析范式无法对我国企业集团的成长与发展进行有效的解释与指导，还必须将制度环境中以政府为代表的合法性要素纳入分析框架。

在过去相对简单、稳定、封闭的计划经济体制环境中，绝大部分企业集团都采取集权式的控制，子公司仅作为集团命令的执行单元而存在，这样一种简单的集权层级模式成为我国集团发展的规模基础。但随着近年来经济环境急速变化和国际竞争日趋激烈，过去计划经济体制下形成的传统集权式的大型企业集团不仅存在着难以迅速适应环境变化的困难，也要面对集团内不同业务间异质性扩大所带来的协调成本的增加而导致的内部资源配置非效率。为了提升对环境的适应性、降低子公司的治理成本，母子公司间的层级关系逐渐向网络关系转变，网络化运营成为企业集团的选择趋势。为了提升集团对环境的适应性，集团需要下放权力，也就是要赋予子公司一定的自主决策权与资源配置权，这就带来子公司角色的变化。

子公司这种角色的转变以及自身成长的内在要求，使子公司具有很强的自主创业动机，它们开始试图表现出自身的优势，取得母公司的信任，获取集团的资源投入和特权。在这样的背景下，与母公司战略目标相一致的子公司主动创新行为就成为企业集团整体网络竞争优势的关键要素。集团网络中由母、子公司形成的各结构元之间通过实施主动创新行为相互联结，进而进行信息交流及互动形成。子公司战略主动行为的实行也因此进一步地构成了集团结构中的行为体系。正是这个由子公司的真实行为所形成的集团网络体系，才真正反映了集团的实际行为并影响着集团绩效。因此对企业集团创新网络的研究不能仅考虑集团的正式结构体系，还必须结合由子公司创业行为构成的创新行为体系进行分析。

2. 理论背景

由于企业集团对经济发展的重要作用，长期以来集团母子公司的治理问题一直是学者们所关注的对象。早期对母子公司关系的研究主要集中于对集团整体的关注，这主要是由于当时子公司在企业集团中所承担的任务有限，大多是销售与制造的功能中心，因此这些早期研究主要聚焦在母公司如何控制子公司，如母公司对子公司的集权程度、正式化程度、协调机制以及规范性整合等问题上。或者是基于委托-代理理论，认为母公司把一定的决策权力委托给子公司，此时作为

---

① 数据分别来自中国国家电网公司和美国电力公司官方网站。

委托人的母公司要面对掌握私人信息的子公司不作为的代理问题。此时所谓来自母公司的治理机制，就是为了使代理问题最小化而对子公司行为进行控制的规范框架。

随着实践中制造过程以及技术的弹性化发展，规模经济的重要性降低，而经济环境中的复杂性、不确定性因素日益增加，信息交流与快速反应对于一个企业来说越来越重要，这样使母子公司间的关系发生变化（Martinez and Jarillo，1991）。例如，一些母公司将实体资产与管理能力分散至各地区的子公司，而各子公司也维持相互依赖的关系（吴立东，2007）。在这样的实践背景下，开始有学者认识到这种仅关注母公司而忽略子公司差异的研究的局限性，认为以传统层级组织观点来分析母子公司的不足之处在于忽略了组织间的互动关系，因此逐渐开始将研究视角深入子公司层面。

此外，通过对相关研究的整理来看，一方面，早期对子公司角色、自主权和自主行为的研究主要聚焦于发达国家的跨国公司（multi-national corporation，MNC），而忽视了对新兴经济体或是发展中国家的关注。这主要是由于发达国家经济发展具有领先性，国外学者也因此较早地从当地获取研究样本进行研究。而对于中国这样相对落后的发展中国家，国内学者更多的是以借鉴学习为主，关于子公司创业行为的研究相对缺乏（Birkinshaw，1997）。当然，随着新兴经济体的崛起，对子公司的研究也呈现出递增趋势。另一方面，子公司既是母公司的隶属单位，又是独立法人个体，因此子公司内部实质上也是一个完整的任务结构，具有分析、决策、管理和执行等多种能力。但许多关于子公司的早期研究文献回避了子公司的这一特性，直到近年才将子公司作为独立的分析单位从依附于集团母公司的研究中分离出来（薛求知和侯仕军，2005）。

越来越多的学者认为基于结构环境理论和委托-代理理论的层级治理观分析母子公司的行为存在不足，提出用关系网络治理的观点来解释母子公司的组织形式。这些基于网络视角的研究，或以母公司为核心的集团整体作为研究单位，或从母公司的角度出发探讨母子公司间关系网络的有效利用，可以帮助我们了解不同的企业集团网络之间是否有不同的策略、组织结构和管理制度等，但仍无法对同一企业集团网络内不同子公司的策略和组织结构差异做出解释。现实中，各子公司独特的优势与能力、各子公司间的异质性越来越成为母公司竞争优势的来源，子公司的重要性日益增加，在网络中的角色和地位发生着变化，如 Jarillo 和 Martinez（1990）从公司间整合程度及子公司主导程度两个方面进行研究，发现子公司已经从早期的接受型向积极型和主导型转变，子公司越来越享有较高的主导权。但是已有对子公司创业行为的决定因素研究没有将决定因素纳入母子公司关系网络统一的框架内，在解释子公司创业行为机制方面存在局限。而关于母子公司网络效应的研究，更多的是探讨网络关系对子公司在信息、资源和合理性方面的支持，即利益支持（Gulati，1999a；Burt，1992），忽略了转型经济背景下母子公司关系网络给子公司成长带来的弹性限制，这样就难以对转型经济背景下我国企业集团网络治理中子公司决策自主行为的一般规律和问题给予科学的总结与解释。

总体看来，长期以来针对中国企业集团的研究大都借鉴西方理论。已有关于集团内部治理的研究关注的核心命题在于解决母子公司之间"代理问题"的企业集团内部控制结构与机制研究，所依据的是委托-代理理论，如关于企业集团形成的主要理论是沿着科斯和威廉姆森的思路发展起来的市场失败（Leff，1978）或制度空隙（Khanna and Palepu，1999，2000a）观点。然而学者们在以交易成本理论为基础对企业集团的产生进行解释时，重点强调企业集团面临的技术环境，对其面临的制度环境则关注不足，强调层级治理的委托-代理理论用于解释整合重组和整体上市所导致的集团内部复杂的治理问题也略显简单（武立东等，2012）。

正如企业集团理论的关系观点认为国家或区域环境的制度要素决定着企业集团的产生与治理模式的选择（Yiu et al.，2007），组织社会学中的新制度理论也指出理性化的正式结构的要素充分反映了广泛的社会现实（Meyer and Rowan，1977）。基于这两种理论，中国企业集团的成长路径与内部治理必然受到我国特有的制度环境的影响。在本书中，我们引入企业集团理论的政治经济观点，把企业集团看做为了经济追赶的一种组织设备，而非简单地对技术环境的被动反应，以揭示我国特有的制度环境对企业集团成长路径的影响机理。除了决定企业集团的产生以外，制度环境还影响其内部治理模式的选择。在制度环境和技术环境的双重作用下，中国企业集团必须面对来自政府的保持高就业水平的要求以避免出现大量失业和因此导致的社会动荡，同时还必须面对数量不断增长的拥有国内外先进技术的竞争者（White et al.，2008）。正如党的十八大报告指出的，当前就业仍是关系到群众切身利益的重要问题，并提出要实施就业优先战略。因此，企业集团仍将面临来自制度环境的较大压力。在这种情况下，治理模式的选择并不能单纯地用委托-代理理论解释。委托-代理理论的另一个局限性是将企业集团看做一个理性系统，仅关注其正式结构，而对集团内子公司间通过非正式纽带而形成的网络关系及其间的资源共享与知识学习等水平联系机制缺乏深入的探讨，忽视了非正式结构可能发挥的重要作用。

有鉴于此，本书引入子公司创业行为（subsidiary initiative，还可译作"子公司主导行为"，为与国内研究相统一，本书仍将其作为"子公司创业行为"进行研究）的概念，结合母子公司间关系网络的现实特征，将企业集团的非正式结构也纳入研究范围，确立一个包括公司间关系、个体特性、组织特性与环境的复杂性、不确定性四个因素的分析识别子公司创业行为决定因素的框架，进一步考察企业集团子公司如何通过实施创业行为改变网络嵌入程度，以有效应对制度环境的合法性要求与技术环境的效率要求。

1.1.2　研究意义

1. 实践意义

自 1978 年中国的企业集团经历了近 40 年的发展历程，已取得了长足的进步。在《财富》杂志公布的 2016 年度世界 500 强企业排行榜中，中国内地企业有 110 家上榜，其中以集团形式整体进榜的有 105 家。可见企业集团现已成为中国国民经济的骨干力量以及国际竞争的主力军。早在国有企业改革初期，企业间的兼并重组使一大批大型企业集团得以组建。自 2003 年国务院国有资产监督管理委员会（简称国资委）成立后，国资委圈定业绩优秀的央企，利用它们承担整合其他央企的重任，央企间的整合又催生了一批企业集团。与此同时，中国企业集团整体上市的步伐不断加快。据 Wind 资讯统计显示，仅 2007 年就有 13 家公司完成整体上市。2011 年，国资委将央企整体上市列为一项核心工作。国资委副主任邵宁还断言中国民营企业的市场化也将朝整体上市的方向走。此后，国资委在 2015~2017 年连续三年对央企进行深度整合重组，这些重组行动和整体上市的推进扩大了企业集团内不同业务间的异质性，进而带来协调成本的增加。

随着企业集团的迅速发展，企业集团中子公司的治理问题也越来越受到人们的关注。一方面，企业集团受到快速变化的外部经济环境的影响，运营逐渐趋向网络化，这种网络化的集团运营实践使传统基于层级控制的分析逻辑难以对现实企业做出有效指导。另一方面，中国企业集团作为经济转型改革的直接结果，既面临着来自政府的制度压力，尤其是政府为避免大量失业现象及由此带来的社会动荡而施加于企业的就业压力，同时也面临着来自市场上拥有先进技术的竞争者的竞争压力。这些企业集团发展历程中所面临的问题，亟待我们进行经验总结。

对于中国这样一个典型的处于经济转型时期的国家，企业集团怎样面对转型经济中的制度冲突？企业集团又如何帮助子公司平衡来自外部的制度压力和来自产业环境的竞争压力？在这样的双重压力下，子公司又如何实现创新与成长？这些都是在企业集团网络化治理实践中必将遇到的问题，本书试图给出解释：通过构建以集团网络为基础、以合法性机制与效率机制的耦合为核心的理论模型，着重分析由企业集团子公司创业行为驱动形成、作为非正式组织存在的集团创新网络对子公司所面临的制度压力的缓冲效用，以及子公司面对制度和竞争双重压力如何进行策略选择，从而实现创新和成长的发展路径。这一问题的理论含义与实践要旨，对丰富企业集团治理理论与促进企业集团治理实践的重要意义是不言而喻的，特别是对企业集团的理论与实践都处于发展阶段的中国转轨经济而言，该项研究的理论指导意义与实践参考价值显得尤为重要。对这些问题的深入剖析，有利于集团管理者有效地进行集团治理，进而提升中国企业集团的国际竞争力。

2. 理论意义

企业集团治理问题一直是学者们所关注的对象。学者们主要用四个理论观点来探讨企业集团的治理问题：交易成本理论、关系理论、政治经济观点及委托-代理理论。遵循科斯和威廉姆森的思路，交易成本理论关注企业集团组织的内部市场和公司间交易制度，尤其是内部交易的战略因素。关系理论能帮助理解在一个特殊的国家或区域环境中社会文化遗产如何决定企业集团的产生和治理模式的选择（Keister，1998，1999，2000）。持有政治经济观点的学者把企业集团看做促进国家控制和推动工业发展的方法。委托-代理理论将企业集团看做控制性股东和少数股东之间代理关系的集合，企业集团的治理主要来自外部监管的力量。企业集团治理就是针对所处环境决策的适应性反应，通过建立一个集团治理结构减少环境中的不确定性和复杂性。但目前对子公司的治理重点仍主要聚焦于如母公司对子公司的集权程度、正式化程度、协调机制以及规范性整合等母公司管控手段上，还没有涉及对由子公司主导创新行为所构成的集团行为体系的分析。

对于中国现阶段关于企业集团治理的研究而言，大部分研究主要是从政治经济理论、制度理论以及资源基础理论等角度出发，或是考察在集团宏观层面上所反映出的基本运行规律和组织特征，或是在微观层次上针对控股股东的代理问题、围绕外部监管以及规制制度设计等问题来展开的。但对于集团内部治理的研究，一直没有形成一个清晰的分析框架，大部分研究仅关注于企业集团的规范治理结构。但集团的网络化运营实践告诉我们，仅关注于规范结构研究是不够的，必须要将企业集团的规范结构嵌入行为结构当中去进行综合的分析，才能够更好地阐释集团子公司治理与网络化创新的相关问题。

本书选题定位于网络嵌入视角下子公司创业行为对集团创新网络的演化作用研究，遵循新制度理论的主张，充分结合中国情境，在交易成本理论和委托-代理理论基础上，整合政治经济观点、社会网络理论、公司创业理论、资源基础观，把企业集团视为开放的自然系统。基于对我国企业集团产生、发展的路径与制度背景的分析，进一步引入制度环境要素，尤其是以政府为代表的合法性制度要素，分析其对集团的影响。结合合法性机制与效率机制的耦合分析视角，构建合法性机制和效率机制的耦合模型。

研究从分析识别具有中国情境特征的子公司创业行为的决定因素入手，并据此分析了由企业集团子公司创业行为推动形成的集团非正式网络对子公司所面临的就业压力的缓冲效用，以及子公司如何应对制度和就业双重压力进行策略选择，进而实现集团创新网络的演化成长，为后续研究设计实现个体自主性与整体效率协调统一、适应环境变化的企业集团治理模式奠定基础，是在总结中西方研究成果的基础上对中国情境的深入分析和内化。其本身是一个科学合理并富有实践意义的问题，也是企业集团治理、公司治理领域的前沿与热点问题，特别是对中国的企业集团理论与实践而言具有积极意义。

1.2　研　究　内　容

1.2.1　主要内容

本书目的是探讨在合法性机制和效率机制的共同作用下，基于集团行为结构的分析体系，研究子公司如何通过实施创业行为改变其网络嵌入，进而解消压力、实现成长的内在机理（图 1.1）。

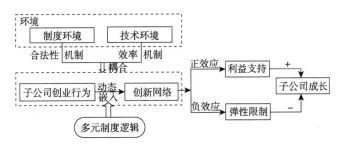

图 1.1　研究的内容框架

本书以组织理论、社会网络理论、新制度经济学等领域的已有研究为基础，运用文献研究、案例研究、社会网络分析、深度访谈、问卷调研等研究方法开展理论与实证分析，以企业集团母子公司运营网络中子公司的创业行为为切入点，具体从企业间关系层面、子公司个体层面、子公司层面三方面探讨子公司创业行为的决定因素以及不同类型子公司创业行为的网络效应。并在借鉴已有研究的基础上进一步和中国情境变量相结合，最终分析不同的子公司创业行为的网络效应差异，进而构建子公司创业行为的网络效应模型。本书认为由于企业集团的母子公司关系网特性，子公司创业行为的内在影响机理复杂，合法性机制和效率机制等多重驱动逻辑耦合作用，并产生多层次影响效应。围绕这个研究目的，研究内容主要包括以下四个层次。

第一层次：介绍本书的实践背景与理论意义，阐明研究目的，界定研究主体，并据此对研究的整体架构进行安排设计。在此基础上，以国内外关于网络理论、创业行为、创新、子公司成长等相关研究的文献及理论的评述作为研究起点，分析以往研究的不足，为本书后续部分深入展开分析奠定基础。

第二层次：首先，对子公司实施创业行为的内在动机、实施条件与影响因素进行分析，理清了子公司实施创业行为的逻辑链条；其次，对企业集团的网络结构进行解析；最后，对子公司如何通过实施创业行为来实现其对集团创新网络的构建与解消这个动态过程的内在机理进行了研究，构建了创业行为与集团网络关系的理论框架。研究以政府为代表的制度要素对集团施加的就业压力的影响，构建合法性机制和效率机制对子公司成长影响的耦合模型，并以海信集团为案例对理论进行了分析和初步检验。据此分析由子公司创业行为推动形成的集团创新网络对子公司所面临的制度压力的缓冲效用，以及子公司如何应对制度和就业双重压力进行策略选择，进而实现子公司创新和成长的子公司治理机制，提出相关假设，并通过实证检验进行验证。

第三层次：通过案例分析，对制度情境中的多元逻辑如何影响企业集团创新网络形成和演化的内在机理进行分析。并通过海尔集团的案例深度刻画分析中国企业集团创新网络演化、发展的路径。

第四层次：主要概括了本书的主要内容、主要结论，阐述了本书的理论贡献与意义，指出研究存在的不足和局限，并对后续研究的方向提出了建议。

1.2.2　结构框架

根据本书确立的研究目标，本书的结构设计安排如下（图1.2）。

第 1 章是整个研究的切入点，主要概括研究背景、研究意义、研究内容及研究方法等基础性问题。第 2 章是本书的理论基础，通过对国内外关于网络观点、网络嵌入理论、子公司创业行为、企业成长等相关理论研究的相关文献进行归纳、评述和分析，为后续研究的进一步展开找到切入点。第 3、4 章对子公司实施创业行为的内在动机、实施条件与影响因素进行分析，理清了子公司实施创业行为的逻辑链条。随后对企业集团的创新网络结构进行解析，构建了创业行为与集团创新网络关系的理论框架。分析由子公司创业行为推动形成的集团非正式网络对子公司所面临的就业压力的缓冲效用，以及子公司如何应对效率和就业双重压力进行策略选择，进而实现子公司创新和成长的子公司治理机制，并提出相关假设。第 5 章与第 6 章相互补充，共同提出了理论假设，并基于上市公司二手数据以及一手调研数据，对相关假设进行了验证和讨论。第 7 章是对中国本土情境的分析。第 8 章是基于案例的理论构建与检验，通过对 JN 集团进行问卷调查及访谈获得的一手数据，对集团创新网络发展过程中多元制度逻辑的作用机理进行了探索。第 9 章则使用海尔集团创新数据对此前相关假设进行实践对照分析，并进行进一步的讨论。第 10 章对整个研究进行回顾、总结与展望。

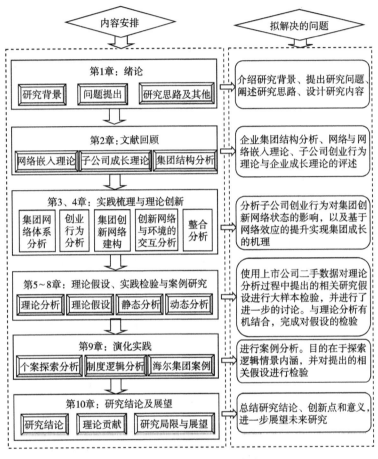

图 1.2　本书的基本结构框架

1.3　研究方法与技术路线

1.3.1　研究方法

本书结合质性研究与实证研究，结合质性研究与量化研究的分析方法，主要采用了文献研究、案例研究、深度访谈、问卷调查和二手数据分析等研究手段，综合分析了本书确立的研究目标所包含的若干基本问题。

图1.3大致归纳了本书采用的各种研究方法对应的主要内容、研究途径。

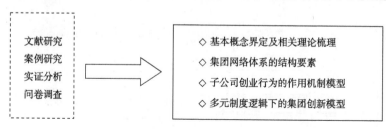

图1.3　本书的主要研究方法与相关研究问题

本书建立在以企业集团行为结构为基础的集团创新网络的逻辑平台上，基于合法性机制与效率机制的耦合视角，基于组织理论，构建以子公司创业机制为核心的分析框架。首先主要采用文献研究法进行理论研究，并在此基础上运用定性分析法通过归纳和演绎、分析和综合以及抽象与概括等手段进行模型建构。并运用案例研究进行辅助佐证，进而通过问卷调查和二手数据搜集进行实证分析和检验。具体研究方法的实施则本着规范分析与实证分析相结合的原则，来选择可行的研究方法综合运用。

第一，采用文献法对有关母子公司关系、网络嵌入、子公司角色转变、子公司创业行为等相关文献进行归纳总结，建立了初步的概念框架模型。

第二，采用社会网络分析的方法，构建集团关系网络理论模型，通过模型演绎及相关文献的理论分析与归纳得出研究的假设。

第三，通过访谈法、问卷调查法获得一手数据，通过年报查询和数据库检索等途径获得二手数据。

第四，利用因子分析、方差分析对影响集团创新网络和子公司创业行为的数据进行处理，确定从子公司、母公司和环境层面对集团治理结构和子公司创业行为具有显著影响的要素以及反映创业行为网络效应的主要变量；利用社会网络分析软件UCINET 6.0得出有关网络环境下子公司角色、地位及行为的分析变量。

第五，利用多元线性回归分析的方法来考察所研究子公司创业行为与其网络嵌入及成长性之间的关系，开展多元线性回归分析所用的统计软件为SPSS 20.0软件。

第六，对于难以直接通过年报或数据库查询获得数据点的问题，采用案例分析和问卷调研的方式获取数据，进一步分析。

1.3.2 技术路线

本书结合质性研究与量化研究，研究的技术路线如图 1.4 所示。

（1）基于博士前期的文献阅读工作所建立起来的理论基础，对研究方向进行提炼。

（2）明确研究的问题，然后围绕研究问题进行相关文献研究，主要基于国内外的相关最新研究进展，构建子公司创业行为、集团创新行为体系（网络结构），以及多元制度逻辑的耦合分析视角，并构建相关命题，提出相关假设。

（3）根据假设和研究内容进行设计并确定调研问卷，进行数据分析。

（4）搜集二手数据等。

（5）运用 UCINET 6.0 和 SPSS 20.0 统计软件对所搜集的数据进行分析，检验相关假设。

（6）进行案例分析以及实践佐证。最后得出研究结论，并展开进一步的讨论，总结研究的局限性，提出对后续深入研究的建议。

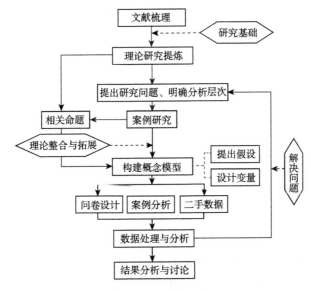

图 1.4 本书的技术路线

第 2 章　文　献　回　顾

本书的研究主线是基于对中国企业集团创新网络的要素、结构、逻辑视角与环境进行分析,探索企业集团中创新网络的重要结点通过驱动集团内部创新网络演进,与外部创新网络形成交互,进而改变集团内部创新网络的形态,促进集团网络化成长的内在机理。因此,本章将对企业集团结构分析、网络嵌入理论研究、子公司行为研究、企业成长理论研究等相关文献进行梳理,力图在继承此前学者研究成果的基础上,探索本书的切入点,为后续理论发展和假设的提出奠定基础。

本章的研究文献主要包括三个部分:首先是对网络理论和网络嵌入理论的相关研究进行评述;其次对子公司行为的研究进行梳理;最后对企业成长理论及子公司成长的相关研究进行评述。在对上述文献进行梳理和评述的工作基础上,对后续分析进行理论准备,导出研究的主题,构建理论框架。

2.1　企业集团结构研究

企业集团在我国的发展历史还比较短,很多问题有待研究。由于我国企业集团的发展起步较晚,与西方发达国家相比,管理理论与实证研究也相对落后,现有的根据西方管控理论建立起来的集团治理体系经常会出现"一抓就死、一放就乱"的情况。对于企业集团尤其是国有大型企业集团的实际运营来说,现有的集团治理理论还没有建立起切合我国实际的分析框架。而如何才能将先进的管理理论与实践经验本土化,结合我国企业集团发展现状进行创新,探寻我国企业集团的独有管理模式,充分发挥集团的规模效应和协同效应? 只有通过对集团外部环境和内部创新网络进行深入分析,明确集团的真正运营结构,并以此为基础建立配套的集团整合治理体系,才能真正解决这个问题。本章我们从组织的规范结构形式开始讨论，通过对集团结构进行深入分析，结合第 3 章对中国企业集团的发展路径的梳理总结，以及因此而形成的独具中国特色的集团结构，构建中国情境下企业集团创新网络模型。

2.1.1　组织结构分析

1. 组织结构理论演变简述

组织的规范结构设计理论经历了古典组织理论、新古典组织理论和现代组织理论的发展阶段，它们将企业组织划分成了不同的结构形式。随着信息技术的迅速发展和经济竞争的加剧，企业组织结构也随之开始变化，向更为复杂化、集成化与和谐化的方向发展。

古典的企业组织理论聚焦于对正式组织的分析，主要对劳动分工、组织等级、职能程序、组织结构、控制幅度这些方面进行研究。古典组织理论中最有影响的是泰勒、法约尔和韦伯三位学者，他们主要关注直线职能制与参谋职能制，为后来的组织研究搭建了最基础的理论框架。新古典学派则接受了古典学派的基本内容，认可了劳动分工、组织等级与职能程序、组织结构和控制幅度这四项基本内容。同时又从个人行为和非正式群体的角度对古典理论进行了补充和完善，把行为科学引入了组织理论，同时对组织中存在着的非正式组织给予了高度关注。从组织理论演进的过程来看，古典组织理论关注于普适规律，以正式组织作为研究对象；新古典组织理论则把非正式组织纳入研究框架中，但在重视非正式组织的同时却没有充分分析作为一个整体的组织。

现代组织理论则把古典的宏观理论和新古典的微观理论进行有机结合，把组织看做一个由人员、信息、资源、能力、情感等相互影响的因素构成的复杂系统。现代组织理论中的系统学派把组织看做由包括人员、正式组织、非正式组织和环境在内的要素构成的系统，对组织系统构成要件及相互之间的有机结合以及系统目标进行研究。权变组织理论也是从系统的观点进行分析，并在系统流派的基础上更进一步地指出，组织的管理要根据组织所处的内外条件的变化而变化，不存在普适的、一成不变的理论和方法。权变组织理论要求实践中的组织结构既要有稳定性，又要有能够随组织内外环境变化而变化的适应性，二者缺一不可。

随着科技的发展和社会的进步，以信息技术为先导的新技术革命引发了前所未有的经济、社会、组织、环境、文化等诸多方面的深刻变革，从而引起知识结构、生产方式、价值观念、伦理的巨大改变。相应的，组织理论也面临着研究现象复杂化和理论集成化的变化趋势。

2. 组织的规范结构

组织结构（organizational structure）是指组织为了更有效地实现目标而确立的各种职能部门间的相互关系。组织为实现目标，使组织各部分能够在组织的活动中有序分工、有机协作，需要对其规范的结构加以确定。这种规范的结构包括组织各部分的职能、部门划分、层次、权力、组合方式以及制度设计等一系列结构体系，是应该与其组织战略相匹配的。

组织结构可以从两个角度和三个要素方面加以理解：首先，从构成组织的各部分之间的关系角度出发，组织结构可看做由构成组织的各部分所组成的有机排列；其次，从组织成员——人的角度出发，组织结构可看做组织参与者之间类型化了的相互作用。组织结构还包含三个关键要素，即组织中的正式报告关系（包括职权层级的数目和主管人员的管理幅度）；组织中个体组合成部门，部门再组合成整个组织的方式；用以确保跨部门沟通、协作与能力整合的制度设计。其中前两个要素在纵向层级上决定了组织的结构框架，第三个要素则在横向层级上决定组织成员之间的相互作用关系。

一个理想的组织具有相对静态稳定的组织结构关系，但这种部门和层级之间的相对稳定的结构关系却离不开组织中成员，即人的行为。组织结构定义并约束组织成员的行为，但又反过来受到组织成员行为的影响，因此，组织结构并不是一成不变的，它实际上是一个动态平衡的过程。合适的组织结构对于一个组织而言非常重要。组织结构是组织为了达成其组织目标而设计的，也就是说在组织结构设计时，首先要考虑的因素就是组织目标，组织结构是组织顺利实现目标的重要手段。而且，规范的组织结构降低了组织成员行动由于个体差异而引起的不确定性，通过规章制度和职能设计规范了成员组织的行为，保证了组织的正常运转。

组织的目标不同、战略不同、所处环境不同、自身条件不同，都使组织结构的形式各有差异，但我们仍然可以通过对组织结构的本质特征进行划分，从而对组织结构进行分类来把握其本质。我们可以根据这些基本的组织结构类型来分析现实中的组织结构形式。组织结构有多种形式，包括直线制和职能制等，这些形式进一步组合又可以构成更为复杂的结构。按照其组合方式对组织结构进行划分，可以大致划分为职能组合、事业部组合、矩阵组合、横向组合及虚拟网络组合五类。其中最常见的组织结构是直线型组织、职能型组织、事业部型组织和矩阵型组织，以及新兴的虚拟网络型组织。

1）直线型组织结构

直线型组织结构是最为简单和最基础的组织形式，适用于技术较为简单、业务单纯、规模较小的组织。在这种组织结构下，职权直接从高层开始向下"流动"

（传递、分解），实行垂直领导，经过若干个管理层次达到组织最低层。它结构比较简单、权力集中、责权分明、信息沟通简捷方便，便于统一指挥和集中管理，但对组织领导者的要求较高，同时随着组织的业务发展和规模扩大、管理复杂度的提高，组织内部就会出现缺乏横向协调的问题，难以进行有效管理。

2）职能型组织结构

所谓的职能型组织结构（functional structure）就是在组织中根据任务类型的不同，设立不同的职能部门，各职能部门具有自己的业务范围。在这种组织结构中，组织能够将与不同任务相关的知识和技术结合起来，使各部门更加专业化，提高了组织的效率。这种组织结构强化的是纵向的控制，当组织实现目标最关键的要素是效率的时候，职能型组织结构是组织设计的最佳选择。

职能型组织结构具有能够适应现代化大规模工业生产技术复杂、工艺精细的特点，能够充分发挥专业化的作用，有利于实现规模经济。但它强化的是组织内的纵向联系而弱化横向联系，当组织需要对外界变化做出快速反应时，组织的纵向层级链会超负荷，使它针对变化的环境无法做出迅速的反应。同时，组织横向的沟通协调很弱，从而导致组织成员对组织目标的认知并不完整，缺乏创新。随着经济的发展、环境的变化，当今组织面临的挑战越来越多，当前的大型组织已经较少地采用这种职能型组织结构，组织结构也朝着更加扁平化、更加重视横向联系的方向发生转变。

3）事业部型组织结构

事业部型组织结构（divisional structure）也是一种产品部的组织结构或者战略经营单位，是一种高度集权下的分权管理体制。这种组织结构适用于规模大、产品线多、技术复杂的大型组织。事业部型组织结构是基于组织的产出过程来对部门进行整合的，它按照某一种或某一类产品、服务、项目规划、事业、业务或者利润中心来建立不同的事业部。事业部型组织结构一般采用分级管理，从产品的设计一直到产品的销售都由事业部及其下属工厂负责，组织总部仅保留人事决策、预算控制和监督的权力，并通过利润等指标对事业部进行监控。

事业部型组织结构能够适应快速变化的环境，同时生产流程中对产品的责任明晰而使顾客更加满意；它还能够实现部门内同一类产品或业务的不同职能单元的高度协调，使产品和业务更多样化；这种适合用于产品多样的大型组织结构实现了分权化的决策过程（Duncan，1972）。但同时事业部型组织结构也存在着无法实现同一职能下的规模经济问题，这种组织内部的产品线之间的沟通协调较差，不利于技术的进一步专业化与能力的发展。

事业部型组织结构中的产品事业部结构可以由职能型结构重组而来，从而实现跨职能的部门协调。事业部型组织结构的单元规模较小，更加灵活适应环境的变化。相对于职能型组织结构，事业部型组织结构的横向联系加强了，组织内的权力实现了进一步的分化，这对组织内跨部门的协调沟通非常有益。当传统的职能型组织结构无法适应发展的需要，或者组织的目标是进一步发展的时候，组织就可以采用事业部型组织结构进行组织设计。

4）矩阵型组织结构

现实中，当仅仅单一的职能型组织结构或事业部型组织结构无法满足组织提高效率、实现目标和发展的需要时，就可以采用多重的组织结构组合。矩阵型组织结构就是组合的一种方式。矩阵式结构又称为复合组织结构或行列组织结构。这种组织结构改进了职能型组织结构横向联系弱、缺乏创新的缺点，是结合了事业部型组织结构而形成的一种组织结构形式。

矩阵型组织结构是组织内部横向联系的一种有效方式，它的独特之处就在于结合了职能型组织结构（纵向联系）和事业部型组织结构（横向联系）的优点，是纵向职能部门和横向事业部门的结合，组织成员同时归属于这两个部门，服从双重的指挥。由于矩阵型组织结构能够对不同的观点进行整合，因此这种组织结构适用于实行复杂业务、以开发和试验为主的组织，以及一些重大的公关项目的执行，并逐渐在医院、保险公司、银行、大学、政府等部门得到普及。

矩阵型组织结构适用于组织环境变化大且组织具有多重目标的情况，这些组织目标的实现对技术和创新都有较高要求。这种双重的职权系统促进了组织内部的沟通和协调，是应对迅速变化的外部环境所必需的。但是，一般当组织产品线极少时没有必要采用矩阵型组织结构，而组织规模过大、产品线过多，又难以在纵横两方面取得平衡。组织会在以下情况下采用矩阵型组织结构：首先，当组织存在资源稀缺的压力时，如当组织的规模并没有大到为每条产品线配备某种必需资源（尤其是人力资源），这种资源必须以临时调配的方式被轮流分配到各产品线中去。其次，环境的压力迫使组织要在技术知识和产品两个方面都要有产出的时候，组织必须为了维持这种平衡而采取双重职权结构。最后，当组织所处的环境复杂且充满不确定性时，组织为了最大限度地获取信息和知识，就必须在纵向联系和横向联系两个方面使沟通渠道最优化，在纵横两维都具有较高的协调和信息处理能力。

组织结构设计若采取矩阵型组织结构，就意味着组织对纵向和横向的权力线同等重视，在组织内建立了一个双重职权关系的机构。但事实上，真正平衡的两条线是很难实现的，这样就出现了职能矩阵组织结构（functional matrix）和产品矩阵组织结构（product matrix）两种变形的矩阵结构，前者的职能线更加占有优势，而后者的产品线更加占有优势。在现实中，这两种变形之后的组织结构更加有效实用。

矩阵型组织结构灵活机动，可以根据项目和业务的进展随时将资源（如人力、设备等）在不同产品线之间调配和解散，能够很好地满足不断变化的环境需求。此外，这种临时性调配的任务清晰、目的明确，使各组织成员有备而来，能够很好地沟通协调，为组织成员提供学习机会。但是，不可忽视的是，在组织实行矩阵型组织结构时就意味着采取了两条权力线同时进行的策略，参加项目的组织成员来自不同部门，面临双重的职权关系，组织内的管理容易产生混乱。且项目的临时性较强，对成员缺乏激励，对项目管理者的人际管理技能和协调能力要求较高。

5）虚拟网络型组织结构

此外，还有一些其他的组织结构形式，如横向型组织结构（horizontal structure）。这种组织结构通常是由原来纵向型的结构通过组织业务流程再造转化形成的一种新型的组织结构形式。这种结构强调的是按照核心流程将成员组合成一个个团队，共同工作。这种横向型组织结构几乎消除了原有的部门边界和初始纵向层级。虚拟网络型组织结构（virtual network structure）则是采用虚拟网络型结构的组织通过签订合同外包流程或业务，把业务流程中的部分甚至大部分分包出去，仅通过一个总部来统筹协调。这种虚拟网络型组织结构基于先进的信息网络技术与总部保持联系，一个组织可以跨越全球而仅通过网络交换信息与数据。这种松散的组织模式模糊了传统的组织边界。在这种网络结构中，总部控制着优势的核心技术，而将其余的大部分业务流程都交给其他组织，有利于通过结合各组织的最大优势从而实现最优化结合，以最低成本获取利益的最大化。虚拟网络型组织的优点在于对加入其中的组织没有规模上的限制，只要组织具有某方面的相对优势，就有资格借此获得更大的利益。此外，这种组织结构对外界环境的反应非常灵活迅速，能够根据形势迅速投入生产或撤出行业。虚拟网络型组织结构的全球性网络使它可以在最大范围内获取资源和人才，但它最大的缺点就是组织薄弱，由于彼此之间分包的是业务链的上下游，中间断裂任意一环都会对整体产生很大影响。另外，虚拟型网络组织对其组织成员也缺乏控制，有时仅仅依靠一纸合同并不能完全解决协调和沟通的问题，在沟通协调以及解决冲突方面要花费大量成本。

现实中，组织不可能完全按照理论划分的组织结构类型来进行组织设计，为了适应复杂的环境，组织通常采纳各种组织结构中适合自己的优点，综合建立一种混合型的组织结构，这种混合型的组织结构为组织提供了更大的灵活性和更大的活动空间。

比较常用的混合方式有两种：一种是职能-事业部型，这种方式比较适合于拥有多个产品线和市场的组织，把部分对职能要求高的产品和市场囊括进事业部单位中，把部分对专业化和规模经济要求高的产品和市场集中在总部。另外一种则是职能-横向型结构，组织针对对服务性要求较高的职能部门采用这种混合型结构。

2.1.2　企业集团结构

企业集团作为现代的高级企业组织形式，是资本集聚和生产集中的经济形式表现，早在 19 世纪末 20 世纪初就开始以卡特尔、辛迪加、托拉斯、康采恩、集团公司等形式出现在欧美等工业化国家。企业集团作为一种企业组织形式，在经济发展中发挥的效用是任何其他组织形式无法比拟的，第二次世界大战后日本经济的重新崛起和韩国经济的腾飞都证明了这点。而这种组织的巨大能力产生的根本来源还是在于企业集团的组织结构。企业集团不仅能够通过联合聚集起庞大的生产力，产生单个企业组织难以实现的组织效应，满足现代规模经济的要求，同时又能充分体现出商品经济灵活经营的特点。企业集团能够实现规模经济、范围经济和垄断优势，还能够拥有降低市场交易费用和行政管理费用的良好制度效应。企业集团的组织结构是以现代企业组织结构为基础，经过长期演化和组织创新形成的，它产生于现代企业组织，又高于现代企业组织。这些企业集团的诸多优势需要借助集团这种特殊的结构才能够体现出来，建立起适应企业集团组织运作，有利于集团正确决策，有利于集团在生产经营活动中发挥整体优势、合理协调和处理好各方面利益关系的组织结构，是企业集团得以巩固和发展的组织保证①。

1. 企业集团组织结构的特点

关于企业集团的定义是多样的，但目前最被广泛接受的共识是将企业集团视为法律上独立的公司的集合，这些公司由多种纽带联结在一起，包括所有权、经济手段（如公司间交易）以及社会关系（家庭、亲情、友情），通过这些合作完成双方的目标。这个定义中有两个独特的特性，可以将企业集团和典型的企业组织区别开来。第一个特性是在一个企业集团中的成员公司通过各种纽带绑在一起，这些纽带可以是共同的所有权、董事会、产品、财务以及人际关系。除了经济连接之外，社会关系上的潜在依赖是一种能区别企业集团和其他组织形式的特征。

---

① 企业集团结构分析部分主要参考 Yiu D W, Lu Y, Bruton G D, et al. Business groups: an integrated model to focus future research. Journal of Management Studies, 2007, 44（8）: 1551-1579. 后文不再一一标注。

第二个特性是在一个集团中附属子公司会经由一个核心的企业提供常见的行政管制、财务控制和管理协调，从而被连接在一起。在这个意义上，企业集团就像一个组织，在这个组织中有一个强大的被后裔或后代组织（成员公司或者是集团附属企业）包围起来的母公司或核心企业，其中母公司掌握了控股权、所有权优势或者社会地位。在所有权和社会协调方面，核心企业和关联公司的关系随着核心企业对关联公司垂直控制的程度而变化。核心实体的存在将企业集团和横向型网络的企业区别开来。

上面提到的两种特点把企业集团和其他企业组织形式区分开来，而企业集团也因此具有独特的组织结构。企业集团组织结构是指企业集团的整体构成、企业集团高层管理决策机构、企业集团这一层次所设置的各专业部门、职能部门以及子公司之间的关系。企业集团不同于单体大企业，也不同于松散的经济联合体。它的组织结构有其独特的特点：第一，企业集团是建立在股份经济与公司法人制度之下的，成员之间主要通过资本纽带连接在一起，法律上仍各自保留着独立法人的地位，是一个多法人联合体，其本身并不是法人。第二，企业集团的组织结构是多层次的。企业集团通常由集团核心、紧密层企业、半紧密层企业以及松散层企业构成。如果只有集团核心而没有其他层次企业，那只是一个单体企业而非企业集团；如果只有半紧密层和松散层，而没有紧密层，那只是一种松散的企业联合体，也不是企业集团；如果只有集团核心和紧密层却没有半紧密层和松散层，这样的结构虽已具备了企业集团的结构特征，但却不能完全发挥企业集团应有的作用。第三，核心企业在企业集团中发挥主导作用，并决定企业集团结构层次的演化。在企业集团中，核心企业是具有企业法人地位和一定的经济实力、较高的组织能力和社会声望的大企业，通过控股、持股所拥有的控制权，掌握成员企业的投资决策、人事安排、发展规划以及生产、开发、市场营销等各个环节的经营活动，维持成员企业行为的一致性和协调性，实现集团的整体发展战略。第四，企业集团中的核心企业并不一定能控制其他企业，不同于大公司的分公司，集团子公司理论上可以相对自由地进入或退出某个集团。第五，企业集团的边界具有不确定性。集团与市场的边界常常处于一种变化状态，与市场有机地交融，是一种开放的企业组织形式。

2. 企业集团组织结构的层次

企业集团是以一个或若干个大型企业为核心、以资产为纽带，由一定数量的法人企业联合组成的经济组织（或法人集合体），一般可以分为核心层（核心企业）、紧密层（控股层）、半紧密层（参股层）、松散层（协作层）。企业集团通过其核心母公司（集团公司），根据其对集团内各企业持有的不同股份来实施相应的管理和控制。

1）核心层：集团公司

集团公司，即母公司，是企业集团的核心，是整个企业集团的领军者。母公司的状态直接影响子公司、其他关联企业乃至整个企业集团的发展。母公司一般通过资本参与（持有相当大部分股份）、人事结合（派遣兼任董事）和提供贷款三种形式对子公司实现控制。

2）紧密层：子公司

作为集团企业的紧密层的子公司可以是母公司的全资子公司，也可以是控股子公司。全资子公司受母公司百分之百持股，是集团公司经营的延伸，一般是母公司从事具体经营活动的部门。控股子公司受母公司控股的程度随着各国的法律制度不同而各不相同，它体现着集团企业的重要产业方向，与全资子公司一起承担集团主要业务。全资子公司和控股子公司由母公司对其的持股比例决定了其接受母公司管理的方式，构成了集团的紧密层。

3）半紧密层：关联公司、参股公司

集团母公司由于对关联公司和参股公司的持股并没有达到足够高的比例，因而并不是这些企业的最大股东。这种股权形式决定了母公司对关联公司和参股公司的控制管理方式不同于全资和控股子公司。关联公司一般是企业集团对多元经营的探索形式，主要体现集团意欲发展的产业、部门和多元化方向，并将这些探索性发展产业逐步转化为集团的主要业务。这些关联和参股公司共同构成了企业集团的半紧密层。

4）松散层：协作公司

集团母公司与协作公司的联结是多样化的，如提供贷款、订立契约等。具体可以通过企业系列化、人事参与和人员培训等方式对协作公司进行管理和控制。其中企业系列化是指根据不同的情况和需要把协作公司组织起来，配套成为系列企业；人事参与则是通过派遣人员进行经营和管理协助来强化母公司与协作公司的关系；还可以通过干部培训和技术交流等人员培训的方式来进行沟通。母公司与协作公司的这种协作关系表现了集团的对外联络方向，并联合构成了企业集团的多元化产业链。

3. 企业集团结构的基本类型

企业集团在形成和发展过程中，结合集团的战略目标，同时考虑来自内、外部环境的影响，构建了不同的组织结构。企业集团组织结构的分类有很多，如用控股公司、战略控制、过渡性调整、作业决策、适度部门化五种控制工具界定了包括单一形态（U型）、控股公司形态（H型）、多部门形态（M型）、过渡多部门形态（M 型）、混合形态（X 型）五种集团组织模式；或使用作业控制、市场控制和战略控制三个维度界定集团与各事业部之间的关系，界定了三种集团控制形态：多部门形态（M 型）、控股公司形态（H 型）、集权多部门形态（C-M 型）。我们的研究则主要从系统论和权变理论的角度出发，重视环境对集团组织结构的影响，并考虑基于环境的要素对集团组织结构进行分类。

1）分类的主要相关理论

现有理论主要从交易成本理论、关系理论、政治经济观点及委托–代理理论四个理论维度出发对企业集团进行分析。不同的研究者基于不同的理论维度从而对不同的外部环境有定向的关注，这些外部环境促使了企业集团原形和结构安排的确定和成型。

第一，交易成本理论。

交易成本理论是企业集团研究最广泛的理论基础。交易成本理论的研究者沿着科斯和威廉姆森的思路将市场和层级组织看做两个可替代的治理和协调机制，治理模式的选择取决于交易成本的大小。研究企业集团的学者通过交易成本理论得出结论，认为外部市场环境的特性与集团内部组织结构有关，企业集团可以被看做市场体制缺失的代替。例如，通过内部市场间的公司交易，可以通过集团管理来协调、克服无效和低效率的法律制度（Khanna and Palepu，2000a）。交易成本理论对外部市场环境和资源特性的关系，以及集团中配置战略和结构的成本提供了强有力的分析框架。

第二，关系理论。

关系理论将企业集团看做社会传统和规范的自然演化（Keister，1998，1999，2000）。相较于交易成本理论，关系理论认为经济交换被社会制度控制，这些社会制度影响社会中组织间信任和合作的一般形式。这个理论被用来阐述道德经济和企业集团之间的关系。关系理论对复杂社会现象给出了精辟的描述和解释，尤其是解释了为什么集团内部公司安排会因社会而不同。此外，关系理论还有助于理解在一个特殊的国家或区域环境中社会文化遗产如何决定企业集团的产生和成型（Keister，1998，1999，2000）。

第三，政治经济观点。

持有政治经济观点的学者将政治经济因素看做企业集团战略和结构的最重要因素，认为企业集团应被看做促进国家控制和推动工业发展的方法，是一个国家完成政治经济政策目标的手段。政府干预对企业集团的权力结构和内部协调机制产生了重要的影响。尤其是当国家所有权占主导地位时，企业集团通常被命令与国家目标相一致。例如，中国政府使用大企业集团来垄断具有战略性地位、对国家经济有重要影响的行业（Yiu et al., 2005）。国家所有权对集团的战略制定有重要的影响。因此，这种政治经济观点解释了政治经济因素，尤其是在企业集团方面国家政府所扮演的角色和功能。

第四，委托-代理理论。

委托-代理理论将企业集团看做管理者和少数股东之间代理关系的集合。在企业集团中所有权结构最独特的性质是垂直所有权结构，通过这种金字塔形的所有权结构，在不同的个体公司中一小部分的所有权能控制较大数量的资产。企业集团中这个所有权结构允许控股股东通过"隧道资源"剥夺少数股东的财富（Chang, 2003），企业集团因此可以被看做大股东侵蚀小股东财富的工具。委托-代理理论把企业集团中的代理关系归因于弱的外部监管机制，企业集团因此产生了复杂的内部控制机制，如集团中的个体公司通过交叉持股和连锁董事彼此分享控制权。在商业和资源交换中，交叉持股又被用来培养成员公司间互相支持和相互依存的关系，通过股权关系将企业结合起来形成有凝聚力的横向网络，它能保护它们免受市场不确定性，尤其是接管的威胁和竞争。委托-代理理论识别出了控股股东与小股东而不是所有者与管理者之间独特的代理关系，但并不能解释集团中所有行为的动机。

交易成本理论、关系理论、政治经济观点和委托-代理理论都各自强调了影响企业集团的某个特殊外部环境因素（交易成本理论：外部市场环境；关系理论：社会环境；政治经济观点：政治经济因素；委托-代理理论：外部监督控制系统）。这些不同理论的整合提供了可协调的、相互补充的、相对来说更为广泛的对于外部环境的理解，有助于分析影响企业集团组织结构的内部机制。

2）企业集团的内部联结机制

这里我们采纳松散耦合系统的观念，将企业集团看做对所处环境的适应性反应，通过建立一个元素松散的耦合系统来帮助组织减少环境中的不确定性和复杂性，即企业集团是被用来解决各种环境中的矛盾的。我们下面主要借鉴参考 Yiu 等（2007）学者的研究思路，从横向连通和垂直联结两个角度探索具有适应性的企业集团。横向连通角度侧重于分析集团附属企业单元的独特和不同的角色，从而识别集团中横向连接的成员公司。垂直联结则侧重于分析系统耦合的来源，这有助于集团内的控制以及资源的排序。本部分建立了横向连通和垂直联结的二维分析框架，为我们在下一部分对企业集团组织结构的分类打下理论基础。

第一，横向连通。

企业集团中的成员公司是法律上独立的、有独特性质的实体，但在集团中它们是相互依赖的。在企业集团中有各种不同类型的内部机制加强成员公司之间的横向联系。

内部交易机制：指属于同一企业集团的个体公司间产品、资源的交易或者分配（Chang and Hong，2000；Guillén，2000；Yiu et al.，2005）。由于新兴经济体中制度真空的存在，集团中内部市场关键资源的交易部分地进行产品开发或实现产出（Khanna and Palepu，2000b）。这种内部运作功能像一个外部市场，其中买者和卖者处于平等的地位，有自主决策权。组织内部的交易优势包括更准确的信息（与外部市场相关的），在此基础上做出单位间关于资源分配的决定，能够获得更好的资源配置能力。此外，政治经济因素能更进一步促使内部交易机制的建立。政府供给无论是产业特定资源（如科技）还是公共资源（如资金），都增加了特定企业集团拥有的松弛资源，从而增加了附属公司间共享资源的可能性。尤其是当国家或政府为达到一个社会或政治目标，如就业率的增加时，内部交易更可能以交叉补贴的形式出现而不是追求效率。

连锁董事：某董事会成员从属于一个以上的公司，通常也被称为"连锁董事"。尽管连锁董事能够在串通共谋、合作、监督、合法性、职业发展和社会结合等方面对公司行为产生重大影响，但却没有所有权控制和协调权力。连锁董事可以作为减少不确定性的协调机制。

交叉持股：企业集团中的个体公司相互持有所有权，这样既保持了成员公司间的相互依赖，又加速了信息和资源的交换。就像 Lincoln 等学者提到的，交叉持股的理论基础是双赢，它能使公司之间互相控制。交叉持股通过平等的纽带将公司捆绑形成一个横向网络，这能保护其免受市场不确定性，尤其是接管的威胁和竞争，又能促使成员公司相互监督（Chang，2003）。

社会关系：指社会系统中两个或更多的企业实体彼此之间关联的方式。这种社会纽带为企业集团提供了一种可选择的系统来分享或交易产品和资源。社会关系超越市场不仅仅是因为低成本效率驱使，而是基于在特定的历史实践、可能稳固或可信任的关系下回避风险。在这个意义上，社会关系创造了一个社区状或俱乐部状的系统，这能使个体公司共享资源以及联合协调它们的活动。

第二，垂直连接。

企业集团中的垂直结构是指从控股股东到个体公司，管理者像一个层级指挥系统一样运作。在集中所有权结构的企业集团中，一个实体统治或控制绝大部分股份。由于在大多数市场中，他们的力量超越小股东，我们使用"核心所有者集团"来指代这些在一个集团内部有着同样的利益，控制企业集团母公司或核心公司的绝大部分利益的个体、实体或个体集合。核心所有者集团的存在主要是由于缺少有效的外部治理机制，而且通常与欠发达的产权制度联系在一起。

核心所有者集团：这种情况一般是企业家或者家族建立了企业集团，或者政府始终在管理中占据领导角色。亚洲国家或地区的许多企业集团就是由个体企业家或家族成员建立的。尽管许多集团后来转换成上市公司，部分或全部地通过股票市场引入外部投资者，企业家成立的家族通常仍然对集团战略性管理保持强有力的控制。例如，在韩国和中国香港，创业企业家或者家族成员在集团战略管理中担任所有者和管理者的双重角色（Chang，2003）。与东亚相比，欧洲家族控制在集团企业中占据更大的比例（这一比例为44.29%，且主要是非金融公司或小公司），并且每个与企业集团相联系的家庭持有更少的公司。

核心所有者集团的产生通常可以追溯到经济体的社会文化遗产。在日本，核心所有者集团通常是金融机构，尤其是主银行，它掌握了主要企业集团的占统治地位的所有权。这个核心所有者集团也可以是政府或政府机构。在许多国家，即使集团从国家所有制转换到私人公司制，政府仍然在企业集团所有权中掌握控制权。

控制：核心所有者集团可以用三种方法有效运用控制权控制企业集团的管理。第一个方法是整合企业的所有权和管理权。这通常表现为由核心所有者集团接管一个公司的战略性管理职位，或者让家族内部成员担任关键的管理和监督岗位。第二个方法是建立一个垂直所有权结构，即金字塔结构。第三个方式则是通过控制关键性的资源如技术、渠道、生产等对其他成员公司运作很重要的因素从而进行控制。

3）企业集团的组织结构类型

通过上述对基于不同理论的四个外部环境变量、横向连通和垂直联结的两个集团内部机制的分析，我们可以建立一个二维的集团分析框架，通过横向连通分析集团下属公司的角色；通过垂直联结识别集团系统内的耦合和对资源的控制与分配。

横向联系程度较低的企业集团内可能存在一些子公司，它们在战略行为上相互分离，保持各自的独立性。在这样的一种企业集团中，不同地区的子公司的行为会相应具有一定的独立性。尤其当集团涉及多元化发展时，子公司之间在资产、资源和能力以及工业特有资源方面具有更低的相关性。虽然这些子公司之间可能有共同的目标，如游说政府决策的制定、采购通用资源（如资金和劳动力），但由于各自的竞争格局因市场和行业不同而不同，这些子公司没有必要采取类似或互补战略。然而同时，还有部分子公司可能通过关键资源的流动性访问从而获得更多的包括资本和信息在内的资源。

另一个维度指企业集团中核心所有者集团与各子公司之间的纵向连接。垂直控制相对于横向连通要更紧凑一些，因为母公司或核心公司通常掌握所有权股份并控制附属公司。而相对于这种基于股权的垂直联结，企业集团中的个体公司间的横向连通更多的是被社会关系、交叉持股、连锁董事或资源控制连接。在这种类型的企业集团中，个体公司更像是一个成员俱乐部而不是下属或层级组织。

这样，基于横向连通和垂直联结这两个维度，可以将企业集团划分为四种基本类型：持有型（H 型）、多部门型（M 型）、网络型（N 型）和俱乐部型（C 型），见图 2.1。

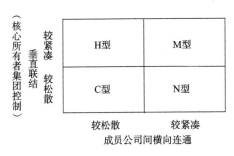

图 2.1　企业集团的组织结构类型

资料来源：Yiu 等（2007）

第一，H 型企业集团组织结构。

企业集团的 H 型结构兴起于 20 世纪 20 年代。在 H 型结构的企业集团里，控股公司通过股权进行控制，核心控股公司拥有部分或全部处于不同市场或行业的子公司的所有权。这样层层控股的结果就是 H 型集团企业常常都是高度多元化的。在一个 H 型集团企业里，被核心拥有者控制的控股公司或者母公司通过投资来控制更下一级的单个的集团子公司，从而充当公司总部的角色。这些单个的集团子公司就像在典型的 H 型企业里的附属公司，但是它们通常在法律上都是独立的下属公司。在一个特定的子公司里，控股公司或母公司是占据主导地位还是控制其大部分股份，很大程度上取决于子公司对其战略目标的实现的重要程度。这些子公司作为集团的核心业务来源给控股公司创造了大部分的收入，控股公司通过所有权的优势地位来对其进行管理，进行更直接的控制。这种通过层层控股型联结方式构成的企业集团，集团内的控股公司经过层层控股分别产生了子公司、孙公司、重孙公司等，从而组成"金字塔"形的企业集团，这是一种在公司制和股份制都得到充分发展的市场经济条件下的比较理想规范的组织模式。

政府所有权通常会与 H 型企业集团的结构相联系。政府可能在某段时间将投资重点放在一个特定的领域，但是随着时间的推移，这个行业就会被机会主义者作为新的机会。新加坡淡马锡私人控股就有这样的一个 H 型结构，它控制了新加坡的战略性行业，包括新加坡的航空、电信、新加坡最大的商业银行——星展银行（Development Bank of Singapore，DBS）和一个度假公司 Raffles 控股。它扮演着政府控股者的角色，投资并且经营国有资产和政府控制的战略性资产。中国有很多集团企业在战略性资产的经营上采用 H 型的结构，如中石油（中国石油天然气股份有限公司，能源行业）、中国银行（银行业）、华能国际电力股份有限公司（公用事业）、中石化（中国石油化工集团公司，化工行业）、宝山钢铁股份有限公司（重工业）、中国电信（电信行业）和中国航空工业集团公司（交通行业）等。

H 型企业集团主要有以下几个特点：一是集团以产业当中规模巨大、实力雄厚的生产企业或流通企业为核心，组织结构呈母公司—子公司—关联公司的垂直式结构。而在集团内部，成员公司之间可能会存在交叉持股或者连锁董事，甚至二者皆有。子公司之间可能会涉及多个关系，包括交叉持股、内部交易、连锁董事和社会关系。二是核心企业与成员企业之间具有明显的资产纽带，资产结合程度有的比较紧密，有的比较松散。三是集团内成员企业间有广泛稳定的承包、订货、加工、销售等业务活动。四是集团内由控股公司的董事会领导，对子公司派遣董事和管理人员进行控制，操纵子公司及关联公司的人事任免权。此外，控股公司还能够通过垂直所有制结构或者企业金字塔来实现对公司各层的控制。

第二，M 型企业集团组织结构。

M 型的组织结构产生于 1920~1921 年的美国经济危机中。这种由美国通用汽车公司首先发明和使用的组织结构自问世开始就在美国得到迅速推广和普及。在第二次世界大战以后，欧洲国家的大企业集团也开始采取这种组织结构模式。到 20 世纪 60 年代，M 型组织结构无论是在美国还是在欧洲的资本密集、技术复杂的行业中都占据着主导地位。

M 型结构是一种分权与集权相结合的体制，是在集团规模大型化、经营领域多元化和市场竞争日益激烈的条件下出现的组织形式。它以集团公司与子公司之间的分权为特征，各子公司是半自主的利润中心。在一个 M 型结构的集团企业里，母公司或者核心企业通过对单个子公司部分或者全部的投资来充当着公司总部的角色，这些子公司都是根据母公司或者核心企业在垂直的各个生产阶段，包括原材料供应、制造和分配的具体战略目标组建的。这些集团子公司因此与那些 M 型公司的分部门类似，不是以流程和职能而是以公司的产品类别为划分不同公司业务的主要依据。按照产品类型组建起来的子公司主要负责生产和销售，协调管理各个环节之间的关系。分部门经理全面负责经营管理的具体事务。各个分支部门经理之下都根据需要设立多个职能部门来执行各种管理功能。另外，分部门或子公司都在同样的行业运行，这样他们就能够共享资源，提高核心竞争力。因此，M 型的企业集团就拥有更紧密的垂直联系。横向的社会关系对领导其他企业的核心企业之间的联系很重要，同样，交叉持股和连锁董事对抵御外部威胁（如敌意接管和收购）也是非常重要的。包括 LG 和三星在内的许多韩国财团，以及拉美的佩雷斯集团、比利时的工业企业集团和意大利的家族企业都采用此类结构。

第三，N 型企业集团组织结构。

N 型的集团企业类似于一个网络组织，在这个网络中，一个核心公司充当着领导者的角色，很多公司围绕着某个行业专门为其提供技术、中间产品及其他支持，这种组织结构体现了横向协调的基本特征。在这个集团结构安排中，处于领导地位的公司通过公司间交易和资源共享，而不是垂直的所有权结构来控制其他为之服务的公司群，即使它们之间可能会有交叉持股或者连锁董事，甚至两者兼有。同时，不同公司之间的社会关系与他们之间经营活动协调是同等重要的。N 型集团企业一个典型的例子就是台湾的"关系"企业，如林源集团。在台湾，很多企业都是围绕一个大型的高科技产业或者致力于出口而组建的。

第四，C 型企业集团组织结构。

C 型结构的企业集团通过正式的总裁俱乐部或者以品牌命名的商业协会而形成更为紧密的联系，这样就建立了一个比 N 型集团更为复杂的结构。在这个结构里，成员企业可能是一个包括了大量下属公司和单个公司的大公司，集团中的紧密层、半紧密层和松散层的成员企业都可以以自己为核心进一步组建自己的子公司、孙公司等来再次构成一个企业集团。一个 C 型集团企业会提供一个平台或者基础设施，让成员公司能够共享战略资源，如信息和融资，以及互相协调来获取共同的利益，如获得公共关系或者为了具体的产业政策去游说各国政府。这样的现象可以在日本跨市场的行业集团里看到，如三菱商事株式会社，就是通过一个总裁俱乐部来协调如公共关系等特定的活动。此外，这种类型的集团企业的成员企业可能会有交叉持股、连锁董事和社会关系来增加连接和协调。这种集团企业常常会受到某个金融机构的支持。典型的例子就是日本的经连会（Keiretsu）就与一个主银行存在联系。

表 2.1 对上述这些企业集团的组织结构类型进行了概括、分类和总结。

表 2.1 企业集团的组织结构和要素

结构要素	N 型	C 型	H 型	M 型
	横向连接			
内部交易机制				
内部交易程度	中高	低	中低	高
内部交易产品或资源的明确性	中高	低	中低	高
交叉补贴	低	低	中低	高
交叉持股	中低	中	中高	中高
连锁董事	中高	中	从低到高	从低到高
社会关系	中高	中低	中	从低到高

续表

结构要素	N 型	C 型	H 型	M 型
			垂直连接	
管理中主导所有者的角色	控制、领导集团	控制、适应集团	通过母公司对集团控制	通过战略公司对集团控制
所有权组合作为控制机制	弱	弱	中强	高强度
垂直所有权结构与资源控制	弱	中弱	中强	高强度
范例	中国台湾的"关系企业"	日本的 Keiretsu	中国、法国、新加坡、印度的金字塔形企业集团	韩国财阀, 中欧的家族企业集团包括德国、意大利、比利时的工业企业集团等

资料来源: 改编自 Yiu 等（2007）

2.2　网络相关理论

2.2.1　网络理论

20 世纪 50 年代, 巴恩斯等学者为研究不同社会群体间的联结关系而发展出了"网络"这一概念, 社会网络理论随后兴起于 60 年代, 将网络概念应用于具体研究。其中学者 Polanyi 基于结构功能主义, 使用网络对社会结构进行描述和分析, 探讨社会中人的具体行为如何受到社会文化体系的影响。随后学者 A. R. Radcliffe Brown 在其著作 *Structure and Function in Primitive Society* 里首创了 "society network"（社会网）的概念, 并用其来分析社会分配及社会支持。

1. 概念

随着网络理论开始被广泛应用于不同的学科, "网络"的概念也随之不断变化。Michell 将连接在一起的每一组人、组织等个体定义为"网络结点"或"行为主体", 并将网络定义为由这些网络结点联结构成的一组关系束; Bartlett 和 Ghoshal 在对跨国公司进行研究时, 把跨国公司内部成员之间构成的一个系统定义为网络; Easton 在描述一些实体间的相互联系时将网络定义为一种模式; Maillat 等学者指出网络的概念是多维度的, 可以从经济、关系、认知、规范和历史等多个角度对其进行定义并展开研究。尽管不同的学者基于不同研究视角所提出的网络的概念具有多维性, 但都强调了在网络中不同的行为结点之间的相互依赖和交流的依存关系, 这种依存性放大了网络中所有个体结点的价值以及效率。因此在本书中,采纳了"关系"维度对网络的定义，即由各行为主体，也即网络结点在相互传递并交换信息、资源的过程中形成的关系所构成的系统即为网络。

2. 研究视角

网络理论更加符合个人及组织的现实活动和实践背景，基于其发展出了很多网络视角的研究。Granovetter 和 White 所代表的网络结构观点把人和人、组织和组织之间的联结关系视为客观存在的结构，并且主要研究这些联结关系对结构中的人及组织所产生的影响。这种网络结构观点认为，网络中任一结点（人或者被看做整体的组织）都会受到网络中任何其他结点的影响。这种观点从个体与其他个体之间的联结关系出发来确定个体在网络中的位置，并因此把不同的关系系统分为不同的关系网络。这种观点关注于个体对网络资源的获得能力，个体在其所处的网络中是否能占据中心地位等问题。这种社会网络的研究范畴已经获得很大发展，它不仅仅局限于个人所处的社会网络，而且能够延伸到所有可以界定其为网络的系统。

3. 研究方法

网络理论现已在管理学与社会学的领域都得到了融会贯通与充分利用。同时不仅局限于理论的探索创新，也形成了独具特色的研究方法。社会网络分析方法（social network analysis，SNA）是由社会学家 White 等在 20 世纪 60 年代提出，并逐步在实践中发展而来的，之所以能够得到广泛的应用，除了它具有独特的直观的解释力之外，还得益于它的飞速发展。这种通过概念化来对主体之间关系进行刻画的方法，提供了一整套数理化对网络结构进行分析的工具。这些分析工具结合了数学、心理学、图论和计量学各门学科的研究成果，可以对网络结构进行有效的测量。这些分析方法和工具[①]在组织行为及组织基本理论的研究领域方面都已得到广泛使用。

4. 研究范式

网络理论的研究范式主要有两大流派，其中以 Linton C. Freeman 为代表人物的一派沿循传统的社会计量学的方法，把处于一个社会体系中的各种不同关系的综合结构作为一个整体网络来进行研究，并且创造了一个概念群，如网络中心性、网络中距性、网络紧密性等。另一派学者则循袭 A. R. Radcliffe Brown 的道路，从

---

① SNA 研究现已开发了很多技术性分析工具，如 UCINET、SNAFU 和 SEINA 等分析软件，这些软件的开发对网络分析的发展具有巨大的推动作用。

网络的构成者——个体的角度来研究社会网络，着重研究以个体为焦点的个体中心网络。这个流派研究的主要问题是处于关系网络的个体是如何受到其所处网络的影响以及个体之间如何通过关系交结成为社会网络。这两种视角的聚焦点不同，前者将网络作为整体进行研究，以网络整体作为分析焦点，包括中心性、网络密度等；后者则从个体出发，以个体为焦点形成网络结构，以分析网络结点在网络中的网络位置和连接强度为重心，趋向于更微观的分析层次。本书所采用的研究方法主要是延循后者，即以个体为焦点，研究个体对整体网络的影响。

2.2.2　网络嵌入研究

1. 经典研究

"embeddedness"（嵌入性）是网络理论的一个重要词汇及研究要素。White于1981年在《美国社会学杂志》（1981）上发表的《市场从何而来》一文指出，市场是相互连接紧密的企业通过彼此观察对方行为而发生的社会结构，并且市场也是通过这样的重复循环从而实现自我复制和再生。White认为，市场即网络。市场上的供给是生产企业之间互动的结果，市场制度仅仅是各企业之间通过交易形成的信任、通用规则的制度化反映。White对市场的解释是对社会关系网络的开创性研究，这种解释为社会网络理论的发展和完善奠定了基石。White的学生Granovetter对其观点进行了进一步的发展，于1985年撰写了《经济行动与社会结构：嵌入性问题》发表在《美国社会学杂志》上，这篇文章成为西方新经济社会学的具有里程碑意义的开创性文献，Granovetter也因此被认为是社会关系理论最重要的创始者。其重要贡献在于提出"嵌入"的开创性分析框架，而不是仅仅引入基于网络的解释。Granovetter认为经济行为仅仅是社会行为的一种表现形式，经济行为无论在内容和表现方式上都会受到其发生所基于的那个社会的环境和结构的重大影响，而特定的经济制度则是该社会结构的重要组成成分。他重点指出，经济行为是镶嵌于社会结构中的，而社会结构的核心就是社会网络，在这种嵌入网络中，信任是最基本的机制。人与人、组织与组织相互之间由于交流和接触而产生的关系可以分为弱关系和强关系。由于彼此之间相似程度高的个体所占有的信息相似度也较高，故而通过强关系所获得的信息的重复性也很高。而在不同群体间发生且较为分散的弱关系联结中，相对于强关系而言，更有可能超越现有社会界限而获得更多面的信息和资源。Granovetter还把嵌入区分为结构嵌入与关系嵌入，结构嵌入是指每个网络都嵌入更大的社会结构中，强调了网络嵌套的结构；关系嵌入则是指个体的行为不仅受市场机制影响，还受社会关系制约，是嵌入在关系中的。

随着研究的进一步推进，社会学家林南基于对 Granovetter 理论的发展和改进，又提出了社会资源理论，并将"社会资源"称为"社会资本"。他认为社会资源就是嵌入个人所属的社会网络中的资源，社会资源不能被个人直接占有，而是个体通过其所拥有的间接或直接的社会关系来获取。拥有这种社会资源能够让个体更好地实现自身的生存和进一步的发展。在一个分层的社会结构当中，个体拥有的弱关系相对于强关系而言会给他带来更丰富的社会资源①。这正是由于弱关系所连接的是持有不同资源且来自不同阶层的个体，因此资源的获得、利用与交换一般都是通过弱关系的连接而实现的。而强关系所连接的则是持有相似资源且来自相同阶层的个体之间，这些个体之间的资源相似性较高，并不是非常需要资源交换。

有三个因素决定了连接中的个体所持有的资源的质量与数量：一是个体网络异质性，二是网络个体的地位，三是个体之间相互关系强度。也就是说，个体的社会网络的异质性越高，与其相连接的网络同伴地位越高，个体之间关系越弱，则该个体持有的资源越丰富。这种社会资源理论对于网络研究而言是一个新观点，改变了旧的观念，提出资源不仅仅是只有占有才能够使用，其不仅可以被占有，而且也镶嵌在社会网络当中，可以通过关系连接而被"借用"。而且由于弱关系所带来的资源更加具有异质性，因此弱关系比强关系在获取资源方面更加有效。

Ronald Burt 提出"结构洞"的社会资本理论。他认为所谓社会资本就是能够带来资源并且能够让个体控制资源的一种社会结构，其中个体的得失是总体网络结构的函数。这种社会的网络可以有两种不同的表现，一种是网络中任何个体都可以与其他个体连接，而不存在关系的断点，这样直观来看整个网络就是一个无洞的结构；另一种则是网络中的某些个体与一部分个体存在直接的连接，但与另一部分则不存在直接的连接，关系网络并不是任意可达的，这样从整体网络来看就出现了关系的"洞"，也就是 Burt 所提出的结构洞。在网络中能够占据结构洞的关键位置的结点能够直接获取该网络中的任意资源，而另外的结点则必须通过这个关键结点才能够实现资源的获取与共享，此时占据结构洞位置的结点是网络资源最大化的实现点。这种理论为市场中的竞争行为给予了新的阐释。在这种观点下，竞争优势所在不仅是资源，关系更为重要。在网络中嵌入越多的结构洞位置，结点拥有的关系优势越好，相较于其他结点而言越能够获取更多的信息和资源，并对竞争取得控制优势。

---

① 前提是个体的行动是工具性的，且弱关系的另一方要比行动个体具有更高的社会地位。

2. 应用性研究

在这些经典的网络嵌入理论研究出现之后，许多学者围绕嵌入性的概念进行了扩展研究。国外学者关于嵌入性的主要观点梳理如表 2.2 所示。

表 2.2　国外学者关于嵌入性的观点梳理

学者（年份）	文献	主要观点
Polanyi 等（1957）	Trade and Market in the Early Empries：Economies Inhistory and Theory	在前工业社会中，经济生活由互惠关系和再分配关系主导，市场机制作用有限；经济嵌入于当时的社会、宗教以及政治制度之中
Granovetter（1985）	Economic action and social structure：the problem of em-beddedness	无论工业社会还是前工业社会，嵌入始终存在，只是嵌入程度有所差异；提出关系型嵌入和结构嵌入
Grabher（1993）	The weakness of strong ties：the lock-in of regional development in the Ruhr area	运用嵌入性概念研究产业网络
Levi 和 Pellegrin-Rescia（1997）	A new look at the embeddedness/disembeddedness issue：cooperatives as terms of reference	提出非嵌入性（disembeddedness）概念，对嵌入性和非嵌入性进行了区别
Uzzi（1997）	Social structure and competition in inter-firm networks：the paradox of embedded-dness	根据 Granovetter 的强、弱关系的概念，将网络企业之间的交易关系归纳为独立企业关系（arm's-length ties）和嵌入性关系（embedded ties）
Halinen 和 Törnroos（1998）	The role of embeddedness in the evolution of business networks	提出网络嵌入概念用于企业网络的分析；对网络嵌入性进行分类
Gulati（1998）	Alliances and networks	区分关系嵌入、位置嵌入、结构嵌入
Andersson 和 Forsgren（1997）	Subsidiary embeddedness and integration in the multinational corporation	研究子公司嵌入性与跨国公司整合机理
Andersson 等（2005）	Managing subsidiary knowledge creation：he effect of control mechanisms on subsidiary local embeddedness	研究了子公司当地嵌入性（local embeddedness），认为子公司网络嵌入性的差异与母公司的控制机制有关系
Dellestrand（2011）	Subsidiary embeddedness as a determinant of divisional headquarters involvement in innovation transfer processes	对子公司嵌入性进行定义并进行实证分析

资料来源：参考朱顺林（2012），并进行补充整理

与国外研究相呼应，国内学者也基于网络嵌入进行了多角度的研究。首先，从维度拓展方面来看，杨友仁和夏铸九（2005）发展了本地嵌入的观点；甄志宏（2006）将嵌入性从网络延伸到了制度层面；郑方（2012）从网络的角度对企业间联系进行分析，并深入连锁董事网络层面。这种从嵌入性视角来研究连锁董事

网络是针对现有企业间联结方式研究的不足。其次，从研究目标来看，以绩效为因变量进行分析的居多，如郭劲光（2006）研究了企业网络嵌入差异对绩效差异的影响；许冠南（2008）对关系嵌入对创新绩效的影响进行了研究；刘雪锋（2009）以案例研究的方式对网络嵌入性对企业绩效的影响进行探索。

此外，也有学者用嵌入性来进一步分析企业能力与成长，如章威（2009）将嵌入性作为企业动态能力演变的驱动力并基于该逻辑探讨了该要素对创新绩效的影响；李新春和刘莉（2009）以嵌入性为研究起点探讨了市场关系网络与家族企业创业成长的关系；朱顺林（2012）基于网络嵌入对子公司演化的机制进行了研究；蒲明和毕克新（2013）基于网络视角，研究了内部嵌入性对跨国子公司成长能力的作用机制，检验子公司内部嵌入性、知识获取与成长能力的内在关系；刘群慧和李丽（2013）以广东省中小企业为样本研究了关系嵌入对合作创新的影响。

总之，从现有文献研究来看，国内外关于网络嵌入的研究都较为丰富，如国内学者刘巍（2010）和林嵩（2013）都分别从不同的角度对嵌入性进行了综述。但如前所述，现有文献大部分研究还是集中于从嵌入到绩效的关系检验，或者仅关注于嵌入对企业成长的影响结果，而对这些过程中的内在机理却未能深入挖掘，忽略了驱动企业网络嵌入状态改变的前置因素。因此本书从子公司创业行为这一驱动要素出发，试图对从子公司行为到网络嵌入再到子公司成长的整个逻辑链条给出较为完整的分析。

2.2.3 企业集团网络研究

钱德勒开创性地从企业史的角度考察了企业的成长过程，通过追溯分析各种公司的发展历史，对美国大型企业成长经历的四个阶段，即资金的初步获得和积累阶段、合理使用资金阶段、发展新市场与新行业从而充分利用剩余资金的阶段，以及"新型结构"的发展阶段进行了分析。分析发现，这些阶段随着不同公司的技术水平和市场反应能力以及资本状态而不同。钱德勒的这种视角更多的是从组织管理的角度来进行的分析。理论界随后又发展出了分别侧重于交易成本、资源能力、分工和企业的生命周期的四种企业成长理论。

1. 基于交易成本的企业成长理论

Coase 创造了以交易成本来对企业的性质和成长进行分析的逻辑范式。交易成本理论从市场与企业的成本边界来对企业的成长进行研究。Coase 认为企业的本质是科层机制对市场机制的代替，企业在市场上进行交易所产生的费用与企业在内部进行交易产生的费用的均衡点就是企业成长的边界。张五常从市场的角度出发，指出企业的本质是要素市场对产品市场的替代，当两个市场的交易成本均衡时为企业成长的边界。Willianmson 则在机会主义行为和有限理性的前提假设基础上进一步引入交易频率、资产专用性和不确定性等要素，研究认为基于不同的交易要素属性应当配以不同的治理结构来节约交易成本，对于不确定性大、资产专用性强和交易频率高的交易应当在企业内部进行，这实质上就是对企业纵向一体化成长的描述。

2. 基于资源能力的企业成长理论

Penrose（1959）是基于资源能力的企业成长理论的代表研究者，她在《企业成长理论》中构建的"企业资源-能力-成长"的分析框架将企业定义为一组特定资源的有效组合。当企业能够对其所拥有的资源进行有效的管理时，企业的能力会增长，随之带来企业的成长。当企业不能对其资源和能力进行有效管理时，企业就停止了成长。随后的 Wernerfelt（1984）和 Barney（1986）等资源派的学者把企业看做有价值的、稀缺的、不可模仿且不可被替代的资源集合机体，企业获取并整合资源的过程就是企业的成长过程。Richardson 基于 Penrose 的研究，并基于企业的能力视角，认为企业能力的累积就是企业的成长过程。

3. 基于分工的企业成长理论

英国古典经济学家 Adam Smith 最早考察了企业分工与企业成长之间的关系，将企业看做生产分工演化的过程和产物。Smith1776 年在《国富论》中指出"分工是由市场决定的"，市场的范围扩大会导致更大范围的分工，并由此产生专业化的生产的协调发展，从而推动企业的成长。随后 Stigler 和 Young 等学者都从分工的角度阐述了企业自我分工形成的能力繁殖与发展推动企业成长的机理。杨小凯（2003）创造性地提出了超边际分析框架，认为劳动分工是专业化生产组织的来源，指出正是劳动分工才导致了信息不对称与分散化，通过内、外部市场协调机制能够降低这种信息不对称带来的交易成本，从而促进企业的分工成长。

4. 企业的生命周期理论

Leavitt（1960）提出将企业看做具有萌芽、发展、繁荣和衰败的生命过程的有机体，将企业成长据此分为导入期、成长期、成熟期和衰败期，指出应当从各个企业的生命阶段对企业的成长进行研究和分析。这种理论一经提出，许多学者都从不同的角度开始对企业的成长过程进行划分，如"蜕变理论"、"企业成长十阶段论"、"企业成长五阶段论"和"企业成长七阶段论"等。其中 Greiner 的生命周期五阶段论是最具代表性和广为应用的，他指出企业的成长可以分为创业、成长、分权、协调和合作这样五个阶段，其中每个阶段又各自包含一段相对稳定的进化发展期。

2.3 子公司视角的集团网络研究

2.3.1 子公司成长研究

随着理论的发展，对子公司成长的研究也经历了母子公司关系研究、子公司角色研究和子公司角色演化三个阶段。

1. 母子公司关系研究

20 世纪 80 年代，跨国公司成为各国参与国际竞争的重要经济主体，学界开始围绕跨国公司开展了母子公司关系研究。Otterbeck（1981）对跨国公司的母子公司关系进行了开创性的研究，这种研究视角认为母公司的战略决定了跨国公司的组织结构，以母公司为中心导向，主要聚焦于母公司对子公司的管控而忽视子公司的成长。

2. 子公司角色研究

随着全球经济环境的日益复杂，跨国公司海外子公司的战略地位也逐渐提升，子公司的角色开始进入研究者的视野。Bartlett 和 Ghoshal（1986）的研究是这种子公司角色研究的开始，此后研究者的分析视角也开始从跨国公司总部向子公司发生转变。聚焦于子公司角色的研究一般是基于某种逻辑视角并据之对子公司在整个跨国公司中的战略角色进行研究和分类。

3. 子公司角色演化

在子公司角色静态研究的基础上进一步发展出了对子公司角色动态演化的研究，主要是在企业集团母子公司关系的基础上，研究子公司的角色变化过程。其中有一些代表性的研究，如 Birkinshaw（1996）从子公司自主权的变化周期来分析子公司角色的演化进程；Birkinshaw 和 Hood（1998）将子公司能力和特权与子公司的演化相联系，认为子公司资源和能力的积累是子公司自主权范围扩大和缩小的根本原因，并据此提出子公司角色成长的"能力-特权"模型；国内学者赵景华（2007）、杨桂菊（2006）、薛求知和罗来军（2006）、罗宣（2007）和朱顺林（2012）都基于不同的角度对子公司角色演化的过程进行了分析。

总之，子公司成长的相关理论研究分析表明当前研究的焦点已转向子公司。随着环境复杂性的提高，子公司战略地位和作用日益重要，子公司的资源和能力与自身的自主性关联程度越来越强，已成为具有创新潜力的半自主实体。这种实践上的角色转变需要理论进一步总结和研究。从上述文献看，对子公司的研究还缺乏对子公司成长的研究，尤其是规模上的成长和演进，都未做出系统性的分析。尤其是在网络嵌入的背景下，子公司如何通过实施创业行为嵌入集团网络，子公司的网络嵌入又是如何影响子公司成长的机理，这些都需要加以深入研究和分析。本书就基于这种理论及实践背景，从网络嵌入的角度分析子公司自主行为与子公司成长的关系。

2.3.2　子公司行为研究

1. 创业行为概念

随着母子公司关系网络研究视角的建立，母子公司之间，以及各子公司间形成的内部网络成为构建集团网络框架的分析基础。这种实践中母子公司关系的网络趋向变化，使子公司的角色也随之不断地进行演变。现有文献关于子公司的分析主要分为三大流派：一是母公司分配观点，认为子公司的角色是由总部指派，由总部管理者做出关于如何分配子公司行动的决策；二是子公司主动选择观点，该观点基于子公司管理者相较于总部更了解子公司的资源及环境，因此是由子公司管理者做出关于子公司从事什么活动的决策；三是环境决策论，认为是由综合的环境因素影响着总部和子公司双方共同做出关于子公司的决策，子公司被认为是一个环境的函数。

基于这三种不同观点，关于子公司角色的演变也具有不同的理论。创业行为被认为是子公司角色演变的重要推动力量，为了更好地探讨创业行为的定义和内涵，有必要对子公司角色演变的理论流派进行归纳和整理。本书对现有文献进行整合，见表 2.3。

表 2.3　子公司角色的划分及相关理论

理论流派		理论观点	理论基础	子公司角色
静态理论	母公司分配	产品生命周期	经济学；交易成本理论	下属实体；技术转移的接受者
		国际化进程	认知和行为理论	下属实体；基于市场经验的投资接受者
动态理论	子公司主动选择	集团公司网络模型	社会学；资源依赖理论	网络中的结点；特定优势资源的潜在提供者；与总部的平等关系
		决策进程观点	企业管理理论	子公司关系网络的函数；与总部是从属或伙伴关系
	环境决定论	组织环境论	网络结构环境	子公司提供当地学习的途径，并通过公司网络传播

从表 2.3 的总结分析中可知，基于网络理论的子公司的角色变化是由子公司对行为自主选择的结果。Kanter 和 Miller 在 20 世纪 80 年代的研究中就已开始关注企业集团下属企业主动利用自身资源或者通过拓展资源来发展其独立事业的行为，这是创业行为研究的雏形。随后 Roth 和 Morrison（1992）进行定义，指出子公司创业行为是指集团中子公司所展现出的一种从机会确认到利用、拓展现有资源以回应机会的自主决策过程，包括产品、技术、流程、销售等决策创新活动。随着后继研究的发展，Birkinshaw（1997）正式提出创业行为就其本质而言是公司创业精神的表现形式，是一个创业的过程，该过程起始于子公司领导者发现市场新机会。并因此根据子公司所发现的市场新机会的所在地把创业行为划分为内部市场创业行为、当地市场创业行为和全球市场创业行为三类。这个定义存在两个重要前提条件：首先是这种创业精神源自于子公司的管理者而非母公司的总部，其次就是这种创业行为要使子公司承担更多国际责任——在这样的前提限制下就排除了那些对于集团总部而言没有价值的行动。这点在 Birkinshaw 和 Fry（1998）的研究中得到进一步阐述。他们指出创业行为就是子公司主动积极地、慎重地寻求一个新的商业机会，以促使其扩展业务领域，提升子公司地位，并能够因此承担更大的且与公司战略目标一致的国际责任（international responsibility）。而且进一步提出了子公司创业行为产生的进程（Birkinshaw et al.，1998），如图 2.2 所示，这个进程图对创业行为的研究具有重要影响及开拓性意义。

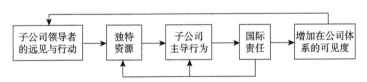

图 2.2　子公司主导行为产生的进程图

资料来源：Birkinshaw（1998）

子公司管理者的管理能力与独特资源存在正相关关系。而这些资源为子公司管理者的创业行为提供机会，并增加了集团全局职责意识，从简单制造到复杂的产品开发、制造和营销责任。增加的资源和集团职责将提高子公司在公司体系中的创业行为和重要性，这是对子公司领导能力的肯定和创业行为的进一步激发，并且会进一步增加集团网络的可见度。而增加了的可见度又意味着总部对子公司的肯定和对子公司创业行为的促进。总之，这是一个由子公司管理者所推动的关于创业行为、资源积累和企业集团可视性的一个良性循环（Ghoshal and Bartlett，1990；Birkinshaw et al.，1998）。这种与总部战略目标一致的子公司主动创新行为作为影响子公司角色演变的重要因素，促进子公司成长，是提升企业集团整体网络竞争优势的关键要素。不可忽略的是，创新精神本身在创业行为的定义中是最主要的前提，而且这种创新精神不仅仅存在于子公司管理者，总部高层也同样需要具有创新精神才能真正促进子公司的创业行为。创业行为是基于创新精神，子公司所采取的进一步地符合整个集团战略的策略行动。

企业集团子公司所实行的创业行为在子公司业务层面的很多领域存在着不同的效果。现有研究在实践中发现，子公司创业行为的表现可能为子公司积极开发新技术、新资源与新知识，以及在能力积累的基础上积极发展下属网点，等等（Birkinshaw et al.，1998；Roth and Morrison，1992）。但这些也是其他形式的管理行为同样可能具有的表现，所以子公司这种主动创业行为在表现形式上是否存在一定的规律性与独特性一直是学者们关注的焦点（Dörrenbächer and Geppert，2009；Schmid et al.，2014）。这些研究仍大多聚焦于子公司创业行为的直接效应上，对创业行为的网络效应分析不足。

2. 创业行为的分类

Forsgren 和 Ghoshal 等学者的研究表明企业集团可以被看做一个内部网络，这种研究结果使对子公司的研究逐渐侧重于对子公司和企业集团内部与外部的实体建立多重网络关系。基于这种理论，Birkinshaw（1998）又根据子公司所面临的不同战略、阻力以及对企业集团整体所具有的非常不同的影响作用把创业行为划分为外部创业行为（包括当地市场创业行为和全球市场创业行为）和内部创业行为两种类型①。

在内部市场创业行为方面，内部创业行为的实际表现效果之一是子公司会积极主动地发起新的创新活动。此外子公司还会主动向总部提出建议，证明自身能力，以试图取代不称职的子公司从而获得新的权力（Birkinshaw and Fry，1998）。同时，内部市场创业行为也会表现为子公司对其现有产品线进行改进和发展。在当地市场创业行为方面，已有研究指出当地市场创业行为的预期表现是加强了全球学习。Harrigan（1983）则认为当地市场创新将带来国际创新最大化。一般认为当地市场创业行为主要表现为海外子公司为了满足当地的产品或市场需求，主动在当地发展新产品以掌握市场新机会。由于国际市场的复杂性，目前关于国际市场创业行为的文献还非常少，国际市场创业行为一般被认为是由非当地的未被满足的产品或市场需要所引起的。

---

① 无论是三分法还是二分法，都为了研究的需要而把在现实中必然存在的混合型主导行为忽略，一般混合型主导行为的表现是与内部市场主导行为相似的，并且带来整个公司价值活动的增值。

已有研究仅从类型学的角度对子公司创业行为进行了分类，而没有探讨不同类型的创业行为之间的内在联系。当然，可以根据现有文献的分类方法，将因新机会识别地点的不同而区分的内、外部创业行为作为先决条件进行探讨①。综合这些分类，本书认为，企业集团作为"有组织的市场"和"有市场的组织"的结合，即 Larsson 所说的"看不见的手"和"看得见的手"的"握手"，这一特性意味着集团中的多数成员公司都能够与集团内部和外部的其他实体建立起多重关系，处在两个市场的交界处：①内部市场，由集团中的母公司及其他子公司组成；②外部市场，由内部市场以外的客户、供应商、竞争者乃至政府组成。尽管也存在面对单一内部市场的少数子公司，但这并不能改变多数子公司承担着集团内部独特责任和角色的事实，使它们能够更多地接近外部客户和供应商，这样我们就可以按照每种创业行为的机会所在地把创业行为分为内部创业行为和外部创业行为，这一分类对我们研究的展开是至关重要的。

3. 创业行为与子公司演变研究

1）子公司角色学派

随着子公司在跨国公司中自主权的变化，Bartlett 和 Ghoshal 两位学者于 1986 年提出子公司的角色理论，该理论成为学界的研究焦点。这种理论的基本思想是子公司本质上是拥有相当自主权的个体，在集团中各自承担着一定的战略任务。基于这种思想，20 世纪 90 年代国外大量学者基于子公司自主权对子公司角色进行了研究，其中比较有代表性的有 Bartlett 和 Ghoshal（1986）、Jarillo 和 Martinez（1990）、Birkinshaw 和 Hood（1998）、Andersson 和 Forsgren（2000）等学者的研究。

Bartlett 和 Ghoshal（1986）基于子公司能力、子公司资源积累和子公司当地市场的战略重要性对子公司角色进行划分，通过子公司的战略重要性和贡献程度将其划分为战略领导者、贡献者、执行者和黑洞。Jarillo 和 Martine（1990）则从子公司在母公司内的战略地位以及承担的不同任务的角度出发，为更好地帮助母公司进行战略配置和协调而将其划分为接受型、积极型和自主型。Birkinshaw 和 Hood（1998）则根据子公司能力和特权（charter）的变化来刻画跨国集团子公司的演变，将子公司建模作为一个半自主的网络实体结点，并指出子公司的自主行为是促进子公司发展的强大力量，正是子公司的自主行为推动了有计划的资源和能力的发

---

① 现实中存在子公司主导行为由内部主导向外部主导转化的趋势，而且实践证实正是这一转化推动了子公司角色从总部命令执行者或市场进入者向具有积极意义的战略贡献者的发展。

展。Andersson 和 Forsgren（2000）则进一步地对跨国公司中拥有高度自主权的特殊子公司类型，即卓越中心，进行了研究，分析指出卓越中心与其他企业所构建的网络联结是其关键资源的重要组成部分，也是提升其战略重要性的显著变量。

这种子公司角色学派的贡献在于它指出了子公司在集团中所承担的不同角色，体现了从集团母公司到子公司的研究焦点的转移。但这种研究的隐性前提是子公司的角色没有发生变化，本质上是一种静态的研究视角，局限于内部的活动划分，忽视了子公司成长的动态过程。

2）子公司发展学派

子公司发展学派突破了这一局限，它运用网络理论与市场理论来分析子公司行为和角色的动态演变过程，认为子公司并不是完全按照集团母公司的战略设计发展的，而是能够通过采取一定的行为来构建网络关系、积累能力和资源，进而提升其战略地位，促进其成长和演变。

Birkinshaw是该学派的重要代表学者，在一系列研究中进行了阐释。Birkinshaw 和 Hood（1998）将子公司演变的驱动因素归结为跨国集团、子公司成长目标和子公司所处当地环境这样三个要素，子公司可以通过能力、资源的累积来提升其竞争优势。Birkinshaw（2000）认为研究子公司成长的问题必须应用网络理论，将子公司视为集团网络结点来进行处理，形成一种整合网络的视角。他在后续研究中进一步指出子公司是复杂环境中拥有创新能力的半自主实体，随着子公司对资源的累积和能力的增强，子公司提升了与母公司讨价还价的实力，这是子公司寻求更高战略地位、实现成长的重要途径（Birkinshaw et al.，2005）。Williams（2009）通过实证证明跨部门的网络、子公司的内外部学习以及子公司管理者对企业战略目标的分享都是推动子公司实施创业行为来促进成长的因素。

同样，国内学者对子公司自主行为对子公司成长和演变的关系也进行了一定的研究（赵景华，2007；葛京，2007；薛求知和罗来军，2006；曾国军，2006；杨桂菊，2006；徐梅鑫，2012），如薛求知和罗来军（2006）从集团母公司的视角出发来分析因母公司战略变化而导致的不同子公司演化路径；杨桂菊（2006）引入网络资本概念，基于子公司构建的网络分析框架，指出子公司角色演化的本质是子公司网络关系的构建，是子公司调整其网络位置的过程。这些研究多是以海外的跨国子公司为研究对象，对于我国的企业集团运营具有很好的借鉴意义。但通过对文献的梳理可以发现，现有研究主要聚焦于子公司角色的演变，而对于子公司角色演变过程中具体成长的机制缺乏研究，同时基于我国本土情境对企业集团子公司的研究也略显不足。因此本书将在借鉴已有研究成果的基础上，以我国企业集团为研究对象开展本土化的研究，把子公司创业行为与网络效应有机结合，重点分析创业行为通过提升网络效应进而促进子公司成长的机理。

2.4 本 章 小 结

本章作为全文的理论研究起点,对企业集团母子公司关系网络理论、子公司创业行为理论、成长理论等研究进行了梳理总结以及评述。本章对相关的文献进行了以下几个方面的归纳。

首先,对社会网络及网络嵌入理论的相关研究进行了概括和总结,简要介绍了社会网络的分析方法,为后续研究的使用做好方法准备。从现有研究来看,尽管学者们基于不同的研究视角形成了不同的关于网络的概念,但都强调了在网络中不同的行为结点之间的相互依赖和交流的依存关系,这种依存性放大了网络中所有个体结点的价值以及效率。因此在本书中,采纳了从"关系"维度对网络的定义,即由各行为主体,也即网络结点在相互传递并交换信息、资源的过程中形成的关系所构成的系统即为网络。且延循了以个体为焦点,研究个体对整体网络的影响的分析范式。从研究问题来看,现有文献大部分研究仍然集中于从嵌入到绩效的关系检验,或者仅关注于嵌入对企业成长的影响结果,而对这些过程中的内在机理却未能深入挖掘,忽略了驱动企业集团创新网络嵌入状态改变的前置因素。因此本书选取子公司创业行为作为切入点,对从子公司行为到创新网络嵌入再到子公司成长的整个逻辑链条给出较为完整的分析。

其次,对子公司创业行为的概念和内涵进行了阐述,并对现有的相关文献进行分析。通过对文献的梳理可以发现,现有研究主要聚焦于子公司创业行为与角色演变,而对于子公司角色演变过程中具体成长的机制缺乏研究,同时基于我国本土情境对企业集团子公司的研究也略显不足。因此本书将在借鉴已有研究成果的基础上,以我国企业集团为研究对象开展本土化的研究,把子公司创业行为与网络效应有机结合,重点分析创业行为通过提升创新网络效应进而促进子公司成长的机理。

最后,对子公司成长的相关理论研究分析表明,随着环境复杂性的提高,子公司的战略地位和作用日益重要,子公司的资源和能力与自身的自主性关联程度越来越强,已成为具有创新潜力的半自主实体。这种实践上的角色转变需要理论进一步进行总结和研究。当前研究的焦点已转向子公司,但对子公司的成长,尤其是规模上的成长和演进,都未做出系统性的分析。尤其是在网络嵌入的背景下,子公司如何通过实施创业行为嵌入集团创新网络,子公司的网络嵌入又是如何影响子公司成长的机理，都需要建立一个整合的分析框架加以深入研究。同时还需要基于我国的转型经济情境，进一步分析制度环境中合法性机制对企业集团治理的影响作用。本书把推动集团创新网络形成的驱动力量，即子公司创业行为作为分析的逻辑起点，而企业集团的网络化创新分析视角则是本书的落脚点。总之，本书关于理论基础的评述为第 3~6 章的理论发展及模型建立，即建立子公司创业行为机制框架并为子公司创业行为对集团创新网络嵌入的影响的后续分析做好了理论准备。

第二篇

网络的形成与演化

第3章　中国企业集团创新网络：成长路径、演化实践与理论模型

　　中国的企业集团是在特定的历史条件下出现并发展的，具有鲜明的时代烙印和转型经济特征，存在发展起步晚、历史包袱重、社会福利与企业效率冲突的多样化企业目标等问题。20世纪80年代以前，中国并没有企业集团这种组织形式（姚俊和蓝海林，2006）。不同于西方国家企业集团主要受企业发展需求如追求规模经济等市场化力量推动的成长路径，中国企业集团的形成和发展是在从计划经济体制向市场经济体制转型的历史背景下，中国政府参考第二次世界大战后日本与韩国经济飞速发展的实践经验，将企业集团作为经济追赶的工具（Keister，1998），通过行政力量推动产生的。这种复杂的时代环境使企业集团既需要符合经济发展的市场逻辑，又需要符合推动社会福利的国家逻辑。

　　在技术环境中的效率与制度环境中合法性的双重压力作用下，企业集团形成了复杂的成长、演化模式，已有研究将中国大型企业集团的演化过程区分为重组兼并、"行政局改制"和企业成长三种模式，并认为正是这些不同的形成路径和成长演化模式才推动形成了中国企业集团复杂、多样的特有组织结构和行为特征（武立东等，2014）。因此，当对中国企业集团网络化发展，尤其是注重于创新行为的企业集团创新网络进行理论分析时，需要对中国企业集团的产生和发展进行历史性的分析，从而形成相对完整的研究情境，更深刻地建立起中国企业集团创新网络的分析框架，为深入进行后续研究打好基础。在第2章的文献回顾中，已经梳理了企业集团和创新网络等相关理论。本章在这些理论研究的基础上，将结合中国企业集团形成和演化的历史实践进一步展开叙述，对企业集团的历史发展过程做纵向梳理，并对企业集团演化的模式进行横向的切割，在此基础上进行理论分析，构建中国企业集团创新网络的整体理论模型，对其定义、内涵和互动体系进行解析。

3.1 中国企业集团的成长路径

3.1.1 中国企业集团的发展历程

我国的企业集团是自十一届三中全会以后，在企业横向联合基础上逐步建立并发展起来的。早在 20 世纪 70 年代末的改革开放之前，我国已经拥有了一批大中型骨干企业，这些企业有良好的设备、较高的技术水平和素质较高的人员储备，这为后来我国企业集团的形成奠定了坚实的基础。20 世纪 90 年代，新兴的私有企业、外资企业的迅速发展，对传统国有企业产生了巨大的冲击，在很大程度上促进了我国企业集团的发展。很多学者对我国企业集团的发展历程进行了研究，并且从不同的视角出发对集团发展阶段进行了划分：一种视角是根据我国企业集团的战略发展方向进行划分，分为纵向联合阶段、不相关多元化阶段、相关多元化三个阶段；另一种分类法则是根据我国企业集团形成的过程进行划分，基于我们后续研究的需要，我们主要采用第二种分类法，将我国企业集团的发展划分为如下四个阶段。

1. 企业集团的萌芽：1980~1986 年

1980 年以前，在传统的计划经济体制下，企业按照部门和地区的行政纵向隶属关系接受管理，没有横向联合的权力和愿望。十一届三中全会之后，随着改革开放的进行，传统小企业的组织形式已不足以满足经济发展的需要。1980 年上半年，国务院提出了在国家计划指导下"发挥优势、保护竞争、推动联合"的方针。于是部门之间开始打开封锁，鼓励企业进行生产、技术等方面的横向经济联合，有些地方开始尝试企业间、地区间、城乡间多种形式和内容的经济联合体。

在这种形势下，1980 年 7 月，国务院发布了《关于推动经济联合的暂行规定》，对横向经济联合的意义、原则、组织管理、政府的作用以及有关政策做了原则性的规定，"随着经济管理体制的初步改革，当前各地已开始出现一些经济联合形式""走联合之路，组织各种形式的经济联合体，是调整好国民经济和进一步改革经济体制的需要，是我国国民经济发展的必然趋势""组织联合，不受行业、地区和所有制、隶属关系的限制。但不能随意改变联合各方的所有制、隶属关系和财务关系"。政府对经济联合体的认可和推动，促进了企业的横向联合，推动了建立跨地区、跨行业横向经济联合体的步伐。此时，全国各地按照专业化协作和经济合理原则，广泛进行工业改组和调整工业企业的试点，组建了一批公司、总厂和联合组织。这对发展经济联合、加强行政管理起到了一定的积极作用，但是也出现了一大批从政府需要出发、通过行政命令组建、行使行政职能的联合公司。有些公司不过是由过去的专业行政管理局换牌而成的"翻牌公司"，其行政管理职能并未改变，算不上经济联合体，甚至还在国家与企业关系之间插入行政层级，导致政企不分的情况愈加严重。由于管理方式的本质没有改变，改组和联合难以协调进行，同时联合体内的联结纽带不牢、隶属关系不清，很多的企业联合体很快解散。

根据企业经济联合体发展的情况和经济形势变化的需要，国务院于 1986 年 3 月 23 日又颁布了《关于进一步推动横向经济联合若干问题的规定》，国家各部门因此制定颁发了有关的配套办法。例如，财政部颁发了《关于促进横向经济联合若干收税问题的暂行办法》、国家物资局颁发了《关于经济联合组织的物资分配、供应和产品销售的暂行方法》、国家工商行政管理局颁发了《经济联合组织登记管理暂行办法》、中国人民银行颁发了《关于搞好资金融通支持横向经济联合的暂行办法》等文件。这些文件所规定的方针政策反映了企业要求联合的愿望，促进了各种联营、合营企业和各种经济联合体的发展，也为企业集团的发展创造了有利的条件。

2. 企业集团的创建：1987~1990 年

随着改革开放的不断深入，企业面临的市场竞争日益激烈，企业联合体的内容和形式已经从生产技术领域向资金和其他经营领域扩展。经过前一阶段企业横向联合的实践，理论界和实务界都意识到横向经济联合是加速生产发展和提高经济效益的有效途径，同时也在实践中感觉到现有的松散生产经营联合体存在着许多难以克服的矛盾。企业对其加入的经济横向联合体的稳定性和长期性的要求越来越高，经济联合体内部企业间的吸引力、凝聚力急需得到增强。这个时期出现的一些更加紧密的企业联合体是企业集团的雏形，尽管规模不大，层次结构还不够明显。这时需要对这种产生于企业横向经济联合体中的企业集团进行进一步的推动、规范和管理。有些工业管理部门在借鉴日本及其他西方发达资本主义国家的经济组织管理经验的基础上，提出了发展企业集团的建议。1987 年，国家计划委员会发布了《关于大型工业联营企业在国家计划中实行单列的暂行规定》，国家体改委和国家经贸委发布了《关于组建和发展企业集团的几点意见》，后者对企业集团的含义、组建企业集团的原则以及企业集团的内部管理等问题第一次做出了明确规定。在这些政策和行为的推动下，全国掀起了组建企业集团热。到 1988 年底，全国经过地市级政府批准并在工商行政管理局注册的企业集团有 1 630 家。

尽管当时企业集团这种形式已经正式地出现，但无论是在实践中，还是在政策上，都还存在很多问题。例如，《关于组建和发展企业集团的几点意见》虽然初步地规范和促进了企业集团的发展，但是并没有真正明确企业集团的本质特征，在政府以及企业中，企业集团仍然是一个模糊的概念。直到 1989 年，国家体改委发布的《企业集团组织与管理座谈会纪要》才首次对企业集团的基本特征做出了明确的规定，指出企业集团公司与紧密层、半紧密层企业的联结纽带主要是产权关系。在这一阶段的实践层面上，一方面，企业纷纷组建企业集团，企业集团大量涌现，但在当时的条件下，对企业集团内部的纽带关系界定得并不明确，而企业集团赖以形成的依托关系也各不相同，有的是行政上的上下级关系，有的是产品供需关系，有的是企业间的资产渗透（投资）关系，有的仅仅是上级行政指派，造成企业集团内部存在联结纽带松散、盲目多元化和存活率低等问题。这一阶段虽然绝大多数的企业联合体都套用了"企业集团"的名称，但在本质上与真正意义的企业集团存在很大差异，真正规范的企业集团依然很少。鉴于这种情况，中央政府将企业集团建设重点转向治理整顿和深化改革上，旨在使集团结构功能发育成型，对那些不具备企业集团基本条件的企业联合体，中央要求通过兼并、合并、控股、参股等方式，向深层联合发展。另一方面，在支持、促进企业集团创建的同时，理论界和政府也加深了对这种特殊组织形态的认识和理解，逐步探寻到真正意义上的企业集团的本质特征和管理规范，为下一阶段企业集团的发展奠定了理论基础。

3. 企业集团的发展：1991~1993 年

为了正确地引导与促进企业集团尽早步入健康发展的轨道，1991 年初国务院办公会议议定了"选择一百个左右大型工业企业集团进行试点"的工作方向，以便在不同行业、不同类型的企业集团中进行试点，取得经验。1991 年 12 月国务院批转了国家计划委员会、国家体改委、国务院生产办公室发布的《关于选择一批大型企业集团进行试点请示的通知》（即 71 号文件），这份文件的核心内容是所谓的"六统一"，包括：发展规划、年度计划，由集团的核心企业统一对下属部门进行管理；实行承包经营，由集团的核心企业统一承包，紧密层企业再对核心企业承包；重大基建、技改项目的贷款，由集团核心企业对银行统贷统还；进出口贸易和相关商务活动，由集团核心企业统一对外；紧密层企业的主要领导干部，由集团核心企业统一任免。在这样的规范条件下，对企业集团这种法人联合体的组织形式做了明确界定。以此为基础，国家又陆续颁布了《试点企业集团审批办法》《乡镇企业组建和发展企业集团暂行办法》《关于国家试点企业集团登记管理实施办法（试行）》等一系列相关法规政策，对企业集团的组建和运行进行规范。通过理顺企业集团的内部关系、强化内部联系纽带、深化内部改革、进行结构调整，逐步实现企业集团的规模经营，壮大企业集团的实力。国家还对企业集团进行试点，示范结果带动了全国范围内其他企业集团的发展，以中央企业、地方企业，甚至许多集体企业、乡镇企业为依托组建了一大批企业集团，有效带动了经济结构的调整和发展。1993 年 11 月召开的中共十四届三中全会通过了《中共中央关于建立社会主义市场经济体制若干问题的决定》，这一文件专门对发展企业集团做出了重要规定，强调指出要"发展一批以公有制为主体，以产权联结为主要纽带的跨地区、跨行业的大型企业集团"。在这样的背景下，截至 1993 年，全国已组建起企业集团 7 500 多家，其中县级以上的有 3 000 多家。

在这一阶段，规范的企业集团开始出现，主要表现为：一是传统的所有制、财务关系和隶属关系的"三不变原则"开始松动，企业集团内部的联结趋于紧密；二是企业集团的规模不断扩大，功能不断扩展，实力得到了发展；三是企业集团内部经营管理水平提高，开始利用市场手段进行结构调整和资源配置。但是这一阶段的企业集团仍然没有建立起真正的产权纽带和现代企业制度，主要还是一个行政管理机构，在降低交易成本、规模经济、范围经济方面的作用还没有明显表现出来。

4. 日趋规范的企业集团：1994~2014 年

1994 年《公司法》的颁布，标志着企业集团的发展被纳入法治的轨道，无论是企业集团的核心企业即母公司的设立，还是企业集团内部成员公司之间的经营管理和相互关系都有了基本的行为准则规定。转轨过程中计划经济体制留下的诸多弊端，如产权关系不清、政企不分、企业法人实体的权利得不到保障等问题也都被纳入法定的范畴，从而可望得到治理，这为企业集团进一步规范经营管理行为奠定了基础。

从 1995 年起，企业集团试点工作被列为国务院的四大试点工作之一。国家开始实施"抓大放小"战略措施，一方面把国有企业改革当做整个经济体制改革的重点；另一方面开始从政策上重点扶持大型企业集团。国家提出了实施大公司、大集团战略，把企业集团的组建与发展工作提高到一个新的战略高度。1997 年 4 月，国务院批转了国家计划委员会、国家经贸委、国家体改委《关于深化大型企业集团试点工作意见的通知》，其中提出"建立以资本为主要纽带的母子公司体制"的目标。在随后召开的党的十五大中又强调："以资本为纽带，通过市场形成具有较强竞争力的跨地区、跨行业、跨所有制和跨国经营的大企业集团。"以上法律、文件的出台，明确回答了企业集团发展过程中的最基本、最核心的问题，使企业集团向真正意义上的以产权联结为纽带的法人联合体转变。所有这些宏观导向政策的出台与实施，是我国自提出建立市场经济体制目标模式以来企业集团改造与发展的一个新路标，标志着我国企业集团的发展开始步入规范化的良性发展轨道。

5. 深入优化：改制重组和转型升级：2015~2017 年

随着市场经济的不断发展以及相关法律、法规和政府服务的升级、完善，我国国有企业集团的发展进入了一个相对比较规范和理性的阶段，主要表现为国家开始对大型国有企业集团实施资产授权经营，即把子公司的资产授权给企业集团，因此这些企业集团才能够真正成为母公司，并且有权对企业集团内部的资产进行经营。2015 年 9 月 13 日，中共中央国务院印发《关于深化国有企业改革的指导意见》，该意见的出台，标志着我国企业集团的发展进入深化改革阶段。该意见明确了作为我国企业集团重要组成成分的大型国有企业改革的指导思想与基本原则，指出将引入非国有资本参与国有企业集团的重组改革，通过如出资入股、收购股权、认购可转债、股权置换等多种方式来参与国有企业集团改制重组或国有控股上市公司增资扩股以及企业经营管理。尤其在天然气、铁路、电信、资源开发、石油、公共事业等领域开放混合所有制改革，同时也鼓励国有资本充分发挥其在融资投资、资本运营平台等方面的优势，对发展潜力大和成长性强的非国有企业进行股权投资。

在推动国有企业集团进行行业与资产重组的过程中，各级政府把一些小的企业集团合并组合成为更大的企业集团，建立国有资产经营公司使其承担经营国有资产的权利与责任。绝大多数国有企业集团由资产联结关系代替了原来的业务联结关系。另外，在国有企业集团明确了国有资产保值增值的责任之后，相当多的国有企业集团采用了突出主营业务和建立核心竞争优势的战略。激烈的市场竞争、信贷体制的改变，以及更加明确的国有资产经营责任，使许多国有企业集团通过关、停、并、转和出售等方式重新调整了自己行业组合和资产联结的方式。最后，在明确了产权、战略和责任之后，许多企业集团开始把资产经营与行业经营分开，一方面完善母公司资产管理的职能，在与资产经营和管理有关的方面普遍采用了相对集权的管理方式；另一方面则在资产重组的基础上实施事业部的组织结构，把所有全资或者控股子公司分别归入按照行业划分的各事业部。在这个过程中，对企业进行分类化改革以真正实现资产优化组合的思想也得到了体现，即将企业集团分为如商业性、公益性和自然垄断性三类，对不同类型的企业集团进行基于不同目标的改革重组。对于前者，要推动包括如整体上市等方式在内的股份制改造；对于后者，则强化对运营成本的控制，优化内部治理结构。此外，对于自然垄断类企业要实现"政企分开、政资分开、特许经营和政府监管"。

从中国企业集团萌芽、产生、发展和深化改革的发展历程可以看出，中国企业集团的产生、发展是在经济转型过程中特定的历史条件和实践基础上发生的。由于其所处环境的特殊性，中国企业集团的发展必须与中国转型经济相适应，也因此与政府的主导力量密不可分。由于中国的企业集团的形成途径和方式不同，它们的发展状况也有较大差异，也因此形成了中国企业集团特有的组织结构。根据企业集团的形成方式和发挥主导作用的主体不同，中国大型企业集团的演化可以划分为重组兼并、行政局改制和企业分拆三种主要模式，即存在重组成长、改制成长和自然成长三条成长路径。下面将对这三条成长路径展开横向分析。

3.1.2　中国企业集团的重组成长路径

重组兼并型企业集团是在政府主导下，以某个工业部门的企业或某个较强的国有企业带头，由多个相关的企业联合重组的结果。由于在这个形成过程中，政府和企业共同起着主导作用，因此也可称其为政府-企业主导型集团模式。这种重组兼并的集团形成模式一般集中在如钢铁、能源和外贸等规模经济效益比较显著的行业。这种类型的集团的产生与成长可以区分为两条路径。

一种是以某核心企业或核心企业集团为主导，由多个跨部门的企业基于各自在生产和经营方面的联系，联合组成一个新的企业集团，如中国中钢集团①是 1993 年经国务院经济贸易办公室批准，由原中国冶金进出口总公司、中国钢铁炉料总公司、中国国际钢铁投资公司和中国冶金钢材加工公司兼并组建而成。1998 年，中国冶金设备总公司、中国冶金技术公司、冶钢经济技术开发总公司划入中钢集团；1999 年，鞍山热能研究院、武汉安全环保研究院、洛阳耐火材料研究院、郑州金属制品研究院、天津地质研究院、马鞍山矿山研究院六家科研院所划入中钢集团；2002 年，河北冶金设计院划入中钢集团；2006 年，陆续重组兼并衡阳有色冶金机械总厂、邢台机械轧辊有限公司和吉林新冶设备有限责任公司；2007 年，中国冶金矿业总公司、中国国际热能工程公司、日出投资集团公司、中经事业开发公司、经翔房建开发公司由国务院国资委机关服务中心无偿划转给中钢集团管理；等等。经多次重组兼并，最后形成现在的中国中钢集团。类似的，中国五矿集团②也是通过这种核心企业主导的兼并重组成长起来的。1950 年，中国五矿集团的前身之一中国矿产公司成立，1952 年，中国五矿集团的另一前身中国五金进口公司成立。1960 年，中国矿产公司与中国五金进口公司合并为中国五金矿产进出口公司，并于 1991 年组建为中国五矿集团。2000 年，重组兼并中国有色金属工业贸易公司（总部）、中国矿业国际有限公司和中国有色金属（香港）集团有限公司；2002 年，收购东方鑫源（集团）有限公司和东方有色集团有限公司；2004 年，兼

---

① 资料搜集自中国中钢集团网站：http://www.sinosteel.com/。
② 资料主要搜集自中国五矿集团网站：http://www.minmetals.com.cn/。

并邯邢冶金矿山管理局；2006 年，并购重组湖南二十三冶建设集团有限公司；2009 年长沙矿冶研究院、鲁中冶金矿冶集团公司整体并入中国五矿集团公司，成为其全资子公司。由中钢集团和五矿集团的成长历程可以看出，这种由核心企业主导的兼并重组式的集团成长模式，其本质是政府或行业主管部门通过行政命令将同行业或同行政地区的相对弱势企业划归企业集团统筹管理，具有较强的行政整合意义。

另一种方式则是没有核心主导企业的强强联合。在改革开放的过程中，随着市场经济的稳步发展和政府职能的逐步调整，许多政府工业和经济部门下属的中小企业在行政局转制的过程中有相当一部分被取消或合并，此时以某个部门下属的大而强的企业为核心，其他相关部门的下属企业围绕该核心企业按照纵向一体化、横向一体化或相关多元化的原则重组为不同的大型企业集团。例如，此前我国高铁行业同时存在中国北方机车车辆工业集团公司（简称北车）和中国南方机车车辆工业集团公司（简称南车）这样两家独立却业务类似、资产相近的企业，在国家实行的"高铁走出去"的国家战略背景下，二者因争夺国外业务内耗严重，因此需要通过合并减少两大厂商在海外推广时的恶性竞争，打造国家级产业合力。因此在 2015 年，在国资委的推动下，南车和北车基于业务整合为中国中车集团公司[①]。就核心企业主导和强强联合两种兼并重组的方式而言，第一种以大企业为中心组成集团的方式实现的市场化程度比较高，在政企分开的效果方面要好于强强联合；但强强联合的组建方式在集团意识和战略统一方面则要强于前者。

总体来看，兼并重组的企业集团组建模式，尤其是以某个大企业为中心兼并重组而成的集团具有很多优势。一方面，对于企业集团本身来说，由于各子公司同属一个行业，且都是围绕核心企业选择性地重组而来，集团因此可以使下属子公司之间进行合理分工协作，发挥各自的优势取得协同效应，同时把整个集团的研发、人员培训等基础共性事务放到集团母公司统一处理。还能够降低固定费用和生产成本，减少对外融资和采销成本，取得规模经济。另一方面，对于政府来说，在过去某一历史阶段，各地方政府都仿照中央政府按照行业设立对口管理部门来管理相关行业的企业，如机械工业局、纺织工业局、冶金工业局等，按照兼并重组方式组建集团后，原有的行业性行政管理部门不再有存在的必要。例如，宝钢集团和首钢集团通过兼并重组建立集团后，上海和北京先后撤销了相关的冶金工业局。因此这种兼并方式有利于政府部门减少对下属企业的管理层次，精简机构。另外，这类集团重组后，各企业转变为集团下属的子公司，发展战略和运

[①] 资料搜集自中国中车集团公司网站：http://www.crrcgc.cc/。

营规划由集团制定，可以避免在同一地区内进行重复建设和盲目建设的问题。

但在实践中，兼并重组而成的企业集团在运营中也存在很多矛盾。其中的主要问题首先是集团没有战略核心，整体缺乏向心力。这个问题的根本在于兼并重组而成的集团的主体治理无力。这种集团的决策核心有两类：一是通过成立理事会负责制定协调各企业的重大生产经营决策，但往往对各企业没有约束力；另一个则是由于兼并重组有政府主导作用在内，集团的组建并非完全出自企业的意愿，集团是先有"儿子"后有"老子"。而集团建立后要上收子公司的部分权力，子公司容易产生抵触情绪，母子公司因此产生矛盾。集团下属的大型子公司往往也不重视集团的整体决策，缺乏执行力。其次是集团下属各企业在集团组建之前都是独立的利益主体，企业文化差异很大，经营状况也各不相同，加入集团后要相互协调，各企业间也因此产生矛盾。最后，由于这种兼并重组的成员企业都来自于同行业，各成员企业的业务容易重复，很难进行实际意义上的业务重组。

对于兼并重组的集团组建方式来说，政府和企业在集团形成过程中共同起着作用，集团公司以某个大企业为核心，与成员企业之间是母子公司关系，集团的所有者是国家。这种形成模式在理论上来说比较符合企业集团形成的规律和市场原则，在发展企业集团这种经济组织形式的时候可以有选择性地进行使用。

3.1.3　中国企业集团的改制成长路径

在改革开放以前，以及改革开放最初的发展阶段，我国的大型国有企业集团都是分别隶属于从中央到地方的各个政府经济、工业部门。但随着改革开放的深入，政府为适应经济发展的需要，开始调整政府职能并推行政企分开，这些原属政府的经济、工业部门就带领其下属企业逐步和逐级地转化成为集团公司，而其下属的企业就转变成为集团的子公司。这种模式形成的企业集团，主要分布在军工行业和自然垄断产业等大规模企业，大都经历了从工业部门到行政性总公司再到集团公司，或者直接从行政性总公司到集团公司的变化过程。在这种集团组建过程中政府起着主导作用，所以可以称之为政府主导型企业集团。中国石油天然气集团公司、中国船舶重工业集团、中石化、中国航空工业第一集团公司、中国兵器装备集团公司、中国船舶工业集团、中国兵器工业集团公司等，都是由中央政府直接做出决策改组成立的。在改制的最初阶段，这种企业集团的总部并不正式或者合法地拥有下属企业的产权和相应的资产经营权，直到国有资产授权经营之后，政府部门改造成为企业集团的工作才算真正完成。这种由行政局改制而来的企业集团，政府意志贯穿于其建立和发展的全过程，其本身就是政府剥落社会职能和机构部门调整的产物，在一定时期内兼具政府提升社会福利和企业优化运营管理两个方面的功能。

　　行政局改制的企业集团的本质是既要保证政府对企业的主控权，又要使企业具有参与市场竞争的能力，使它们在一定程度上可以成为能够自主经营、自我积累、自我发展和自我更新的市场经济主体，积极地参与市场竞争。行政局改制的企业集团的成长路径又主要存在以下两种模式。

　　一是基于业务调整或价值链整合，直接对目标公司进行二者（或多者）间的业务重组。中国远洋海运集团[①]就是这样组建起来的：该集团的前身是成立于1958年的交通部远洋运输局，在1961年改制为中国远洋运输公司，主营远洋运输业务，并随其不断发展陆续成立了青岛、天津、广州等分公司，但这种盲目追求地域扩张的传统做法使各分公司间的业务高度重合，形成"大也全、小也全"的重复建设格局。中国远洋运输公司因此对广州、上海、青岛、天津和大连的五大分公司进行重新定位，但此时的业务仍主要为海外航运。这种单一的运输模式虽然具有一定的规模优势，但在业务的价值链衔接过程中需要付出较大的外部交易成本。1993年，中国远洋运输公司、中国外轮代理总公司、中国企业运输总公司和中国船舶燃料供应总公司共同组建了中国远洋运输集团（简称中远集团），确定了"下海、登陆、上天"的多元化发展战略。此时，除中远集团外，国资委下属的中国海运集团（简称中海集团）也同样经营远洋海运业务，与中远集团的业务存在竞争，不利于形成规模化发展。2015年，经国务院批准，中远集团与中海集团重组成立中国远洋海运集团。通过这种业务提炼组合，最后成立的中国远洋海运集团整合了价值链，提升了企业的效率。

　　二是将原企业分拆，根据战略调整或业务重组等需求，将原企业分拆为两个或多个独立集团。国家电网公司即是通过这种分拆方式组建而成的。国家电网公司是经国务院授权进行投资的机构和试点单位，是中国最大的电网企业，其前身为下辖全国电网和发电厂的国家电力公司。2002年，国务院发布《电力体制改革方案》，方案明确要实行"厂网分离"的电力体制改革，从原国家电力公司中剥离出发电业务分别归中国大唐集团公司、中国电力投资集团公司、中国国电集团公司、中国华电集团公司和中国华能集团公司进行运营；剥离出电力传输和配电等电网业务归国家电网公司进行运营。

　　行政局改制的企业集团成长模式在我国经济发展的特定时期内具有一定的优势。首先，这种集团组建方式是根据政府自上而下的行政命令做出的决策，不需要企业花费人力、财力和时间去协调政府各职能部门的关系，因此能够缩短组建的时间，简化过程，节约了组建集团的直接成本。其次，能够在短时间内引入竞

---

① 资料搜集自中国远洋海运集团网站：http://www.cosco.com/。

争机制，还能够迅速扩大规模，使集团快速地获得规模经济和规模优势。

同时，这种组建模式也存在很多缺点。政府强制推动对集团的组织结构具有重大的影响，这为后来的集团治理带来了很多问题。第一，集团母公司对自己的定位很难把握，集团内的子公司数量极为庞大，彼此间关系错综复杂。母公司既需要对产权进行梳理，又需要对这些子公司的生产经营活动进行管理，这为母公司对子公司的治理机制设计设置了障碍。由于行政局改制形成的企业集团是从行政机构演化而来的，基于路径依赖，在较长的时期内仍将按照政府的行政机构办事方法来管理追求经济效益的企业，这也不利于企业的创新和发展。第二，企业集团改制时把不良资产和冗员负担都推给母公司，给集团带来沉重的债务、冗员和社会负担。第三，由工业局改制形成的企业集团内部业务重组整合的困难极大。由于这种组建模式是将原属于同一行政部或行政局的绝大多数企业强行划归到一起，这些子公司的业务彼此雷同，不能形成合理分工，也不能形成协同效应，整个企业集团"集而不团"。此外，这种企业集团的子公司间关系复杂，没有统一的战略，利益难以协调。而各子公司在被划归集团之前都有各自独立的利益目标，甚至存在较强的竞争；并归集团后，子公司的权力上缴，有些甚至不能自主决定利润分配，子公司之间、子公司和母公司之间矛盾重重，不利于集团的和谐治理。第四，集团公司组建后，按照行政习惯和业务性质又组建新的子公司来管理集团内同性质的业务，导致管理层次增多，管理效率降低。由行政局改制组建的集团一般从母公司到基层企业有 4~5 个层次，甚至有的是大集团套小集团。例如，一汽集团经过多次改制重组后，其内部横向包括行政、党务、专业厂、全资子公司、控股子公司和参股公司，纵向管理层级从企业集团到核心企业层、控股企业层、参股企业层和协作企业层，组织结构错综复杂。

作为由行政部或行政局改制组建的企业集团，它的所有者是国家，其形成过程中政府起着主导作用，带有浓厚的行政机构色彩，且内部成员之间的关系也无法摆脱过去行政隶属关系的复杂性。这种由行政局改制的集团是中国经济体制改革时期政府对国有经济进行战略调整的产物，是具有中国特色的一种集团成长路径。

3.1.4　中国企业集团的自然成长路径

除国有大型企业集团外，我国多数企业集团是在经济体制从计划经济向市场经济进行转变的改革过程中，由小企业逐步发展而来的。这些企业集团的形成、发展与壮大都与其具有前瞻战略和创新精神的企业家具有重要关联。这些企业在发展初期可能仅聚焦于某一单一产品或行业，随着企业的发展与市场化的深入，逐步通过多元化扩张壮大成为企业集团。同时，企业集团也被作为一种筹集资金的优质财务杠杆，帮助企业在其原主营业务的基础上，利用新的市场机会和相对强大的财务资源支持，进一步扩张新的经营领域。当然，在我国转型期的复杂多变的制度环境中，企业的发展还是会受到政府相对较大的影响，但其自身成长和发展的内在需求都是推动企业集团实现自然成长的主要力量。

在我国企业集团的运营实践中，一般而言，经由自然成长路径发展起来的企业中，民营企业占据更大的比重，且通常出现在不受国家控制的竞争性产业中。例如，三一、万达、苏宁、美的、新希望这些在我国新兴市场中成长壮大起来的民营企业集团，不被大型国企原生的历史包袱所累，集团具有完全的经营自主权，因此拥有更灵活的管理机制、更强的市场竞争能力和更明确的集团关联，也因此形成了更具有凝聚力的集团文化。

根据企业集团自然成长的扩张模式不同，可以将其区分为三类路径。首先是企业分拆。随着原企业成长发展，业务持续扩张，财务、人力和信息等资源不断累积，当遇到市场新机会时，或为了降低经营业务成本，企业会将原生产型工厂、不独立进行财务核算的配套服务公司或销售公司等部门剥离，成为集团的子公司构建集团结构。其次，企业可以通过资本运作实现对其他企业的参股、控股甚至全资收购，以购买股票、收购债务等形式实现企业集团的组织扩张。最后，企业根据技术的发展、与外部组织结成联盟或是识别出市场新机会时，还可以完全新建子公司使其成为集团一份子。在自然成长的集团发展过程中，这几种手段通常是根据实际情况进行组合使用来实现集团扩张的，如海信集团①的成长就是基于其"技术立企、稳健经营"的发展战略不断分拆、收购以及新建来实现扩张的结果。海信集团的前身是 1969 年成立的青岛无线电二厂，主营业务是半导体收音机。1970 年，青岛无线电二厂研制出山东省第一台电子管式 14 英寸电视机，进入电视行业，并于 1979 年成立青岛电视机总厂，在此基础上开始飞速发展；1993 年，与美国 TT 通讯公司合作，成立中美合资青岛 TT 通讯设备服务公司，开始布局 3C（computer、communication、consumer electronics，即计算机、通信、消费类电子产品）业务，同年，正式注册海信商标；1995 年，为实现企业在房地产行业的战略布局，成立海信房地产公司；1996 年，海信首次引进变频技术并成立空调公司，同年，海信集团开始实现"走出去"战略，并因此新建成立南非海信公司；此后，于 1997 年运用资本运营手段收购贵阳华日电视机厂、辽宁金凤电视机厂，分别改立为贵阳海信电子有限公司和辽宁海信电子有限公司，同年，海信剥离电视产业核心资产成立海信电器，并在上海证券交易所上市；2001 年，海信通过战略合作

---

① 资料搜集自海信集团网站：http://www.hisense.cn/。

方式进入冰箱产业，并于 2002 年并购北京雪花冰箱厂，成立海信冰箱公司；2001年，海信资助研发了 HiCon 自适应交通信号控制系统，确定了海信在国内智能交通方面的技术领先地位；2002 年，海信与日本日立公司合资成立海信日立空调系统有限公司，进入大型商用空调市场；2005 年，海信以 6.8 亿元人民币的出价收购科龙，此后旗下拥有海信、科龙和容声三个品牌；2008 年与惠而浦联合组建海信惠而浦电器有限公司，主营生产洗衣机等白电产品；2015 年，海信收购夏普（美国），接管其在北美和南美的电视机业务。通过对海信集团发展历程的简要回顾，可以发现，分拆、收购和新建这三种自然成长的模式贯穿于海信集团不断发展的历史，并使其成为今天拥有全球布局的大型高新技术企业集团。

企业集团自然成长的形成发展模式具有很大的优势。首先，这种集团的产权关系非常明晰。集团母公司与成员公司之间以资本为纽带，产权关系明晰，内部关系顺滑。其次，集团的运营受到行政力量的干扰较小。这类集团中，当母公司是国有企业时，国家赋予了其相当的国有资产管理经营的权力，一般的政府机构很难插手其运营活动；当集团是股权多元化或非国有企业时，则拥有更大的自主权。再次，集团公司与成员公司之间是母子关系，集团为成员公司提供了技术、销售、研发等资源与能力，集团各公司之间是利益共同体，因此集团具有相对较强的向心力。最后，这种企业集团的管理层次较少，管理效率高。但是，由于这类企业集团主要靠自身成长，一方面要取决于集团母公司的实力，特别是当集团是非国有企业时，更是需要完全依靠集团本身的高成本支出和高效的投融资活动，对母公司实力要求非常高；另一方面，这种自然成长的过程耗时也较为漫长，需要母公司长时间持久不断地努力。这种自然成长的集团类型是市场经济条件下企业集团成长的典型模式。它以一个大企业为核心开始发展，由企业自身进行主导，遵循市场规则，实现了明晰的母子公司产权关系。随着社会主义市场经济的发展和完善，通过这种模式发展成长的企业集团将会是一种趋势。

通过以上分析可以发现，我国相当数量和比例的企业集团的形成和发展都是在政府的推动作用下形成的。尤其是在行政局改制和重组兼并的集团发展演化模式下，企业集团是被政府这种主导力量强制捏合的，集团各成员公司在被划归集团之前都各有独自的生产经营体系，划归集团后的业务分属不清，成员公司之间缺乏内聚向心力，集团母公司的管控力度有限，难以实施集权管理。随着经济的发展和集团企业的日益扩张，不少大型企业集团的母公司规模日益增大，机构也愈加复杂，集团的经营实践愈发向网络化运营发展，这就与因其成长发展的路径依赖所形成的管控机制产生冲突。

3.2　中国企业集团创新网络的演化实践：个案素描

为更好地刻画中国企业集团创新网络的演化实践，研究主要选取中国第一汽车集团（简称"一汽"）进行案例化描述。

一汽是国资委下属的大型央企，总部位于中国东北老工业基地长春市。一汽的建成开创了新中国汽车工业的历史，经过近七十年的发展，现已成为国内最大的汽车企业集团。一汽的发展历程和组织结构演变集中反映了中国企业集团构建创新网络的运营实践。

3.2.1　一汽集团概况

1. 成立背景

一汽公司的前身是中国第一汽车制造厂（First Automobile Workshop，FAW），企业品牌"中国一汽"。第一汽车制造厂于 1953 年 7 月 15 日开建，标志着中国汽车工业实现零的突破。1956 年，第一汽车制造厂正式建成投产。由于历史原因，第一汽车制造厂从厂房设计到生产模式，再到组织结构，都是模仿苏联的样式，并且带有深刻的计划经济烙印，是典型的国家推动成立发展的"老牌"国有企业。

在改革开放之前，一汽的生产经营模式主要是"统收统支"、"计划生产"和"统购包销"，这种模式使企业完全没有自己的财务自由和盈余，缺乏创新所需的基本资源。而且，在当时国家统一的计划经济体制下，还需要根据国家要求，无条件地向当时正在建设的"二汽"（第二汽车制造厂）转让创新技术和创新人员。在"二汽不上来，一汽暂时不要换型"的压力下，一汽的产品升级改造被推迟了二十年。期间，一汽厂房破旧、设备老化、研发停滞、产品缺乏创新，被称为"三十年一贯制"。这种经济体制下企业的组织结构严重压抑了企业的创新动力。随着经济体制改革的不断深入，20 世纪 80 年代后，国外汽车进入中国市场，外部环境中的竞争压力陡增，原有的传统单一的产品结构、简单的工厂生产体制以及政企不分等问题都对一汽的企业发展形成束缚，因此必须对组织结构进行调整，推动产品升级换代。

一汽在 20 世纪 80 年代进行了企业的转型改造，这个阶段被外界称为一汽的第二次创业时期。自 1980 年末到 1983 年 7 月，一汽用了近三年的时间，完成了"解放"第二代产品 CA141 汽车的设计、试制、实验和定型。一汽从 1983 年 7 月开始准备生产，又用了三年时间，到 1987 年 1 月 1 日胜利转产，转产当年就实现了质量、产量双达标，通过了国家的工程验收。在这个时期，一汽还开展了学习日本先进技术和管理方式、建设性企业整顿等活动，为换型改造打下了良好的基础。

1982 年，一汽组建经济联合体。在换型改造中，一汽充分利用国家给予的利润递增包干政策，采取以老养新的办法，自筹换型改造资金；抓住对外开放的有利时机，坚持开放型的自主技术改造；用系统工程、网络技术的方法组织庞大的换型改造工作，完成了不亚于建设一个新厂的工程量。其不仅甩掉了"解放"车"三十年一贯制"的帽子，使老企业焕发出青春的活力，而且培育了职工奋勇拼搏、开拓进取的创业意识，闯出了一条老企业自主换型改造的道路。

在换型改造的同时，1984 年，一汽组建了解放汽车工业联营公司，并于 1987 年在企业改革与发展上得到中央的支持，延长利润递增包干期限，扩大了产品自销权、外贸经营权和规划自主权；抓住了上轻型车、上中重型卡车以及上轿车的机遇，并同步进行了大量的扩建、新建的前期工作。期间汽车研究所、第九设计院的加盟，加强了一汽技术后方的能力；吉、长四厂紧密的联营模式，为一汽加快建设轻型车和轿车生产基地创造了有利条件。

1990 年，一汽正式挂牌，随后，通过兼并、联合、重组、股份制改造等多种路径，发展成为以一汽公司为核心的特大型企业工业集团。2011 年 6 月 28 日，根据国资委的要求，一汽进行主业重组，成立中国第一汽车集团公司。

一汽经过六十多年的发展建设，企业面貌发生了翻天覆地的变化。从生产单一的中型卡车，发展成为中、重、轻、微、轿、客多品种、宽系列、全方位的产品系列格局；产量从当初设计的年产 3 万辆生产能力，发展成为百万量级企业；企业结构基本实现了从工厂体制向公司体制的转变；资本结构实现了从国有独资向多元化经营的转变；经营市场实现了从单一国内市场经营向国内、国外两个市场经营的转变。一汽逐步形成了东北、华北、西南三大基地，形成了立足东北、辐射全国、面向海外的开放式发展格局，已成为中国最大的汽车企业集团之一。至 2017 年 1 月，一汽形成了东北、华北、华南和西南四大基地，分布在哈尔滨、长春、吉林、大连、北京、天津、青岛、无锡、成都、柳州、曲靖、佛山、海口等城市。在巩固和发展国内市场的同时，不断开拓国际市场，逐步建立起全球营销和采购体系[①]。

2. 结构布局

一汽总部设于长春，旗下的生产企业（全资子公司和控股子公司）和科研院

---

① 资料主要来自 http://www.faw.com.cn/gyjt_index.jsp?needle=fzlc。

所，自东北腹地延伸，沿渤海湾、胶东湾、长江三角洲、海南岛和广西、广东、云南、四川，形成东北、华北、华南和西南四大生产基地，生产中、重、轻、轿、客、微多品种宽系列的整车、总成和零部件。

一汽集团下属一汽解放汽车有限公司、一汽轿车股份有限公司、一汽客车有限公司、一汽通用轻型商用汽车有限公司、一汽-大众汽车有限公司、四川一汽丰田汽车有限公司长春丰越公司等整车生产企业；一汽技术中心、机械工业第九设计研究院等产品开发和工厂设计科研单位；一汽富维汽车零部件股份有限公司、一汽铸造有限公司、一汽丰田（长春）发动机有限公司、一汽模具制造有限公司、一汽进出口公司等均设在长春。一汽在长春生产的整车产品有：解放品牌中、重、轻型卡车；红旗轿车和奔腾轿车；大众品牌捷达、宝来、高尔夫、速腾、迈腾、CC 轿车；奥迪 A4、A6、Q5 轿车；马自达轿车；丰田品牌 LC200、RAV4 多功能运动车等[①]。

3. 发展战略

一汽集团将其发展战略定位为"品质、技术、创新"，并将技术优势作为企业立足的根基。一汽在产品技术上，以解决产品可靠性、节能环保为重点；在开发技术上，以解决开发过程数字化管理与支持技术和标准验证技术为重点；在基础技术上，以解决与安全、节能、环保相关的电子和材料技术为重点；在制造技术上，以解决 CAX（指一类以 CA 开头的电子文档，如 CAD、CAM 等）一体化制造技术和特种工艺技术为重点，把握前沿科技，掌握核心技术，建设自主掌控的汽车标准体系，用有竞争力的自主创新体系打造成熟的汽车产品。一汽集团品牌结构如图 3.1 所示。

在此发展战略指导下，一汽现有的品牌架构是："中国一汽"为中国第一汽车集团公司企业品牌，下辖"中国一汽"和"红旗"两个品牌。"中国一汽"品牌涵盖红旗品牌之外的一汽自主乘用车和商用车。其中自主乘用车产品线品牌包括"一汽奔腾""一汽威志""一汽夏利""一汽森雅"等；商用车产品线品牌包括"一汽解放""一汽佳宝"等。"红旗"品牌定位于高端乘用车和多功能车，主要包括基于 L 豪华车、H 高档车两大平台系列产品。其中，一汽的自主品牌产品有红旗、奔腾、欧朗、骏派、夏利、威志、森雅、解放、坤程、佳宝、一汽轿车和城市主战消防车。一汽与其他企业的合资合作品牌产品系列包括捷达、宝来、高尔夫、速腾、迈腾、奥迪、威驰、花冠、卡罗拉、锐志、普锐斯、皇冠、睿翼、马自达、

---

① 资料主要来自 http://www.faw.com.cn/gyjt_index.jsp?needle=fzlc。

图 3.1　一汽集团品牌结构示意图

资料来源：http://www.faw.com.cn/gyjt_index.jsp?needle=jtgl

荣放、普拉多、兰德和柯斯达[①]。

一汽集团从 20 世纪 80 年代起就开始进行集团化发展，韩朝华（2000）将其集团化路径划分为三个阶段：从 1980 年到 1984 年，为生产技术协作阶段；从 1984 年到 1987 年，为联合经营阶段；从 1987 年到 2000 年，为资产联合阶段，认为只有资产联合阶段才算一汽真正的集团化发展阶段。在此基础上，本章进一步将一汽的组织成长与创新网络演化整合划分为从 1987 年到 2001 年的集团化结构整合阶段，以及从 2002 年至 2017 年的网络化创新阶段，下面展开分析。

3.2.2　一汽的集团化结构整合阶段

从 1988 年到 2001 年末，是一汽结构调整时期，又称为以发展轿车、轻型车为主要标志的第三次创业时期。1991 年 12 月 14 日，国务院决定选择一批大型企业集团进行试点。一汽经过十年的横向经济联合，条件成熟、成果明显，被列为首批 57 家企业集团试点单位之一，并在试点名单中名列榜首。这次企业集团试点工作，主要解决了一汽面临的以下三个问题。

一是确定了一汽及其核心企业的名称。试点工作之前，一汽的名称是解放汽车工业企业联营公司。由于"联营"一词给人松散的感觉，而其核心企业第一汽车制造厂的内部也已经从工厂化结构开始向公司化结构转变，所以一汽在试点方案中，建议将企业集团的名称改为"中国第一汽车集团"，核心企业的名称改为"中国第一汽车集团公司"，其从属名称"第一汽车制造厂"的称号保留。1992 年 6

[①]　资料主要来自 http://www.faw.com.cn/product.jsp?needle=ppzl。

月 25 日，国家工商行政管理局签发了《企业名称核准通知书》，并于 1992 年 7 月 15 日通过《人民日报》《中国汽车报》《长春日报》等 7 家报刊向社会公告：中国第一汽车集团公司正式成立。核心层企业有直属工厂 38 个、直属子公司 3 个、科研院校 3 个、集团紧密层企业 8 个、半紧密松散层企业 135 个。图 3.2 是一汽在过渡期间的阶段型结构。

二是确定了集团公司与其成员单位之间的资产纽带关系。1993 年 7 月 13 日，国家国有资产管理局下发的《国资企函发（1993）74 号文件》，正式授权一汽公司统一经营一汽的国有资产。这些资产除一汽公司本部的全部资产外，还包括所有全资子公司、控股子公司、参股子公司的国有资产。文件明确规定一汽公司与各成员企业可以通过规范的资产联结纽带，建立包括全资子公司、控股子公司和参股子公司在内的企业集团，在集团形成大型控股公司控制下的多层次、多元化结构。在这一试点原则指引下，20 世纪 90 年代的上半期曾经掀起一股企业兼并的热潮。这是一汽建设历史上，从经营联合到资产联合，从低级阶段到高级阶段发展的一次质的飞跃。

三是确定了试点企业集团的行政领导管理方法。文件明确规定：在国家计划单列并由行政主管部门管理的企业集团，其行政领导班子由国务院管理。随着一汽集团公司的成立，一汽内部领导体制也做出了相应调整。在解放联营公司时期，实施的是"厂办联营"的体制。厂与公司是两个名称、两套领导班子，只有一套职能管理机构，而联营公司又不是决策层，因此相互之间关系复杂。一汽公司成立以后，两套领导班子成员合并。一汽的董事长和总经理由核心企业一汽公司的总经理兼任，副董事长分别由核心企业的党委书记和常务副总经理兼任，副总经理也分别由核心企业的副总经理兼任。

1997 年 4 月 29 日，国务院批转国家计划委员会、国家经贸委、国家体改委《关于深化大型企业集团试点工作意见》的通知，文件在肯定了 1992 年以来企业集团试点工作所取得的成效的同时，提出要按照《公司法》和建立现代企业制度的要求，进一步深化企业集团试点工作。

一汽在这次深化企业集团体制的改革中，除了对十多年来联合兼并进来的企业实行资产重组，建立规范化母子公司体制外，还对原一汽本部的各专业厂和管理机构按照"精干主体、剥离辅助"精神，做了较大规模的公司化体制的改组。一汽把四个铸造厂和锻造厂从母体分离出去，分别成立铸造、锻造两个独立核算、自负盈亏的全资子公司；把标准件、散热器、内饰件、车轮、转向机、化油器、减振器、辽阳弹簧、辽源制泵九个零部件专业厂和八个中外合资企业分离出去，成立面向社会的全资子公司；把各辅助后方厂和技术服务部门分别改组为非标设

图 3.2　一汽的组织结构图（20 世纪 90 年代）

资料来源：韩朝华（2000）

备、模具制造、装备技术开发、兰迪自动化、综合利用、启明信息技术、建设监理、能源、通信等全资子公司或分公司；还成立了一汽轿车、一汽四环两个上市公司；对企业中以社会性事业为主的部门，在 2002 年专门另设社会事业部，实业总公司实行完全的独立核算、自负盈亏。改组以后的一汽集团公司下设 22 个管理部、8 个直属专业厂、5 个分公司、30 个全资子公司、10 个控股子公司、26 个参股公司、244 个关联公司。

　　一汽公司的组织体制形成了三个中心和三个层次的模式，即集团公司是本部的决策层，是投资决策中心；各分公司是经营层，是经营利润中心；各直属专业厂是生产执行层，是生产、质量、成本中心。集团公司对下属全资子公司和控股子公司成立监事会、派遣监事、实施财政监督。一汽集团也分成四个层次：核心层，就是集团的母公司；紧密层，就是集团公司的全资子公司和控股子公司；半紧密层和关联层，就是集团公司的参股公司和生产协作企业，如图 3.3 所示。

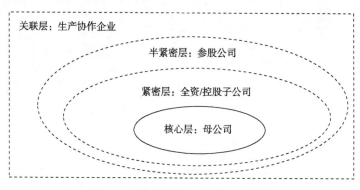

图 3.3　集团化阶段一汽的组织层次

　　在 1987~2001 年，一汽通过建设一汽轿车、一汽-大众两个现代化轿车生产基地，以及兼并、重组、改造轻型车生产企业，产品结构调整取得重大突破，中、重、轻、轿并举的局面已经形成，轿车和轻型车产销量的比重已经接近 50%，重型车的产销量已经超过了中型车。其通过不断深化企业改革，基本实现了由传统的工厂向集团公司体制的转变，以及由单一的国有资产向多元化资产结构的转变。通过对外合作和开拓国外市场，建立了一汽-大众等一批中外合资企业，产品出口到 70 多个国家和地区，初步实现了从单一的国内市场向国内、国外两个市场转变。同时，开展了持续多年的质量总体战、整顿内部经济秩序、推行精益生产方式、集中采购、强化营销管理等活动，有序地解决了国家宏观调控期间一些困扰企业发展的经济难题，并为 1999 年下半年全国汽车市场复苏做了充分准备，还通过"801""901"人才工程，培养了一大批优秀的年轻管理人才。2001 年与 1988 年相比产量增长 5.1 倍，销售收入增长 22.8 倍，职工收入也有很大提高。

一汽试点工作经历了十年的改革，到 20 世纪末，基本达到了国家规定的目标和要求，建成了一个跨地区、跨行业、跨所有制、全方位的具有科研、开发、生产、销售、金融、外贸等多种功能，集中、重、轿、轻、客、微六大系列产品于一身的特大型汽车企业集团。2002 年，一汽汽车产量超过了 50 万辆，经济效益显著，但集团的建设工作还没有完全结束，有些机构还需进一步改革，还有许多集团公司的规章制度需进一步修订和完善①。

3.2.3　一汽集团的网络化创新阶段

2001 年 12 月，一汽召开第十一次党代会，宣布一汽第三次创业的历史使命已经完成；提出了"十五"计划时期实现汽车产销量、销售收入、利润、员工收入"四个翻一番"的目标。2002 年，一汽把"四个翻一番"目标进一步延伸和发展，提出了适应入世要求"建设新一汽"的构想，确立了要在五年或更长的一段时间内，实现"规模百万化、管理数字化、经营国际化"的"三化"目标。从此，一汽进入了建设"三化"新的发展时期，实际上代表着一汽网络化创新阶段的开始。一汽通过进行战略调整，准备整体上市，以"解放变革"为标志，进行扁平化组织改革试点，进入网络化创新阶段。

经过此前一系列兼并、重组和改制的内部调整，一汽完成了以生产主导型的工厂体制向市场主导型的集团公司化体制的转变，形成了正式的母子公司管控的集团模式。集团母公司从原来工厂制系的经营业务中心变成了战略定位、整体规划和对外投资中心，而且对子公司实行监控评价，促进了集团内部创新能力的发展，实现了"先生存、再发展"的目标。集团体制的建立让一汽突出主业对辅业进行改制奠定了基础。一汽集团 2017 年的组织结构如图 3.4 所示。

这种突出主业、多元化的经营战略推动集团的运营创新实践向网络化发展，同时受到来自集团内部创新网络和集团外部创新网络的交互支持。以一汽集团子公司一汽轿车的产品研发过程为例，其研发过程如图 3.5 所示，过程包括项目规划、概念设计、技术工程设计和生产准备及批量生产。

汽车行业的供应链是由原材料和零部件供应商、整车制造商、物流服务商和整车与零部件经销商等多个环节构成。马自达公司是一汽轿车公司的合作企业，宝钢集团则是一汽的原材料供应商，它们共同处于汽车供应链的上下游。在一汽轿车公司的产品开发过程中，其在项目规划阶段与马自达公司进行合作，引进马

---

① 此部分资料据 http://www.faw.com.cn/news/qywh/flrw/20030707212803003.htm 网站信息整理。

自达公司先进的制造技术体系以及国际先进的管理经验，并通过内化吸收形成自主的制造技术体系。进入产品设计阶段后，宝钢集团作为一汽的供应商，进入了宝钢—一汽的协同创新体系，构建了"先期介入"模式，即在车型开发阶段，宝钢技术人员就参与设计和选择，从原料钢材的角度协同一汽共同进行零件仿真分析、模具调试选材和工艺参数制定等工作，降低新产品的开发风险。一汽轿车的供应链协同创新过程和结构示意图如图3.6和图3.7所示。

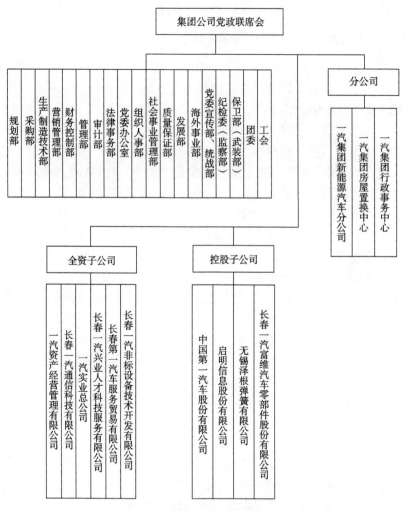

图 3.4　一汽集团组织结构图（2017）

资料来源：一汽集团官网 http://www.faw.com.cn/gyjt_index.jsp?needle=jtgl

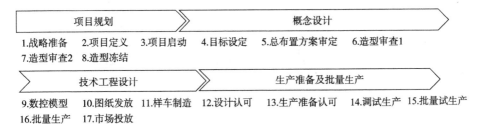

图 3.5　一汽轿车的产品研发流程图

资料来源：陈刚（2010）

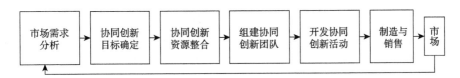

图 3.6　一汽轿车的供应链协同创新过程示意图

资料来源：http://www.cheyun.com/content/1567

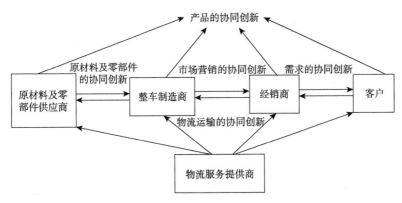

图 3.7　一汽轿车的供应链协同创新结构示意图

资料来源：http://www.cheyun.com/content/1567

　　从流程关系图中可以看出，在汽车产品供应链中，一汽轿车为适应市场变化、快速响应客户需求，整合了原材料供应商、制造企业、销售企业、物流服务商以及客户，参与到新产品的设计、研发、生产、营销和运输的多个方面，形成全方位的协同创新体系；并因此强调协同创新网络在于各创新环节的共同进化，以及创新资源的集成使用，最重要的是协同创新网络中各主体行为的协同一致。在这个基础上，一汽轿车公司实现了利用集团内外双重创新网络的协同创新过程。而且，一汽轿车作为一汽集团的子公司，成为创新推动的主导力量。

3.3　中国企业集团创新网络的理论模型

3.3.1　中国企业集团创新网络的结构

传统的企业集团理论分析是处于以科斯的交易成本理论为基础的"市场-企业"二分法框架之下，认为企业并不会孤立存在且受限于单个企业或市场机制，而是可以通过企业之间联结产生的柔性关系大幅度降低合同成本和信息搜集等成本，从而通过这种联合集结成为企业集团。在这种市场-企业二分法框架下，企业集团母子公司的组织架构是基于委托-代理机制的单一层级关系，此时子公司仅仅是母公司关于战略规划和资本运营等重大命令的机械执行者，母子公司之间是命令-服从关系，子公司扮演被动接受型角色，并且集团内同级子公司相互之间联系极少。基于这种背景的企业集团研究绝大部分是把关注焦点集中于母公司而忽略子公司。

但随着企业集团内、外部环境变得日益复杂和不稳定，企业集团之间的竞争更多地发生在知识与信息等动态资源层面，子公司作为企业集团面向外部环境获取知识与信息的前沿，它的运行需要更多的现场决策，母公司已经不再适宜绝对地代替子公司做出决策和命令，母子公司间关系不断发生演变。由于子公司需要母公司赋予其更多的权力，子公司角色逐渐由被动接受型向积极主导型转变。为了赢得公司整体竞争优势，母公司也开始接受这种母子公司关系的变化。

"企业-市场-网络"三分法不再将企业集团视为单一的层级结构，而是将其看做一种网络联结，是嵌入在一定的社会关系中的协调合作网络。在这个协调合作网络中，母子公司都是非常重要的结点，子公司已经不仅仅是被动消极地接受母公司的指令，而是能够通过对自身资源和能力的积累，获得母公司授予的特权，争取进一步发展，并且能够反作用于公司总部，甚至成为全球领导者。此时，这种与母公司战略目标相一致的子公司主动创新行为就成为影响子公司角色演变的重要因素，同时也是提升企业集团整体网络竞争优势的关键要素。而越来越多的学者也开始把目光从企业集团总部转移至公司网络中子公司的这种创新行为上，即创业行为。这意味着在企业集团母子公司网络中，子公司的角色从"市场进入"的提供者或母公司技术转移的被动接受者发展进步成为公司特定优势的贡献者，而贡献者的子公司角色正是代表焦点子公司的独特资源被整个公司认可的程度，是子公司从层级关系中的资源接受者到网络关系中的资源创造与共享者的角色转变（Ghoshal and Bartlett，1990）。

　　社会网络理论认为关系网络是指个体在相互接触、了解和认同的互动过程中形成的以信任为基础的相对稳定的关系。这种关系是个体寻获资源、信息以及社会支持从而能够获得网络支持的基础，在这种关系中包含了个体交流中相互的承诺、义务、权利和理解，强调认为个体的行动要受到镶嵌于其中的社会网络的属性的影响。这些属性来自于方方面面，来源于所有存在于这个网络中的个体，而不限于这些其他的个体是否与焦点个体存在直接连接；也来自于各种构成这个整体网络的结构的、制度的、认知的或文化的要素。

　　由此推演到企业集团内母子公司间的创新关系网络，它是指由母子公司形成的各结构单元之间相互联结进行信息交流以及行为互动构成的网络，在母公司与子公司之间、各子公司之间存在互动关系。这样的关系网络所具备的特征包括四点：一是分散，即子公司拥有自己的市场、技术系统与竞争者；二是互依，即子公司因人员、技术、产品的互通而连接在一起；三是跨单位学习，即子公司的角色是开发特定环境中的资源，形成分支的创新；四是结构上的弹性，即管理程序可能因产品、地区甚至决策而异，且组织中正式结构的重要性比高级管理者的共同价值观要低（Birkinshaw and Hood，1998）。因此，母子公司关系网络不同于传统的强调"母公司控制与子公司服从"的层级关系，它所强调的是"子公司自主、公司间互动、整体目标实现与提升环境适应性"的网络关系。

　　在网络的视角下，企业集团被看做一种网络联结，是嵌入在一定的社会关系中的协调合作网络，这种"嵌入"，就是组织中的经济行动及其后果受到行动者双方关系以及整个网络关系的影响。如图 3.8 所示，左图显示的是海信集团对外明示的正式组织结构图，它表明了组织中母公司、子公司及孙公司间的行政权威关系；右图显示的是由于资源、知识的流动而形成的集团内企业间的网络，它表明了该集团在运行过程中企业间实际的互动关系。组织理论中的自然系统观称正式组织中的参与者促成了非正式的规范和行为模式，如交流网络、权力体系、人际结构、工作安排等，这些非正式的组织决定并建构了正式结构。这也正是社会网络学者的"嵌入"观点，即真正对集团绩效产生影响的是右边的非正式的企业间关系网络，只有从这一非正式组织入手才能揭示集团创新行为以及竞争优势形成的内在机理。

3.3.2　中国企业集团创新网络的内涵

　　企业集团的正式组织结构嵌入在作为非正式组织的关系网络中，网络决定了正式组织的产出，所以企业集团内涵的实质是作为非正式组织的企业集团网络。在这个协调合作创新网络中，集团母子公司都是非常重要的结点，每个网络结点都是资源的搜集者、创造者和分享者，知识、信息与资源在整个网络中

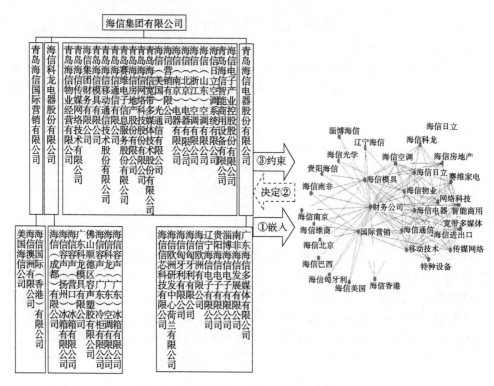

图 3.8　海信集团的正式组织结构及网络嵌入

资料来源：武立东和黄海昕（2010）

流动。而子公司作为"异质资源混合体"，要在整个集团网络中占据重要结点位置的成长动机催发了其创新精神，积极主动地寻找新机会、新市场，积极主动地表现、证实自身能力，从而获得总部信任并承担更多责任，并据此在符合企业集团整体战略目标的前提下提升自身网络地位，同时也在整体上促进企业集团的内部网络优化。这意味着在企业集团母子公司网络中，子公司的角色从"市场进入"的提供者或总部技术转移的被动接受者发展进步成为公司特定优势的贡献者，是子公司从层级关系中的资源接受者到网络关系中的资源创造与共享者的角色转变。

本书是以组织创新网络为逻辑起点，逐步从协同创新网络进一步聚焦到集团创新网络。该网络主要关注集团层面，以集团的正式结构作为内、外部创新网络的边界，以子公司嵌入的集团创新网络作为内部创新网络基核，具有非线性的创新过程和网络化的创新主体结构。由此，我们将集团创新网络定义为由内部创新网络、外部创新网络交互构成的有机体系（图 3.9）。为进一步阐明企业集团创新网络的概念，可以将中国企业集团创新网络的定义进行细化说明。

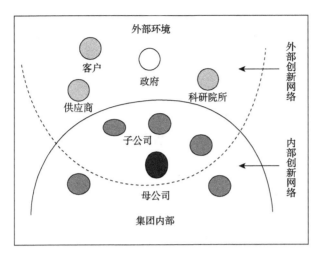

图 3.9　企业集团内、外部创新网络的交互

（1）企业集团创新网络由内部创新网络和外部创新网络通过交互形成有机组合。

（2）创新网络关系包括如合资、战略联盟、交易合同等正式的关系，也包括如人际关系网络等非正式的关系。即创新网络不限于技术合作、联盟协作等相对稳定的，通过合同、协议或其他法律形式存在的非正式组织联系，也可以是基于单次合作的非稳定的联结关系。

（3）企业集团内部创新网络是由集团内母子公司及子公司之间信息、资源、能力的交流及关联交易的达成而形成的创新网络，同时具有正式的层级结构（如母公司控股）和非正式的网状关联的二重属性。

（4）企业集团外部创新网络则是围绕着企业集团创新行为展开的，指企业集团因创新活动而与外部环境主体之间形成的联结。这些外部环境主体可以包括政府、供应商、客户、其他相关企业、科研院所、资本市场或其他中介机构等，表现为通过人才、信息、资产、技术等要素的流动形成的联系，其本质是在创新网络中的创新资源的流动构成了外部创新网络的动态联系。

（5）联结集团内部创新网络和集团外部创新网络的主体是子公司，并且子公司的创新行为推动二者的交互。

综上所述，我国企业集团创新网络的基本构成要素包括网络结点和网络联结两个层面。其中，集团内部创新网络的网络结点主要由集团母公司和子公司构成，通过如关联交易等方式形成联结；集团外部创新网络的网络结点主要由集团子公司和其他外部环境主体构成，这些网络结点因企业集团创新活动形成网络关联。

3.4　本章小结

本章主要是对中国企业集团创新网络的演化实践进行梳理，并在此基础上对创新网络的内涵架构进行整合，构建理论模型。总结本章研究内容如下。

（1）对中国企业集团的发展历程进行了纵向梳理，将中国企业集团的发展阶段划分为萌芽期、创建期、发展期、规范期和深化改革期。通过分析指出，中国企业集团产生、发展和演进是与中国经济改革进程交互融合的，集团的发展和成长既受到市场竞争的推动，又同时受政府主导力量的深刻影响。制度环境和技术环境的耦合对中国企业集团的正式组织结构和非正式网络体系都具有非常重要的作用。

（2）对中国企业集团结构的演进路径进行横向分析，根据企业集团的演进方式和主导主体的不同，将企业集团的结构演化路径区分为重组兼并、行政局改制和企业分拆三种主要模式。三种模式在企业集团结构演进过程中组合出现，且企业集团的不同所有权性质对其成长演化模式具有一定程度的影响，进而也影响着企业集团的创新行为。而且这种具有路径依赖的发展演化模式所导致的科层结构和管控机制与中国企业集团的网络化运营存在一定的冲突，因此需要对集团创新网络构建整体架构，形成综合分析框架。

（3）在对企业集团演化实践的分析基础上，进一步构建中国企业集团创新网络的整体理论。首先对企业集团的网络化运营实践进行理论提炼，抽取出以子公司为研究入手点的子公司网络角色视角对集团创新网络进行探索；其次从网络视角，结合子公司对网络动态演进的主导作用，对集团内部创新网络做结构性分析；最后从开放系统的观点，构建基于集团正式结构划分的内、外部创新网络的交互体系，并对中国企业集团创新网络的内涵进行阐释。后续章节将分别从集团内部创新网络和外部创新网络两个层面进一步展开研究。

第4章 集团创新网络的演化驱动力：子公司创业行为

　　企业集团是我国国民经济的支柱力量，也是建立现代企业制度的主体，企业集团治理机制的科学化设计也因此成为学界研究的热点。实践中日益激烈的全球经济竞争，以及如大数据、云计算等技术环境要素的飞速发展，需要企业既能适应外部环境变化，又能提升整体运营效率，又要提升整体运营效率赢得竞争，这对集团运营和治理结构提出了更高的要求，而传统集权式运营的企业集团既难以降低科层组织固有的较高协调成本，也无法实现内部资源的有效编排和配置。面对急剧变化的环境，大量企业集团的运营实践开始网络化转变，母子公司之间关系由层级控制转向网络化协调，以适应环境进而提升治理的有效性。在这种集团创新网络背景中，子公司实行的与集团战略目标相一致的主动创新行为就成为获取资源、提升能力，进而推动子公司角色演进以及增强企业集团整体竞争优势的重要驱动力，也因此成为集团治理机制设计的重要影响因素。子公司的这种具有前摄性、自主性和自负风险性的创新行为自此进入研究者视野，被称为子公司创业行为加以研究。这也是集团研究焦点从集团母公司转至子公司的分水岭。

4.1　子公司创业行为的概念与内涵

　　创业行为是内生于子公司并由其发起的具有前摄性、自主性并自负风险的创新活动，是子公司创新精神的重要表现。现有研究对子公司创业行为已有较多讨论，但研究背景、范畴、视角、主体和结论各异，缺乏系统性整合框架。以子公司创业行为的逻辑生成路径为线索，首先对子公司创业行为的概念、内涵与特质进行整理归纳，随后基于无序竞争和有机协同两类流派，分析子公司创业行为过程的形成机理和作用效应，并结合开放系统视角进一步讨论子公司面临的集团内、外双重环境，以及因此兼具科层和网络二元属性的环境要素对子公司创业行为的影响效用。本章通过现有研究进行系统性整合，构建关于子公司创业行为研究的整合分析框架，并对未来研究的发展趋势进行展望。

关于子公司创业行为的研究始见于对跨国公司海外子公司的研究，主要聚焦于海外子公司基于当地特有资源和机会进行创业的行为。跨国公司是通过跨国管理和跨国经营来从复杂经济环境中获取持续竞争优势的一种独特形式的企业集团，而我国的企业集团（business group，BG）[①]也逐渐开展国际化并购、经营和管理，存在子公司基于当地（国内或国际）或集团内部的机会实行的创业行为，与跨国企业海外子公司的创业行为具有相似的内涵与外延，因此本书将二者归结共同讨论，这既是对集团实践发展的呼应，也是对集团治理理论的完善补充。一方面，随着集团的发展演化，对子公司创业行为的关注日渐增多，为整合分析框架的构建提供了数量上的文献基础。另一方面，现有研究基于各自不同的研究目标，其研究背景、范畴、视角、主体和结论也存在差异，缺乏系统性的整理，尤其对子公司创业行为效用的认识主要存在无序竞争和有机协同两个竞争性流派。此外，相对于国外学界对子公司创业行为的热议，国内研究寥寥，这主要由国内外研究主体定位及情境内涵存在差异导致，因此需要构建一个系统的整合分析框架，这是本书的逻辑基础。

本章首先对集团创新网络体系产生及演变的内部驱动力——子公司创业行为进行分析，其次对企业集团的非正式网络结构体系进行解构，并分析子公司成长的驱动逻辑，据此对子公司如何通过实施创业行为来实现其对集团内部创新网络的构建与解消，进而实现成长的动态过程的内在机理进行分析。

4.1.1　子公司创业行为的概念

子公司创业行为的概念雏形可追溯到 Schumpeter 提出的创新精神（entrepreneurship）。随着创新理论研究的深入发展，Kanter 和 Miller 两位学者开启了实质性的子公司创业行为研究，主要关注集团子公司主动拓展资源或利用现有资源来发展其独立事业的现象，将其描述为"子公司用以使用或拓展其资源的一种离散的、前摄性的新的行为方式"，但尚未形成明确概念。Birkinshaw 首次明确提出了子公司创业行为的定义，并将子公司创业行为刻画为"一种散见于远离

---

① 尽管对 BG、企业集团和关联企业的辨析和对应译文仍不清晰（郑小勇和魏江，2011），本书仍采用通用做法，将企业集团译为 BG（狭义）。

母国的海外子公司由其而不是公司总部实行的创新精神，起始于对市场新机会的识别，以对资源获得承诺而告结"，他发现大多数子公司创业行为都仅是为了满足当地市场的新产品需求，但他的研究仍然建设性地指出这种创业行为的效用实际并不仅限于当地市场层面，而是会作用于跨国公司各单元。

这个开创性的定义将创业行为（initiative）和创新精神区别开来：一是行为主体不同，创业行为源自子公司而非集团母公司；二是行为效应，成功的创业行为最终能赋予子公司更大的自主权。此后的研究进一步对此进行阐述，将创业行为定义为子公司积极主动地寻求新机会（产品、市场、商业模式等）以获得集团赋予更高的自主权，承担更大的国际化责任。

随着研究的深入，对子公司创业行为的定义也有了细化发展，但研究者都在某种程度上沿循此思路，即将子公司创业行为与子公司角色以及在整个集团中的自主权加以联系。例如，将子公司创业行为定义为子公司通过识别具有价值效益的新机会，对其进行评估以进行决策进而实现资源整合的过程。虽然各研究的概念描述各不相同，但对其加以分析可以提取其中的三个关键特点作为与其他创新形式的区分，即子公司创业行为的本质特征：①始于子公司的创新精神，尤其是自主的、自负风险的、积极主动的创新行为；②资源积累整合的过程；③自主权的获取。

包括新产品创新、创建新业务以及获取新能力在内的，符合集团战略的子公司创业行为，是组织为实现效率最大化的组织创新。以创业行为作为主要表现形式的企业家精神是我国这样的转型经济体中企业振兴、重新配置资源并转化为优势竞争力的关键推动力量。我国企业集团在资源有限的条件下特别需要创新型企业在识别和追求机会方面超越其竞争者（Shane and Venkataraman，2000）。然而目前关于转型经济体和新兴市场中的创业行为的研究工作还不多（Yiu et al.，2007）。事实上，创业行为对子公司适应制度环境和竞争环境的转变非常重要，尤其在转型经济体中，创建新资源和利用新市场机会的能力是企业适应制度环境的能力基础（Dörrenbächer and Geppert，2009）。因此有必要厘清子公司创业行为的发生机制，为后面研究的进一步展开打好基础。

企业集团子公司的创业行为是一个复杂的行为系统，它在企业集团的发展演进以及子公司角色的演变过程中起着重要的作用，同时本身也受到多重因素的影响。已有文献主要从企业间关系、子公司经理人特性、子公司组织特性和环境特性四个方面对创业行为的影响因素进行研究。整体看来，现有研究主要依据资源基础理论、演进理论与社会网络理论，分析了管理者的企业家精神对产生创业行为的决定性作用；并从资源、治理结构及内部环境等方面探讨了决定创业行为实施的组织因素，但这些研究尚不完善。一方面，这些研究更强调子公司内部特征而在一定程度上忽视了集团内子公司的影响要素，如子公司受到的网络支持力等；另一方面，现有研究把环境特性仅作为影响子公司创业行为的直接因素来分析还略显简单，因为环境特性是通过影响母公司的策略行为而影响子公司的创业行为。并且环境特性实际上还包括复杂性的层面，尤其以我国转轨经济条件下的企业集团为分析对象时，必须引入环境中的制度要素，这些都是在研究子公司创业行为时需要加以考虑的。

4.1.2　子公司创业行为的内涵

与前述子公司创业行为的本质特征相对应，现有研究主要基于三方面对其内涵进行分类：一是行为的元起点（初始机会的识别地），二是行为的应用点（创业行为的实行地），三是行为的权力点（创业行为与子公司现有商业模式的关联程度）。

基于创业行为元起点的分类学主要有 Birkinshaw 和合作者开展的系列研究，这些研究以集团联系为分类边界，基于子公司创业行为的不同识别地点将创业行为区分为"内部创业行为"和"外部创业行为"。其中内部创业行为指在集团内部进行机会识别，并通过子公司管理者与集团内其他成员的互动推动的创业行为。外部创业行为则是指基于对当地客户、供应商或其他利益相关者的联系，利用集团外部新机会的创业行为。此外，研究基于美属加拿大子公司案例，将内部创业行为进一步细分为竞标型创业行为、逆转型创业行为、重构型创业行为和特立独行的创业行为四类。

基于行为应用点对子公司创业行为的分类则以母、子公司的地理界限为分类标准，根据创业行为是对子公司所在地市场战略的回应还是集团全球市场战略的回应，将其区分为"当地市场创业行为"和"全球市场创业行为"。这种分类方式与基于行为元起点的分类相互交织，在某种程度上可以看做外部创业行为的子类型，如当地市场创业行为和全球市场创业行为通常都是在跨国公司外部网络中实现有效的推进，并依赖于集团创新网络的资源支持。

不同于 Birkinshaw 的研究思路，Delany 等学者开启了基于权力点对创业行为的分类研究，根据子公司创业行为与自主权获取的相关关系，将子公司创业行为分为"权力扩展型创业行为"、"权力巩固型创业行为"和"权力保卫型创业行为"三种类型（图 4.1）。其中权力扩展型创业行为是经由当地市场的新机会，通过对集团投资的竞标争取，获得对现有权力进行扩展的子公司行为；权力巩固型创业行为则是为了稳定或强化子公司现有权力地位；权力保卫型创业行为主要是保住或是仅证明子公司存在的合法性的基础行为。基于这种权力视角和对子公司创业行为与其现有商业模式的关联程度分析的研究，进一步区分了子公司复兴（renewal）与子公司创业（venturing）两种不同的创新精神的表现形式。其中子公司复兴包括战略和组织结构在内的子公司现有权力的显著改变；子公司创业则与新机会的创造直接相关。子公司创业行为的分类如图 4.1 所示。

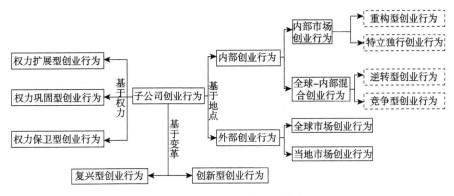

图 4.1　子公司创业行为的分类

就分类本质而言，基于子公司创业行为元起点和应用点的分类基础是内生一致的，但与基于权力点的分类研究相比较则是完全不同的分析思路。结合后续研究来看，基于元起点和应用点的二分法能够对创业行为进行更加有效的划分，在相关研究中也更多地被采纳。

Birkinshaw 等（1998）提出影响子公司创业行为产生的主要因素包括子公司管理（子公司强力管理与企业家文化）、母子公司间关系（子公司自主程度与母子公司间沟通程度）以及子公司所在环境（地区竞争与国际化程度）等，尤其是子公司镶嵌其中的集团关系网络会对子公司的行为产生影响，这种网络效应既可能强化子公司的收益，也可能成为子公司市场竞争与环境适应的羁绊（Gulati et al.，2000）。子公司的创业行为既受到包括环境、文化、目标与战略等因素的影响，也受到组织的人员特质、技术性质、分工与专业化等因素的影响。创业行为的影响因素主要体现在以下四个方面。

1. 企业间关系

企业间关系表现为母子公司之间、子公司之间以及与其他利益相关者之间的关系。母子公司之间关系首先是建立在股权基础之上的，母公司对子公司股份的拥有比率越低，则会减少子公司对母公司的法定依赖，子公司越有可能获得较多的创业行为。在交易基础之上母子公司间关系主要体现为母子公司业务的整合程度，即子公司很难单独进行关于价格、品质等方面的决策，导致决策主导程度下降。子公司之间以及子公司与其他利益相关者之间的关系，可以通过子公司价值活动的完整程度来体现。价值活动不完整的子公司必须依赖其他公司或母公司提供互补活动的资源，因此拥有较小的决策主导空间。

2. 子公司管理者

企业的战略决策是高级经营团队的主要任务，因此，组织的产出会受到高级经理人特性的影响，进而影响到子公司创业行为的主导程度。已有经理人特性的分析主要从其从业经验、工作年限两个方面进行。例如，有研究发现用岗位轮换的经理来代表经理人的从业经验，尤其是在开展跨国经营时国际岗位的轮换对丰富经理人的从业经验是非常有利的，可以促进经理人长期规划与管理能力、协调与控制国际运营能力的提升，也有利于和母公司以及其他子公司之间的信息流动与交换。一个优秀的经理人必须具备良好的沟通能力、凝聚力以及熟练掌握与业务相关的信息，这是一个学习的过程，需要一定的工作年限。很多研究者证明了经理人工作年限与其解决冲突的能力相关，当经理人在组织内工作时间长时，会产生较好的沟通与信任而降低交易成本，也会增加组织的凝聚力、促进知识结构的分享与学习，这些都有助于提升组织的绩效、增加子公司的决策主导空间。但是，也有学者指出经理人工作年限越长越有可能给组织带来更大的伤害，因为他们已经形成了既定的工作模式，更多地凭经验处理问题而缺少面对环境的变化而应有的弹性，母公司倾向于向拥有较长工作年限的经理人授予较少的决策主导权。

3. 子公司层面

资源基础理论强调企业的竞争优势来自独特的、持久的、难以模仿与替代的资源（Penrose，1959；Grant，1996；Peteraf，1993；Prahalad and Hamel，1990）。当企业因缺少某种资源而对环境产生依赖时，就会面临较大的不确定而危及企业自立的地位，企业对此会做出反应，一是建立资源获取渠道、缓解对资源的依赖；二是培育自己的核心组织能力。当企业具备了具有独特性、专用性的资源，企业组织能力就会提升。组织的核心能力是组织中提供养分、生命力及稳定性的基础，可以使企业接触更多的市场、创造更多的价值，从而取得长期的竞争优势。拥有丰富资源与能力的子公司既可以提升对母公司的相对谈判能力，也拥有较强的适应环境变化的能力，因此，母公司可能会给予子公司较大的行动空间。

4. 环境要素

环境要素对子公司创业行为也具有影响。组织理论认为，当企业的决策者不具有关于环境因素的足够信息而无法预测外部变化时，就会产生不确定性（uncertainty）问题，不确定性增加了组织对环境反应失败的风险。Lawrence 和 Lorsch 认为母公司对面对具有较高环境不确定性的子公司，会比面对较低环境不确定性的子公司给予较大的决策主导空间。Miller 将企业面对的不确定性分为一般环境的不确定性、产业的不确定性、公司的不确定性。而 Gates 和 Egelhoff 以产品的改变速度、竞争环境的改变速度来衡量环境的不确定性，认为产品变化性越大、环境竞争越激烈，子公司拥有的主导权越高。但研究结果却相反，Gates 和 Egelhoff 解释认为环境变化时，母公司倾向自己做出重大决策。Hennart 的研究表明当母公司处理环境不确定性的成本高于子公司时会默许子公司较多的创业行为。此外，环境不仅包括技术环境，还包括制度环境。尤其以我国转轨经济条件下的企业集团为分析对象时，必须要考虑环境中的制度因素。

4.2　子公司创业行为的逻辑

4.2.1　子公司创业行为的外部过程

创业行为作为子公司创业精神外化的具象表现，必然具有相对一致的内在逻辑过程。现有文献基本是通过质性研究对其构念要素和逻辑过程进行探索的，但目前还没有聚焦为系统性研究，主要以碎片化的探索为主。

基础研究将子公司创业行为刻画为以"机会识别"和"资源承诺"为两个重要维度，通过向集团总部推动创业行为进而获取集团批准的过程，其他经验性研究也为此进程提供了证据。同时，一些基于案例的研究发现子公司管理者在这个机会的识别结点起到关键的作用。更多的研究则关注于在这个子公司向集团推动创业行为以获取批准的过程中母子公司之间的互动。尤其通过个案研究发现，子公司管理者在创业行为的推动过程中会倾向于对其进行评估，优先实行那些具有显著效应、风险相对较低的行为，以获取对未来行为更高的批准可能性。这种评估会贯穿于子公司创业行为的全过程，具体表现形式和必要程度则与企业类型、特征、创业行为类型、集团导向以及外部投资者等要素相关。少数研究对该逻辑进程的终端结点进行了探索性分析，发现只有当子公司得到正式的许可权并被提供必需的资源以推进创业行为时，子公司才被认为得到了资源承诺，其中来自集团的支持可能体现为行政许可、正式文件、股权和预算等形式。

另外，子公司推进创业行为的同时也会面对不确定性和阻力。阻力主要来自集团内部的"企业免疫系统"（corporate immune system），这种集团免疫系统的阻力的本质是集团对变革风险的规避。免疫阻力来源多样，可能来自权力线上的结点，也可能来自集团内具有竞争关系的子公司，或是其他的集团要素。面对这种免疫阻力，子公司或是延期甚至取消创业行为，或是向集团进行游说以证明其能力，或是与其他竞争者展开竞争来进行应对。创业行为的不确定性主要以交流不确定性、行为不确定性和价值不确定性三种形式表现，并存在于创业行为的全过程中（图 4.2）。

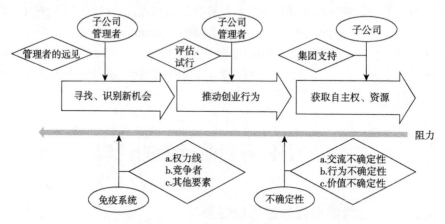

图 4.2　子公司创业行为的逻辑进程

尽管子公司创业行为的内在逻辑内涵已经形成模型，但子公司的这种主动创业行为在外在表现形式上是否也存在一定规律性尚待研究。通过对现有文献的梳理分析发现，子公司创业行为的主要表现形式有：积极开发新资源、新技术、新知识与新市场，满足新生客户需求，在能力与资源积累的基础上积极发展销售网点以及集团内部子公司间积极竞争委托权，等等。然而这些行为表现也是任何形式的管理行为都可能具有的，需要进一步从实践中发掘操作性更高的分析方法。

4.2.2　子公司创业行为的内部机理

组织的目标、战略和结构是组织适应变化环境的手段，主要由组织管理者进行设计，因此组织管理者的创新思想、创新精神和创新行为都对组织的创新具有重要影响。子公司管理者的企业家精神推动子公司倾向于更为外部化的战略，通过积极主动的创新来应对环境变化。现有研究也通过案例和大样本的分析验证了子公司管理者的创业精神与子公司所获得的自主权显著正相关，这里子公司管理者的创业精神包括远见与行动力、领导力、管理者建立与发展资源的主动性及对资源积累的计划性等，这些都是子公司创业行为的重要条件。其中管理者的领导力可以引导子公司形成创新文化、鼓励员工承担风险，因此具有创业精神的企业家所引领的公司创业行为能够积极回应外部机会与威胁，并因此而提升绩效。尽管也有研究表明子公司管理者存在出于个人荣誉、职业导向或保护既得利益（如已获得的自主权）的动机而实行创业行为的可能，但在激励兼容情境中，这与此前具有积极结果的研究并不矛盾。

子公司创业行为涉及的企业家精神并不仅仅指向子公司管理者，集团管理者对子公司创业行为的态度也是非常重要的。子公司的创业行为本质上是一种具有较高风险的创新活动，对于最终风险承担者的集团管理者而言这是组织中可控性低的不确定性因素，因此更加倾向于通过免疫系统消除这种不确定性。在这个免疫过程中，集团管理者决定了免疫系统是否发挥作用以及如何发挥作用，尤其在子公司创业行为表现为更加依赖集团内部正规权力路线的内部创业行为时更为明显。企业集团内部网络在帮助子公司在网络中识别机会、选择机会和利用机会上起到重要作用，尤其当集团管理者意识到由子公司创业行为推动的知识与信息共享对集团改革和发展的积极作用时，将会积极促进利用内部网络产生的子公司创业行为的发生。已有研究发现某些有远见的集团已开始在整个集团创新网络范围内积极推动子公司实行创业行为。

现有的文献研究结果表明管理者的远见卓识和强有力的行动能力是子公司能够实行创业行为的前提条件，这其中既包括子公司管理者，也包括企业集团母公司的管理者。

1. 子公司管理者的内在动机

组织中高层管理者的主要职责就是决定组织的目标、战略和结构设计，由此使组织能够适应变化中的环境。领导者的行动作为组织中的创新导向对创新思想的产生以及创新行为的执行活动都有正面影响。子公司的创业行为来自于子公司高层管理者的企业家精神，其中包括管理者的远见与行动力、管理者对子公司资源的建立与发展的主动性、有计划地对子公司资源进行积累，这些都为子公司创业行为的产生创造条件。而子公司高层管理者的领导精神可以引导企业内部建立创业文化、鼓励公司员工承担风险、采取行动增加子公司的国际责任，这是创业行为得到有效实施的保障。可以说子公司创业行为几乎都来自于子公司高层管理者的自发行动。

子公司高层管理者的创业精神促使子公司把战略的目光投向外部，以自身积极主动的创新改变来应对内外部的变化。研究表明子公司高层管理者的创业精神越高，子公司越有可能取得全球委任权（Roth and Morrison，1992），这会提升、巩固或保护他们的现有位置，最大化他们对母公司的价值。但子公司管理者要注意时机的把握，即应该在他们的委任权被集团内传统的层级观点挑战之前进行实质发展性的创业行为，能够对母公司增加价值做出持续性贡献，且能随着时间流逝而强化他们对企业集团的贡献和战略影响。对处在日益分权化的企业集团创新网络中的子公司而言，这可以使其能力得到最大限度的开发，网络地位得到最大提高。子公司管理者的企业家精神所引领的创业行为能够回应公司面临的威胁与机会并且提升子公司的绩效（Birkinshaw et al.，2005）。在实际中还存在着子公司高层管理者出于保护既得利益（如已获得的子公司特权）以及个人抱负和职业导向的动机而实行创业行为的现象（Dorrenbacher and Geppert，2009），在激励兼容条件下，这和上述分析并不矛盾。

2. 母公司管理者的内在动机

管理者的远见与行动并不单单指向子公司管理者。由于组织可以通过种种激励方式促使个体行使对组织有利的自行决定权，因此母公司管理者对子公司所进行的创业行为的态度也是非常重要的。这些激励方式包括建立合适的组织架构、鼓励创新的评估系统等。当认识到子公司创业行为的重要性后，母公司可以通过控制子公司的任务负荷使其处在子公司的资源能力范围之内，以激励子公司有余力去做符合集团整体利益的自定任务。已经有研究证实某些有远见的企业集团总部已开始在整个集团创新网络范围内积极推动下属子公司实行创业行为。企业集团内部网络这种获得信息与沟通资源的方式在帮助子公司在网络中识别机会、选择机会和利用机会上起到了重要作用（Christopher et al.，2009）。当母公司意识到网络中知识与信息共享，以及资源顺畅流动对集团改革和发展的积极作用时，会积极推动基于内部网络的子公司创业行为。此时有必要特别强调母公司管理者与子公司管理者的一致创新需要以及对于整体战略目标的共识与共享的重要性。

3. 子公司创业行为的实施条件

成功的创业行为无论对子公司还是母公司都具有积极的影响。从子公司层面来看，子公司通过寻求网络内部新机会来取代已衰退的现任任务执行的其他子公司，提升自身在公司网络中的地位；或者在外部环境中探寻新的发展方向，在现有资源的基础之上进一步扩展该子公司的活动范围。成功的内部创业行为或外部创业行为都能够帮助子公司在集团创新网络中表现出自身的优势，取得母公司的信任，使母公司对该子公司进一步投入资源和授予特权，有助于该子公司实现成长的良性循环。从母公司层面（或者集团整体）来看，子公司的创业行为不仅可以提高集团在内外部市场的运营效率，同时可以通过优胜劣汰的竞争机制促进整个企业集团创新网络的优化。但是，处于企业集团创新网络环境下的子公司在实施创业行为时存在以下两个障碍。

第一，在子公司层面存在着规避风险、创业动力不足的问题。Thompson（1967）指出，组织中的个体有关自行决定权的动机可以分为两种：一是占有具备自行决定权的位置的动机；二是处在该位置上行使自行决定权的动机。对于第一种动机而言，由于无论在任何企业集团中，这种具备自行决定权的位置都意味着声望与利益，这将会给子公司带来更多由于受信任而可获得的资源，而事实上，声望与利益本身就属于资源，因此许多子公司都希望通过创业行为而在集团创新网络中占据有利的位置。这一点与单体企业通过创业行为而使自己处于一个有利的市场竞争地位在本质上并无区别。而我们需要关注的是第二个动机，对于已处在具备自行决定权的位置上的子公司而言，它们面临着是否行使自行决定权的选择。集团创新网络中的子公司对于自行决定权的行使不是仅仅由该个体的主观想法或外部客观形势单方面就可以决定的，他们更加倾向于在其认为有利的时候行使自行决定权，而在其他不确定的情况下避免进行自行决定。子公司在集团创新网络环境下作为固有的执行单元或是"搭便车"就能够满足其生存的基本需求，这一点是一般性企业所不具备的。因此，在企业集团创新网络环境下子公司存在着创业投资不足的机会主义动机。

　　第二，母公司会为整个集团创新网络设置"企业免疫系统"（Birkinshaw and Ridderstrale，1999）。子公司为获取权力和资源所采取的创业行为由于具有创新性和不可预料性，会被总部认为是一种对集团不利的难以控制的不确定性因素。作为整体风险承担者的总部更加倾向于消除这种由创业行为带来的多重后果所产生的不确定性，因此会对子公司的创业行为采用种种手段加以控制，即"企业免疫系统"，谨慎地对待子公司资源配置以及权力的下放，以避免子公司由于拥有过于富余的资源而采取对总部来说不必要或无法掌控的行动。子公司因此要面对集团创新网络环境给其实行创业行为带来的阻碍。

　　当子公司能力足以应对面临的不确定性时，子公司才会倾向于使用自行决定权，因此第一个障碍涉及子公司领导者的能力问题。组织中领导者的主要职责就是决定组织的目标、战略和结构设计，使组织能够适应变化中的环境。领导者的行动作为创新导向，对组织中的创新思想的产生以及创新行为的执行具有正面影响，其中包括领导者的远见与行动力、领导者对子公司资源的建立与发展的主动性、有计划地对子公司资源进行积累等。这会提升、巩固或保护子公司现有位置，最大化它们对于母公司的价值，且能够对母公司增加价值做出持续性贡献，此时子公司的创业行为就可以得到母公司的认可并得到集团行政系统的支持。因此，子公司管理者的企业家精神对创业行为的实施是至关重要的。

　　由于"企业免疫系统"内生于企业集团正式结构以及非正式结构中，在子公司创业行为得到母公司认可之前，为了减少"企业免疫系统"对创业行为的约束，子公司要保持同母公司的良好沟通。母子公司之间的高度沟通将会发展子公司的贡献者角色（contributory role），母公司会慎重考虑子公司的建议，能够比较充分地利用子公司展示出来的能力，从而促进子公司创业行为的产生。而且母子公司沟通能够促进组织整合，而组织的整合能够促进观念的结合、组织的创新，此时母公司较容易认可子公司的创业行为，创业行为受公司免疫系统的影响微弱。而良好的沟通又取决于在企业集团中存在的"程序公平性"，Kim 等学者的研究表明决定母子公司之间沟通状况的要素之一就是母子公司之间是否具备程序公平性。程序公平性赋予子公司对母公司质疑的权利，可以在企业集团创新网络中形成一种动态自我质询的环境，母公司会因此调整既定策略，有助于子公司的创业行为。

子公司所处的不同成长阶段也会对创业行为的实行产生影响。一方面，当子公司处于创业期时，规模较小、业务单一且组织结构相对简单时，集团对其的集权程度相对较高；当子公司处于成长期，规模迅速扩张、业务趋于复杂、组织规模逐渐庞大时，集团视具体情况设定集权分权程度；而当子公司发展成熟、业务结构复杂、形成了较大规模后，集团倾向于给予子公司较大的自主权，使其能够灵活有效地应对环境，进一步发展。另一方面，根据 Penrose 的企业成长理论，子公司的独特资源是随着子公司的发展逐步积累并得以应用的，子公司正是在这个独特资源积累及机会的发现、应用和实施过程中实现成长。

4.3　子公司创业行为的网络效应

4.3.1　子公司创业行为的竞争效应

组织理论认为，处于复杂不确定情境中的行动责任承担者更加倾向于避免进行自主决策，或是将行动置于低风险的可控范围内。子公司的创业行为却是一种子公司自担风险、具有较高不确定性的创新活动，既然这样，为什么集团中子公司甘愿冒风险去实施创业行为？相关研究表明创业行为对子公司的角色演进具有积极影响，对子公司赢得集团内的权力竞争有重要作用。

子公司实行创业行为是资源积累的重要途径。通过实行创业行为，子公司能够在集团表现出自身优势、取得信任，使集团对该子公司进一步投入资源和授予特权，提升子公司的网络地位。相关研究明确地确认了子公司的创业行为会提升子公司面对总部时的可信度，此时母子公司交流更加有效，子公司将因此获得更独特的能力，具体表现为建立内部优势地位和寻求外部市场机会，即通过寻求网络内部新机会的内部创业行为取代已衰退的当前任务执行子公司来提升自身在公司网络中的地位，或者在外部环境中探寻新的发展方向，在现有资源的基础之上进一步扩展该子公司的活动范围。

在资源和能力积累的基础上，子公司逐步实现角色的演进。具体而言，从直接的绩效层面来看，相关实证检验证实了与集团内其他子公司绩效相比，实施创业行为的子公司显著表现出更高水平的创新绩效。更进一步的，聚焦于资源与能力积累层面的研究发现子公司创业行为对提升子公司资源和能力具有积极作用。有案例研究表明外部创业行为（包括当地和全球市场）和内部创业行为（内部和混合型）都有效地提升了运营效率、降低了成本或是提升了集团投资。还有实证研究描述了创业行为对增强子公司商业机会、销售量和营收的直接积极效应。研究发现与集团其他单元相比，实施创业行为的子公司在财务和管理上都有更好的表现。大量研究表明，子公司推动创业行为的终极动机是与子公司获得更多特权、自主权和角色演进相联系的，子公司认为这是提升其集团创新网络地位、赢得集团内权力竞争的重要手段。

4.3.2　子公司创业行为的协同效应

子公司创业行为之所以成为企业集团（及跨国企业）研究关注的议题，首要原因是随着集团创新网络化运营实践的发展，子公司不再仅被看做集团的命令执行者或者市场进入者，而是基于网络视角被作为整个企业集团创新网络中的一个结点加以研究。对于复杂、不确定性高的情境而言，企业集团的能力与资源不再仅是由集团创造且只存在于母公司，而是分布在整个企业集团创新网络中。其中子公司能够成为网络结点的前提条件就是子公司创业行为是其主动积极的创新精神的外化。集团创新网络与子公司的协同演进如图 4.3 所示。

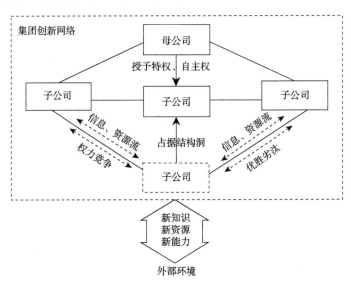

图 4.3　集团创新网络与子公司的协同演进

子公司的创业行为被认为能够提高企业集团的整体效率，实现总体网络优化。将企业集团作为一个内部市场网络系统的研究表明，子公司的创业行为在排除机会主义的可能之后能很有效地提升内部市场网络效率。这种网络的效率性主要体现在竞争机制、知识传播两方面，子公司之间通过创业行为进行的内部竞争可以对劣质子公司起到淘汰作用，从而对整个企业集团进行优化。实证研究也通过对424 家转轨经济中的外国子公司数据的检验发现子公司创业行为有利于外国子公司和母公司之间的知识传播以及垂直供应链的整合。

子公司运营效率的提高会提升企业集团整体网络的竞争优势，子公司创业行为也因此对公司的特定优势的建立和发展具有积极影响。子公司通过实行创业行为实现在集团内外部的知识、信息、资源和能力的交换，与其他子公司展开权力竞争的同时，表现优秀的子公司可能被集团授予更多特权和自主权，一方面占据结构洞的关键位置进行子公司角色演进，另一方面也促进集团整体提升。这对企业集团的研究角度而言也有着深远意义，意味着企业集团的独特优势也可以在集团之外的区域产生，所有的子公司都有可能对企业集团的发展起到积极的推动作用。

4.4 子公司创业行为与集团创新网络

4.4.1 子公司成长的效率逻辑

为实现效率最大化，企业必须不断降低成本、提升利润。这种效率机制是经济学对企业（或营利性组织）的基本解释逻辑[①]。权变组织理论认为，组织为了生存和成长必须适应环境的要求，而组织适应环境的微观基础是效率机制。Thompson（1967）在总结此前研究的基础上，分析了权力与依赖的关系，指出组织为了减少环境不确定性需要降低对环境要素的依赖。面对外部环境的不确定性和组织对环境中资源的依赖性，组织必须不断改变自身的行动和结构以使依赖最小化，并获取外部环境中的资源。这要求组织降低对环境要素的依赖，也要求它能够提高其他组织对自己的依赖。Thompson基于效率逻辑的思路提出了系列命题，分析了组织如何通过采取一系列行动适应环境的需要，获取环境中的资源以实现成长。他指出遵循理性原则的组织通常会通过将任务环境中的关键资源或关键活动包绕

---

① 本部分主要参考武立东，黄海昕，王凯. 企业集团治理研究[M]. 北京：高等教育出版社，2014. 后文不再一一标注。

到组织边界之内，来实现组织领域的扩展。在这些遵循理性原则的组织中，使用长线技术的组织会试图通过垂直兼并来扩展领域；运用协调技术的组织则会试图通过增加服务的人口来扩展领域；运用密集技术的组织会通过吸纳其工作对象来扩展领域。这揭示了驱动企业集团成长的内在效率驱动机制。

以上讨论的是针对采取不同技术的企业集团而对应的不同组织成长方式。而复杂组织成长的重要原因在于不断吸收那些不确定性的来源，将其包绕为组织本身的一部分，这样就需要考虑复杂组织的内部平衡问题。那么从组织内部不同的任务能力单元的角度来看，企业集团成长的效率机制又是如何体现呢？基于Thompson 的经典命题，即服从理性原则的多成分组织会寻求增长，直到最不可减少的成分得到接近充分的利用。集团内部的平衡不仅要在各能力单元之间实现，还要在产出和需求关系之间建立，这是一种内在的效率驱动机制。同样的，当组织拥有的能力超过任务环境的支持限度时，组织也会试图扩展其领域。随着集团的不断成长，不断积累的资源和能力可能会打破平衡，超出集团现有领域的支持限度，在兼并后的工业集团中经常会出现这种过剩能力。由于过剩能力是相对于现有服务和产品所确定的领域形成的，集团对这种过剩能力的应用一般是朝向扩张领域的分散化方向进行利用，来开发新的产品和新的服务。简单的分散化是对过剩的技术能力的应用，由此开发出的新产品是与原有能力有密切联系的。

企业集团中的子公司受效率机制驱动，通过实施创业行为，一方面可以实现对组织活动领域的拓展；另一方面，根据创业行为的过程模型，子公司的创业行为正是基于子公司对能力和资源的积累，是对富余能力和资源的最大化利用，从而使子公司实现成长。

4.4.2　子公司成长的合法性逻辑

子公司的成长不仅受到效率机制的驱动，还受到合法性机制的驱动。早期制度学派就已指出组织并不仅是以效率为目标，还受到外部环境的影响，因此对组织的研究要超越效率逻辑。随后 Meyer 和 Rowan 在研究组织趋同性时也发现，组织的规章制度有很大一部分与其内部运作并无关系，他们因此提出要从组织和环境的整合框架出发来认识这个问题，即环境不仅包括技术环境，还包括制度环境。从这种开放的视角来看，企业并不是一个封闭的系统，而是受到所处环境，尤其是技术环境和制度环境影响的有机体。技术环境要求企业遵循效率原则，即按照利益最大化原则进行生产；而制度环境则要求组织服从合法性机制。

1. 合法性机制

合法性机制的研究始于 Meyer 和 Rowan 两位学者，他们认为组织行为和形式都是由制度塑造的，组织本身并没有自主选择性，这是强意义上的合法性机制。DiMaggio 和 Powell 随后对合法性进行了补充和完善，并指出组织主要通过三种趋同机制获得合法性——强制机制、规范机制和模仿机制，分别与 Scott 的规制性、规范性和文化认知性三大要素对应。这是制度通过影响资源分配或激励方式来对组织行为产生影响的弱意义上的合法性机制。归纳起来，合法性机制是指那些迫使或者诱使组织采纳具有合法性的组织结构和行为的观念力量，其基本思想是社会的法律制度、社会规范、文化期待等已被人们广为接受的社会事实，对规范组织行为有着强大的约束力量。即企业生存在制度环境中，就要以符合制度环境中利益相关者期待的规范来运营，这样组织才能得到社会承认并取得合法性，提高社会地位、获得重要资源。反之，组织则会被认为是不理性、不符合规范的制度，环境中其他组织会拒绝与之合作，甚至导致组织的消亡。

转型经济环境中，中国企业集团作为经济改革的直接结果，有着复杂的运营背景，既面临着来自市场上拥有先进技术的竞争者的竞争压力，同时也面临着较强的来自制度环境的制度压力，不仅担负着科技创新与经济发展的国民经济支柱角色，同时还需承担如稳定就业、稳定社会的非经济性职能。因此要充分理解中国企业集团，必须考虑合法性机制对企业集团的影响。基于 Thompson（1967）提出的组织的三层次分化模型，即制度层、管理层和技术层，在一个受制于理性标准的开放系统中，组织的制度层要为更低的层次提供确定性，而制度层本身则直接对包括制度环境在内的外部环境进行回应，因此制度压力将首先影响到组织的制度层。此外，制度层的变化如战略等会引起组织结构的变化。因此我们主要基于制度和结构等方面对中国转型经济情境下的合法性机制对企业集团的影响进行分析。

2. 代理指标：就业压力

在中国这样的转型经济体中，各项法律、制度都尚待完善，市场不能完全发挥作用。由于中国企业集团形成的独特路径，大部分企业集团是在政府的主导力量推动下组建成长的，因此集团会寻求与政府建立政治关联，从而获得更多资源，国有企业集团更是能够直接获取非国有企业集团所难以接触的资源和政府直接赋予的垄断地位。

尽管随着经济发展和集团改革的深入，企业的自主权有了较大提高，但政府仍然掌握着大部分企业的如高管任免、雇员数量等关键要素的决策权。企业集团因此不可避免地在取得政治关联获得利益的同时，也要为满足政府的各项要求而付出代价，即需要接受来自制度环境（如政府）的合法性要求，尽管这样可能是要以降低效率和耗费资源为代价的。此时，企业集团就不能仅仅依据效率原则来做出选择，还要遵循合法性原则，否则就不会得到拥有关键资源分配权甚至高管解雇权的政府的支持。

这种来自政治体系的强制或规范力量影响着集团的战略选择。例如，为了避免出现大量失业和可能因此而来的社会动荡，实现稳定就业的社会目标，政府设立了许多政策来维持和提高企业的雇员就业水平，鼓励企业保持一定的雇员数量，甚至惩罚一些超量减员的企业。因此，我们有理由认为超额雇佣决策是遵循合法性原则的，超出技术要求的雇佣水平反映了企业集团面临的来自政府的制度压力。而国有性质的母公司具有更强的合法性意识，对环境中的制度压力更为敏感。基于社会主义的道德标准，企业不仅是盈利的组织，更是扮演着重要的社会福利提供者的角色，国有集团不仅为雇员偿付工资，还为他们提供包括福利住房分配、子女入学教育、医疗保障和养老保障等其他辅助服务，这些道德规范机制都迫使企业行为偏离了追求股东价值最大化的效率目标轨道。

4.4.3　双元逻辑下的集团创新网络效应

此前的分析总结了子公司创业行为的形成机理，即集团母子公司关系网络中的焦点子公司既受到母公司为了保证整体目标一致性而进行的控制，又受到母公司为了促使其行使有利于子公司甚至整个集团发展的主导创新行为的激励。在自身资源与能力积累达到一定程度的基础上，子公司在母公司的控制与激励的并行调控中实行创业行为。成功的创业行为不仅进一步提高了子公司以及整个集团的能力，甚至能够通过创业行为的成功实行对集团创新网络产生影响，反作用于母公司，使母子公司关系网络随之发生变化。

文献综述部分已经指出，已有研究仅仅从类型学的角度对子公司的创业行为进行了分类，没有探讨不同类型创业行为之间的内在联系。当然，可以根据现有文献的分类方法，将因新机会的识别和应用地点的不同而区分的内、外部创业行为作为先决条件进行探讨。但并不能因此而忽略现实中存在的子公司创业行为由内部主导向外部主导转化的趋势，正是这一转化推动了子公司角色从总部命令执行者或市场进入者向具有积极意义的战略贡献者的发展。那么这个转化是如何实现的，它又如何推动子公司的成长？这是本节接下来要继续深入探讨的问题。

1. 网络嵌入的双重效应

基于此前对子公司创业行为内涵的探讨，可以进一步地把子公司实施创业行为的理性目标概括为通过网络效应最大化来实现成长。子公司通过实施创业行为从而获得来自企业集团创新网络环境对其产生的网络效应是双重的，既包括网络支持也包括网络的弹性限制。网络的利益支持包括规模经济与范围经济的集团联合经济性带来的成本效率以及资源基础理论者提出的资源与能力的互补，具体包括两方面：一是运营支持，包括资源的共享与技术的转移；二是管理支持，包括战略模仿与组织学习。网络提供的利益支持可以帮助子公司拥有比非集团企业更早进入市场的机会，也能因知识交流与价值活动的合作降低市场风险，并享有因规模经济或范围经济所产生的成本优势。

但网络的利益支持并不是随着嵌入程度的加大无限增加的，即当子公司在集团创新网络内的嵌入程度达到一个临界点后，网络的效应体现为弹性限制。这种网络负效应包括资源的弹性限制，如资源用途减少、高转换成本、低转换速度等，以及协调的弹性限制，即表现在企业重新界定产品、重新配置资源等管理上的弹性限制。例如，Gulati 等（2000）学者的研究表明网络关系形成的"锁入"（lock-in）、"锁出"（lock-out）限制了厂商的战略空间。Andersson 研究发现跨国企业的子公司过度镶嵌于内部关系网络时，会阻塞子公司与外部环境的信息交换，进而降低子公司适应外部环境变化的能力与弹性。可见，网络效应既有对子公司创业行为的利益支持，也有弹性限制。

所以，企业集团创新网络环境中的网络效应和子公司的网络嵌入程度并非是线性关系，即随着子公司嵌入程度的增加，网络的边际效应最初会增加，继而下降，当嵌入程度大于一定程度以后，网络的边际效应为负，此时，降低嵌入程度是子公司理性的选择。也即服从理性原则的子公司不会无限制增加对企业集团创新网络的嵌入程度，而是随网络效应变化而变化。

2. 内部创业行为与网络嵌入

内部创业行为主要来自对网络内部机会的识别与资源运用，更容易得到集团创新网络的利益支持。子公司只有提高对集团内部网络的嵌入程度，才能够推进"识别机会—积累资源—创业行为—提升能力—获得权力—获取更多资源与利益—新的创业行为"的良性循环过程。在这个过程中随着网络利益支持的增加，子公司会逐渐提高网络嵌入程度，具体可以从以下两方面说明。

一是在结构性嵌入方面，内部创业行为会促进网络范围的增加，子公司可以采用"联盟"等手段增强对关键资源的掌控能力。网络范围扩大不仅意味着获取更多新资源，也意味着能力和资源获取途径的多样性和灵活化，子公司拥有的知识和资源就越多。

二是在关系性嵌入方面，从强化母子公司关系角度出发推进母子公司之间的沟通交流，促进双方观念的结合与共享，可以促进子公司创业行为的产生。况且创业行为暴露在企业集团内部更容易受到"企业免疫系统"的影响，因此，长期且频繁的沟通是非常必要的，而母子公司之间如果沟通不畅，在信息流通渠道形成障碍，会使子公司发展偏离集团战略目标，无法得到母公司支持，自主权被收回。

３．外部创业行为与网络嵌入

在企业集团创新网络中，知识、信息和资源都在整个网络中流动。大量实证研究证实了子公司通过在网络中的嵌入可以实现集团协同收益以增强竞争优势，降低生产成本和交易成本，提升对上下游厂商的谈判优势。此外子公司还可以通过集团内部的知识网络积累缄默知识，实现集团内信息与能力的转移，从而提高内部管理及市场应变能力。这些都证明了适度的网络嵌入对子公司绩效和创新能力的积极推进作用，即网络对子公司的利益支持。企业集团创新网络中，子公司因在网络中更容易得到资源和技术而嵌入网络，而且利用集团创新网络，子公司比独立企业更容易进入相关目标市场；另外，内部网络的知识转移和交流以及各个结点有价值的合作活动等都降低了子公司的市场风险。基于理性原则的子公司在网络的正向作用下更愿意嵌入集团创新网络中。

但网络嵌入程度越深，交易的专属性越强，关系改变的可能性越低，从而产生"专属陷入"困境，交易中一方摆脱另一方的代价就越大（Williamson，1985）。Uzzi 是最早利用嵌入理论来探讨网络组织负效应的学者，他认为嵌入网络结构会影响经济行为，组织网络可以通过企业间资源整合、协作与适应来提高经济绩效，也可将企业锁定在网络之内，隔离来自网络之外的新的信息与机会，进而降低经济绩效。他还指出在嵌入水平超过其所能产生的正效应的阈值后，就会导致网络负效应的产生（Williamson，1985；Gulati et al.，2000）。此外，网络关系的维持需要资源的投入，而资源的投入又限制了组织策略的选择与多样化。因此内部网络所形成的合作关系，就经营弹性而言，可能会成为公司面对竞争性产业环境的一种牵绊（Gulati et al.，2000）。子公司在发展的不同阶段，面对不同的环境限制，需要不同的战略伙伴，这决定了它的合作网络必须是动态的，必须具有灵活性，从而有效管理环境不确定性。而网络的动态意味着需要更换合作伙伴、退出或加入合作网络，因此，理性的子公司会随着其自身能力的发展和对环境资源的要求改变其在集团内、外部网络中的嵌入程度以实现利益最大化。

由于网络的弹性限制作用，子公司不会无限地嵌入企业集团内部网络中，盲目加大对集团创新网络的嵌入。这是因为过度嵌入产生的超强联结往往以牺牲盟友多样性为代价，将导致新创意和新信息的来源减少。当嵌入状态超过阈值，嵌入越强反而阻碍子公司发展。同时，建立和维护联结的成本将随着联结强度的加强而上升。此时随着网络边际效用上升至某顶点，随后下降，继而为负，子公司在集团内部网络实施创业行为所带来的网络效应将由利益支持逐渐转化为弹性限制。随着子公司的能力与资源的积累达到一定程度，且子公司在集团内部网络进一步嵌入也无法带来更多效益甚至会提高成本时，具有创新精神的子公司会把战略目光投向集团外部，转而在外部市场中寻求新机会和新市场，这需要加大对集团外部网络的嵌入。

此时，子公司与其外部商业网络的客户、供应商、竞争者和政府之间的联系更为紧密和具体，而之前的研究也表明紧密联系的活动者在信息交流上比那些不紧密联系的活动者处于更有利的位置，因此可以更简便地互相学习。此时降低内部网络嵌入程度会带来网络效应的增加，子公司因此会把内部创业行为保持在网络嵌入支持效用最大化的水平上，转而通过对外部市场机会的识别与运用来实现成长。

尽管子公司创业行为类型学为了研究的便利，而对创业行为进行内部与外部创业行为的划分（Birkinshaw，1997，1998）[1]，市场活动和组织进行反应的实际过程要复杂得多。但从动态变化的角度，我们仍可认为子公司创业行为在现实中存在着从内部主导向外部主导转化的趋势。二者之间的关系如同 Miles 和 Snow 所划分的战略类型中的分析型战略，通过适当的内部创业行为来不断地提高现有事业的效率，而在外部领域实现创新，子公司的管理者试图维持内部效率与外部创新的微妙平衡。

综合上述分析，我们就网络嵌入程度和子公司创业行为的关系进行总结：在理性原则下，子公司在企业集团创新网络内的嵌入程度不是无限加大的，当集团创新网络为嵌入其中的子公司带来的利益支持大于网络为其带来的弹性限制时（网络嵌入边际效应大于 0），子公司会进一步促进内部创业行为的实行来提高在集团内部网络的嵌入程度。

随着子公司的发展或者外部环境的变化，当集团创新网络为嵌入其中的子公司带来的利益支持小于网络带来的弹性限制时（网络嵌入边际效应小于 0），子公司会转向以实行外部创业行为为主，降低在集团创新网络中的嵌入程度。子公司通过从内部主导向外部主导转化的过程实现成长。

4. 关于子公司成长的分析

企业集团创新网络中的多数子公司都处于集团内外双重网络的交界处，子公司一方面嵌入集团内部网络中，通过占据关键网络位置获得更多集团配置的资源，

---

① 由于子公司在集团内部实施的内部主导行为实在难以准确测度，因此本书仅在理论命题部分提出了关于其的理论框架，但在本部分提出研究假设时则聚焦于相对较易测量的外部主导行为上，便于后续部分使用二手数据进行大样本的检验。

从而提升自身能力，获得更大自主性；另一方面可以通过加大与集团外其他合作伙伴的相互作用，即提高在外部网络中的嵌入程度来获取异质新技术和组织能力，进而传递给集团内部网络成员，提升整个集团的竞争优势。这种推动子公司在集团内外双重网络中嵌入程度改变的力量来自子公司创业行为。创业行为增强了子公司在企业集团中的贡献作用，并且当子公司把专有能力转移给企业集团创新网络的其他单位时，子公司创业行为惠及了整个集团。

内部创业行为建立在子公司在集团内部网络中的机会来源上，在这个过程中，子公司基于对自身能力的理解在集团内部搜寻其能承担的新任务，发起新的创新活动，同时向总部证明其能力，取代不称职的子公司，获得更多资源和承担更多责任，并争取到更大的自主权。这种内部创业行为需要子公司和母公司之间的信任，建立在频繁的交流和较为透明的集团内部竞争机制上（Williams，2009）。它使子公司在集团内部网络中的嵌入程度加深，从而得到更多信息、知识和资源，更容易识别出内部网络中存在的机会，实现绩效增长。

但子公司并非只追求内部发展机会，同样也会在集团外部网络中积极寻求创业行为的实行。当组织能力超过其现有任务环境范畴时，组织会试图扩展其领域（Thompson，1967）。企业集团中子公司随着能力发展和自主权提高，会在集团外部积极寻求新机会，发展外部创业行为来应对环境变化、扩展发展空间和生存领域，提升或保护子公司现有地位并最大化子公司的价值。外部创业行为主要表现为具有创新精神的子公司会在集团外部探寻新的机会，在特定新机会得以开发并得到市场认可后建议并游说集团母公司投资或授权。

子公司的行动同时受到来自集团的科层控制和其所嵌入的网络的支持和制约的双重影响。子公司创业行为一方面要受限于子公司能力、资源和信誉基础，另一方面也要受到环境过滤。因此集团中的子公司通过创业行为实现的能力发展和自身成长是受到多方面影响的，这种成长能力是指子公司通过有效挖掘现有的和潜在的资源不断实现价值增值的能力和水平，反映了子公司当前的发展阶段并显著影响着集团对其的价值认定和战略定位。

从资源角度来看，当企业内部存在尚未被利用或未被充分利用的资源时企业会成长，即只要企业了解到存在某种新的资源利用方式，或存在未被利用或充分利用的资源，企业就会继续成长（Penrose，1959）。这种企业的成长性状况反映了它在一定时期内的经营能力发展状况。成长性良好的企业有良好的发展预期，有理由认为它能够在较长时期内持续挖掘资源，提升企业的价值。成长性指标越高，表明企业的获利能力越强，在激烈的市场竞争下越能保持持久的竞争力。而子公司能力的提升必然促进整个集团的发展，一个明显的例子就是成长性良好的上市公司更容易得到资本的青睐。子公司在实行外部创业行为时，对新机会的运用很多时候是在总部不知情或默许的情况下进行的，这种情况直到子公司证明新市场能够产生效益为止，之后子公司才会寻求集团资源和能力帮助其扩大新机会带来的效益。

基于企业成长理论，子公司的行为受其感受到的可行动边界的制约，集团的主导逻辑显著地影响着子公司的行为和选择（Penrose，1959；Birkinshaw and Ridderstrale，1999）。集团采用"企业免疫系统"来制约和筛选子公司内部创业行为就是这种逻辑的一种表现形式，而子公司外部创业行为正是在子公司存在可以进一步利用的剩余资源且此时即使再增加对集团内部的网络嵌入也已不能提高绩效时所采取的行动。可以预期，如果子公司成长性良好，资源的获取能力强，那么这种良好的成长性就会对子公司的外部创业行为产生正向的推动作用。

5. 整合分析

企业集团在经济发展中扮演很多角色，如帮助子公司获取在外部市场上相对难以获得的人力、资金或信息资源的资源提供者、创新推动者、子公司风险管理者等（Keister，2000；Guillén，2000；Khanna，2000）。事实上除此之外，企业集团还有一个非常重要但一般被忽略的角色，即企业集团是为子公司提供免受外部制度影响的一种保护性制度设计，企业集团对帮助子公司缓释制度压力起着积极作用（Leff，1978；Khanna，2000；Krug，2008）。

为了实现稳定就业的社会主义经济目标，我国政府设立了许多政策来维持和提高企业的雇员就业水平，鼓励企业保持一定的人力数量甚至惩罚一些超量减员的企业。由于政府有权力对国家所有或控股的企业集团进行关键资源分配决策且对高管拥有解雇权，企业集团对政府具有高度依赖，能够较高程度地遵循政府意愿行事。为了获得当地政府甚至中央政府对企业运营的支持，企业会维持较高的就业水平。例如，央企50强之一的军工企业新兴铸管集团，其雇员水平一直维持在8万人左右，并由于其维持了较高的雇员水平而获得中央政府授予的"维稳工作先进单位"称号。

此外，所有国家的政府都有在政府所控制的企业中保持较高的雇员水平从而使其政权支持者得到较多利益的倾向，因此有理由预期中国企业集团中政府所有权的增加将会提升企业的就业水平。例如，中国国有独资的国家电网公司在2010年的员工数超过150万人，但其维持有效运行所必需的员工人数可能大大少于这个数字。因此有如下假设。

如前所述，为了保证广泛就业的政治目标，（中央及地方）政府会鼓励甚至强制作为经济主体的企业集团提高雇员水平。子公司作为这种来自外部制度环境压力的最终承担者，会保有更多以至远超出实际需要的雇员水平，而这些在出于效率机制考虑时本不应该存在的就业压力会给子公司带来一系列的问题，如为这些冗余雇员的支出，以及因此带来的其他配套资源（如资金）的缩减，等等，都会给子公司的发展造成阻碍。

子公司的雇员冗余是组织冗余的一类，所谓组织冗余是指组织现有资源与保持目前状态所必需资源的差额。组织冗余是普遍存在的。组织在成长过程中积累资源，而积累必然是超出组织现有状态需求的，然后组织会在其需要发展或遇到困境时使用冗余的资源来满足需求。组织理论认为，冗余资源对组织具有激励、资源储备、缓冲和实现战略等作用。从资源观点来看，制度压力带给子公司的冗余雇员（即冗余人力资源）这种组织冗余本质上就为子公司的创新提供资源基础和驱动力（Chang and Hong，2000；Guillén，2000）。

企业集团中的子公司出于效率最大化的目标积极主动地进行创新，实施创业行为。这种与集团战略相一致的创新创业行为的前提条件就是子公司管理者的远见、行动以及对资源的主动积累，以便为后续发现的新机会提供资源基础。但事实上，子公司的资源积累并不仅仅来自于主动行动，还可以来自于被动接受的外部制度压力所导致的（人力）资源冗余。人力资源不同于金融资源、信息资源和物资资源，子公司需要为它的存在提供工资，甚至需要付出如医疗保险、退休收入和福利住房等一系列用来保有资源的成本。这种拉低绩效、对成本需求更高的冗余资源的存在促使具有企业家精神的管理者积极寻求消化冗余人力资源的新机会。

由于子公司的集团属性和政治压力，因外部制度压力产生的人力冗余资源的消化过程需要更加稳健且符合集团整体战略，这样才能获得集团支持从而帮助其在集团内部或外部寻找机会。由于信息、资源等限制，这种机会一般会出现在集团内部，这样子公司消化冗余人力资源最终带来的结果是增加了其在集团内承担的责任，扩展了业务领域。而这个冗余资源的消化过程恰与创业行为的实施过程相同，即以子公司管理者的创新精神和冗余资源为推动力，在集团内部和外部寻找符合（至少不违背）集团整体战略的新机会和新市场，并利用冗余资源实现业务的拓展和子公司能力的发展。

集团子公司可以通过寻找新机会并开展新业务，从而既满足了制度压力带来的合法性需求，也满足了提高绩效、降低成本的效率需求。集团具有不同于独立公司的优势，会为其子公司提供信息和资金的关键资源的帮助，子公司会优先聚焦于集团内部来寻求机会，并随着时间的流逝和能力的发展，转变冗余资源成为优势资源，进而发展出新的正式业务领域，实现自身的发展。例如，一家子公司为解决其为满足合法性需求而带来的冗余雇员问题，将冗余人员放置于对专业知识和技能要求不太高的后勤部门，随着这些冗余雇员业务熟练度提高以及部门规模的扩大，子公司专门设立一个新的物业公司并凭借集团优势在集团内部成员中寻求为其服务的机会，随着服务机会的增多、声誉及业务能力的提高，物业公司的业务领域甚至可能超出集团范围，成功在集团外开拓新的业务领域，集团此时起着保护者和缓冲器的作用。在就业压力下，子公司需要加大与集团内部成员的联系，并积极主动地获取信息，集团总部也会推动集团内部整体的透明度以帮助子公司寻找机会和市场。子公司因此加深了在整个集团内部网络中的嵌入程度。

总体来看，对于中国这种制度要素对经济运行具有重要影响力的社会主义新兴经济体而言，对企业集团及其子公司的研究不仅要考虑其经济环境，同时还要考虑其制度环境。一般认为企业集团是企业对市场低效率的反应，如体制真空、市场效率低下、企业间合作合同的无效以及法律的滞后等阶段性发展问题都给中国等新兴市场中的企业带来了极高的交易成本，企业集团因此作为对市场体制缺失的替代品出现。这种效率机制的分析逻辑很好地解释了企业集团与其外部市场环境的关系，但对企业集团在市场机制发达的成熟经济体中仍然存在且仍具有优势地位的事实则缺乏解释力度。

另外一种极端假设则认为企业集团完全是国家完成其政治任务的一种手段，是推动国家控制力和工业发展的重要方法，政府作用在企业集团的战略、结构和行动上起着至关重要的作用。这种解释逻辑对国家所有权占据主宰地位的经济体中的大型企业集团较为适用，能够分析企业集团作为政府完成其政治经济目标的工具是如何在政府主导角色作用下运行发展的，揭示了国家政权对企业集团的直接作用。但这种政治经济学的分析思路对企业集团在政府干预微弱的经济体中也仍然是经济活动的主要组织形式无法做出解释。

组织不仅要满足其效率最大化的行为逻辑，同时也要满足其所置身其中的制度环境的合法性要求。企业集团一方面要应对来自产业环境的竞争压力，实行创业行为，寻求创新和提高绩效；另一方面需要针对来自制度环境的压力，采取措施应对，保持一定的雇员水平来获得合法性，确保自身生存和获取资源的能力。对于市场机制和法律框架尚不完善的中国而言，制度环境对企业有重要影响。企业既要遵循效率逻辑提高利润，又要遵从合法性逻辑证明自身合法性。集团子公司生存在集团内部网络和外部网络的交界处，同时受到制度环境和经济环境的影响，因此并不能用单一的逻辑解释企业集团的形成与运营机制，而需要通过一种发展的思路来进行分析。其中，应对来自制度环境的变化需要遵循合法性逻辑，而对经济环境要素则采用效率逻辑解决。本书选取子公司的就业压力作为来自制度环境要素的制度压力的代理变量。子公司通过对两种逻辑策略的相应选择，从内部主导向外部主导转变来实现创新、提高效率，并利用因此而来的就业机会解消其所面临的制度压力，改变其在集团内外网络的嵌入程度，不断发展、实现成长，最终实现整个集团创新网络的共同进化。

4.5 本章小结

子公司创业行为的本质在于通过创造新的经济不均衡，促使整个产业进程、供应链和行业的结构提升以获取新的均衡组合。这种动态均衡过程主要体现为子公司创业行为对集团创新网络和外部市场的双重回应。

在集团层面，子公司创业行为体现了内生于子公司的创新精神，并以子公司管理者的远见和行动力加以推动，通过资源积累以及对能力的证明获取集团授予的自主权或特权。在这个动态过程中，子公司的创业行为与其角色演进是螺旋共存的，也正是这个子公司间个体竞争的动态过程促进了集团创新网络的优化整合，提升了集团竞争优势。当然，包括免疫系统及鼓励创新在内的集团治理结构的合理设计对该过程的顺利推动具有重要意义，否则也仅止于无序的个体竞争而非网络协同演化。

在外部市场层面，实行创业行为的子公司作为一个同时嵌入在外部市场和集团内部网络的半自主型实体，需要同时应对来自集团创新网络和外部市场的变化。一方面，集团内部网络同时具有的科层和网络二元属性既要求子公司证明行为的合法性，又要求子公司创业行为的效益性；另一方面，集团创新网络也能够为子公司提供一定的缓冲保护。因此，子公司在外部市场和集团内部网络的嵌入程度对子公司创业行为的导向、类型和效益具有重要影响。

开放系统视角下子公司创业行为的本质就是对环境的适应，不同于外部市场，子公司创业所处的整体环境更为复杂。环境的不确定性可以调节子公司对多维网络的嵌入，将子公司与集团创新网络和外部市场之间进行耦联，也调节性地催化子公司创业行为之间的转变。

子公司创业行为到底是无序竞争还是有序协同？这并不能简单地判定，而是需要立足于集团整体发展的宏观角度，基于不同的子公司类型、能力、行为表现以及集团战略对其进行个性化的治理机制设计，在给予子公司自主权的同时，确保其创业行为符合集团的整体竞争战略，才能够在有机协同的前提下实现子公司个体的自由竞争，提升集团优势。

现有研究在创业行为的分类学基础上，分析了管理者的创新精神对子公司产生创业行为的决定性作用；并依据资源基础理论、演进理论与社会网络理论，从资源、治理结构以及内部环境等方面探讨了决定创业行为实施的组织因素；识别出行业全球化、政治联系等影响创业行为效果的外部环境变量。这些研究有助于了解企业集团子公司创业行为产生的内在机理以及有效实施所需的组织资源与条件，但关于子公司创业行为的研究，仍有许多方面需进一步深入探讨。

首先，现有研究中创业行为的定义聚焦于发达国家的跨国公司，尤其集中于发达地区外围或者发达地区的小国家，忽略了如中国等转型经济国家特有的市场情境下的企业集团子公司行为，而中国集团子公司表现出的创业行为可能蕴含更为丰富的意义，这在未来研究中应该得到更多关注。

其次，当前研究默认子公司在集团内部创新网络中的嵌入程度和控制机制是情境依赖的相机选择过程，那么不同程度的网络嵌入是否会影响子公司创业行为的实施？子公司创业行为如何反向影响子公司对集团创新网络的嵌入程度？集团创新网络对创业行为的影响也尚未统一结论。这些关系的内在逻辑需要进一步发掘。

最后，子公司创业行为与企业集团创新网络治理的关系。子公司创业行为对集团治理的演变有何作用？不同的子公司治理机制（治理模式选择）如何影响创业行为？新兴经济，尤其是中国情境下企业集团创新网络的研究中子公司创业行为的特征与规律还是一个新课题，这也是需要继续深入展开的工作。

第三篇

网络的内部机理

第 5 章 集团创新网络的要素与结构

5.1 基础要素与网络结构

5.1.1 子公司的独特资源

子公司角色与其所处网络位置以及集团内部相对能力有关,无论子公司所实施的创业行为是集团内部聚焦还是面向集团外部的,一定程度的资源和能力的积累是必要的。在子公司创业过程中,除管理者的企业家精神以外,子公司持有的资源和相对能力都是影响子公司实施创业行为重要的因素,是子公司从事创业行为的前提。

子公司资源储备为创业行为的实行提供基础。研究发现,子公司创业所需的特定资源包括相较其他子公司更强的研发、营销、制造和管理能力。子公司创业行为建立在这些相对优势基础之上,具体表现为当这些资源集中于集团时,子公司的主动创新行为几乎消失,而当子公司的资源储量较高时,子公司进行试错和创新的行为显著提升,即使子公司的市场重要程度不高,也仍然表现出较高的创新倾向。

子公司的能力内涵相对丰富。子公司回应当地竞争以及当地市场需求的能力被称为子公司的当地响应能力,它可以由子公司对当地市场需求的满足能力、与地方政府的法令法规的互动能力,以及与当地厂商的交流能力来衡量。这种当地响应能力是新知识的来源,当地响应能力高的子公司更有可能从当地区位获得与其他子公司不同的新机会,从而对创业行为的实施产生重要影响。有研究将子公司的角色划分为积极型、接受型和自主型,其中积极型子公司由于与当地联系紧密,当地响应程度以及与集团网络整合程度高,实施创业行为最为积极,然后依次为自主型和接受型,接受型子公司的创业行为最少,这证实了当地响应能力与子公司创业行为之间的正向关系。此外,子公司在集团内的相对能力也是重要维度。案例研究发现,子公司在集团内部的相对能力对创业行为具有较大影响，一旦这种能力能够得到集团认可就能得到更多信任。集团会对执行某项活动的能力更高的子公司委以重任，进而使该子公司具有相对优势，促使子公司产生创业行为。

5.1.2　集团网络结构

开放系统视角下的集团治理研究需要基于子公司创业行为进行相应制度设计，基于外部聚焦的创业行为构建合理的子公司治理结构，基于内部聚焦的创业行为对集团网络进行优化。

一方面，外部聚焦的子公司创业行为是子公司通过与集团外部顾客、供应商、竞争者以及政府部门等构成的外部环境之间的交互作用实施的。这种外部创业行为的顺利实施除需要独特资源与创新精神之外，建立合理的包括子公司自主权在内的子公司治理结构也是非常重要的。其中治理结构主要涉及权利配置、流程设计与机制设计（包括激励机制、监督机制）。现有相关研究主要聚焦于子公司自主权以及母子公司间交流机制等议题。

传统意义的子公司几乎不存在自主权，无权自主创新，即使存在资源积累，集团仍会对其进行掌控。但研究发现创新活动的先决条件之一就是分权式组织结构，当给予组织自主权时，组织创新行为会增加，实践也证明母公司一旦给予子公司一定自主权，子公司随即就会实行主导创新行为，而集团对自主权的控制则会抑制子公司的创业行为。这是由于分权式组织具有能使组织成员完全参与的自由环境，给予了子公司管理者较高水平的自主权和资源控制能力后，管理者更可能愿意从事创新活动；同时分权式组织结构也将更大的决策参与权赋予管理者，使其对创业行为更有兴趣。母公司对子公司的程序公平程度对子公司的创业行为也具有积极意义，其中子公司对母公司的质疑权利和母子公司之间的沟通是程序公平性的两大要素。研究表明当子公司对母公司持有质疑权利时，就在整个企业集团网络中形成了一种动态的自我质询的环境，面对子公司的质疑，母公司会调整既定策略，有利于子公司的创业行为。

另一方面，基于集团内部网络而发生的内部聚焦创业行为，需要具有创新精神的子公司基于对自身能力的了解进行对内部网络新机会的搜寻。现有研究主要关注子公司间网络结构、竞争程度以及集团网络与创业行为的联系。子公司的活动与企业集团内部其他子公司之间的互动和整合程度，能够反映子公司在网络中的权力。子公司在网络中的中心性越高，组织拥有的知识和资源就越多，也就能因此激发出子公司的创业行为。企业集团具有活力的内部市场正是来源于子公司之间通过创业行为进行的竞争，其中子公司在企业集团网络中的位置对创业行为的影响机理尚不清晰，这需要后续研究深入探讨。此外，为避免过度竞争，子公司与集团或其他子公司在业务上需要协调整合。整合程度的提高将可能使子公司接触到更多的信息和创新的理念，促进子公司创业行为，但当子公司与集团网络的整合度过高，对其资源、知识产生依赖时，集团对子公司的控制加强，会抑制子公司创业行为。此外，Zahra 明确提出企业集团的内部沟通与子公司的创业行为呈正相关，后续研究也证明母子公司之间的沟通程度能够促进双方观念的结合，促进子公司创业行为的产生。

5.1.3　创新网络环境的双元属性

开放系统视角认为组织通过加工从环境中获取的资源，进行自我维系并提升系统活力。子公司处于内部市场与外部环境的交集处，这个混合竞争环境是由客户、外部供应商和竞争者构成的外部环境和集团内其他子公司（包括内部客户和内部供应商）构成的内部环境共同组成的，集团子公司则是一个处于这种混合竞争环境中的具有创新潜力的半自主性实体。开放系统组织理论认为正是这种来自复杂外部环境的不确定性增大了企业应对风险的能力。当企业管理者因对外部环境要素考虑或了解不足而无法预测环境变化时，就产生不确定性风险，这些风险对企业的生存发展形成了挑战。而子公司面临的越来越高的外部环境不确定性成为最重要的权变变量，迫使其倾向于追求更加竞争和先动的积极战略，通过创新来保证生存、实现发展。因此，外部环境因素对创业行为的实施具有相当大的影响，而子公司的创业行为又反过来作用于其创业环境。

首先，从子公司所处行业来看，规模经济的因素促使某些行业比其他一些行业的全球化水平更高，子公司创业行为水平与该行业的国际化程度直接相关，而本土化产业中的子公司所受影响较小。其次，对子公司当地环境的研究聚焦于政府关系。研究发现子公司与当地政府的良好关系可以视为一个稳定的制度环境，有助于有效地获得政府信息并容易得到政府项目审批，从而降低外部不确定性带来的冲击，降低风险成本。总体而言，现有研究主要围绕行业、政府、资源和竞争等环境要素展开，随着研究数据的丰富与研究视角的拓展，学者们开始将环境刻画为多维构念，而非局限于单一维度进行区分，倾向于将环境不确定性作为调节企业创新绩效的外部因素，但还缺乏基于不同企业特征的分类研究。

嵌入集团内部创新网络的子公司同时受到外部环境和集团网络的双重影响，子公司也对外部环境具有各异的感知，这需要研究者从协同创新网络进一步聚焦到集团内部创新网络，以集团的正式结构作为内部创新网络的边界，以子公司嵌入的集团创新网络作为内部创新网络基核。由于该网络同时具有非线性的创新过程和网络化的创新主体结构，因此，子公司的创业环境实际是由母子公司及子公司之间由信息、资源、能力的交流及关联交易的达成而形成的创新网络，同时具有正式的层级结构（如母公司控股）和非正式的网状关联的二元属性。

　　关于子公司创业行为和创业环境的关系，现有少数相关研究主要聚焦于子公司对环境的影响，证实了子公司创业行为与其嵌入环境之间的显著相关性。例如，有案例研究验证了子公司创新，尤其当子公司的能力足够强到能促进整个价值链系统的提升时对当地工业结构的良性推动；子公司实行创业行为对价值链前向与后向的当地客户与供应商都有显著影响，并进一步作用到当地经济；以及跨国企业子公司创新对东道国经济发展的显著积极影响。这些研究证实了子公司创业行为与环境的相关性，将环境不确定性作为子公司实施创业行为的直接影响要素进行分析，但子公司的战略与行为是同时受到集团内部创新网络与经过网络过滤的外部环境共同影响的，即环境要素并不直接影响子公司行为，而是通过集团（母公司）这个缓冲器对子公司的策略行为产生作用，因此需要进一步考虑环境通过集团网络对子公司嵌入的耦联以及行为效应的调节作用。开放系统视角下的环境效应如图 5.1 所示。

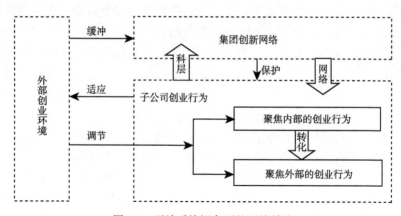

图 5.1　开放系统视角下的环境效应

　　开放系统视角指出，环境是系统维系自身能力、系统差异性和系统多样性的根源。组织与环境的适应过程具有"自我调节"和"高度复杂"的双重属性，这种适应包括形态稳定和形态形成两种基本系统过程。形态稳定过程即那些旨在维护和保护现有形态、结构和状态的过程，形态形成过程指那些完善和改变系统的过程。环境对这两个过程都起着相当的调节作用。一方面，集团层面基于政治过程的考虑，通常会倾向于加强对子公司的管控，以科层管控代替网络治理，如安排计划性定点交易、促进内部关联交易等，这都在一定程度上提升了集团网络的规模与强度。另一方面，高度复杂的外部环境会促使集团吸收更多元的成员公司，以降低交易成本或获取政府的扶持政策，这也提升了集团内部创业网络的多元化程度。这些集团网络层面的改变都增加了集团内部创新网络的信息和资源含量。当环境不确定性较高时，集团为应对现场决策的需求，会弱化管控、鼓励自主，这些都为子公司实行创业行为提供支持。此外，子公司面临外部不确定的环境时将倾向于采取保守行为以适应环境变化，并因此加强对集团内部网络的嵌入，更愿意利用现有资源在现有产品、技术或服务的基础上进行渐进式创新，这种创新对外部新信息和资源的需求较少，而相对与集团内部网络的联系较为紧密，同时在集团内部更可能获得相对可靠的交易者以降低交易风险。

5.2　实　证　分　析

本节主要对开放系统下企业集团创新网络中基础要素、结构与环境间的关系进行实证检验。首先介绍数据样本的来源并简要说明检验采用的主要方法；其次说明实证检验中涉及的各个变量的测量，包括子公司创业行为、就业压力、子公司成长性，以及相关控制变量等；再次构建了检验各变量间关系的回归模型；最后对模型进行描述性统计分析、相关性分析及回归分析等检验来对研究假设进行验证。

5.2.1　样本来源

本书对研究假设进行实证检验的数据是以中国沪深证券交易所在 2012 年 7 月 2 日公布的沪深 300 指数的成分公司为样本初始选择对象进行合格样本的筛选。本书研究焦点是中国这个新兴经济体中的企业集团，当然希望选取的样本具有代表性，从而能够反映理论假设检验的充分性以及普适性。而沪深 300 指数覆盖了中国沪深两市 A 股中规模大、流动性好、最具代表性的 300 只 A 股股票，覆盖了沪深市场 60%左右的市值并且同时覆盖了中证指数有限公司行业分类的全部十类一级行业，具有较强的市值代表性和行业代表性，可以综合反映中国沪深 A 股市场整体表现。我们的样本股票剔除了被特殊处理的股票、暂停上市的股票以及股价明显异常波动的股票。

在剔除异常股票后，我们选择那些属于企业集团的上市公司和集团主业上市的公司中在 2003~2011 年未被特殊处理的非金融类上市公司。我们还剔除了 2001 年之后上市的公司，以保证我们数据的连续性和长期性。最后，剔除掉 2003~2011 年曾被特殊处理的上市公司以及金融类上市公司，并保持收录 2001 年前上市的公司样本后，样本剩余 155 家。年报整理和数据搜集完成后，整体数据合格的样本公司数量为 66 家，共计 594 个样本观测值。实证数据来自于这 66 家合格样本上市公司 2003~2011 年的公司年度财务报告，这些报告从色诺芬（Sinofin）信息服务公司开发的 CCER 数据库下载得到。数据分析使用 SPSS 19.0 统计软件完成。

5.2.2　变量测量

1. 子公司外部创业行为

子公司根据在集团外部发现的新机会和新市场所实行的创业行为是外部创业行为。早期研究者通常是通过案例分析对子公司创业行为加以研究和解释的（Birkinshaw，1997，1998），而我们希望通过大样本实证来进一步研究外部创业行为对企业集团内外部网络嵌入的影响。既然子公司外部创业行为是对外部市场机会的聚焦，那么集团占领和利用新机会的一个十分重要的手段就是在机会领域建立起结点，从而占据结构洞位置，因此使用新增子公司数量来衡量上市公司的外部创业行为。新增子公司是上市公司对外部机会运用的表现形式，新增子公司数量越多，公司利用集团外部新机会就越多，即上市公司外部创业行为越强。需要说明的是，在探讨子公司外部创业行为与公司成长性的关系时，外部创业行为作为因变量存在。

2. 内部网络嵌入程度

文献表明内部网络嵌入程度可分为结构性嵌入和关系性嵌入两类，但尚无关于具体整合到同一变量下各自所取的权重的研究。现有研究一般采用选取内部网络嵌入密度和嵌入强度的标准化平均值来判定内部网络嵌入程度这一较为粗略的分析标准。其中网络嵌入密度反映的是个体所嵌入网络中网络成员之间彼此联系的紧密程度，被定义为已有直接联结的数量与所有可能的直接联结数量之比。子公司在集团内部网络中的嵌入密度衡量的是上市公司与其不存在控制关系的关联方在总体上的联系程度，使用通过焦点子公司关联交易中那些与其发生交易的不存在控制关系的关联方数量与总的不存在控制关系的关联方数量之比来衡量。这一比值越大，说明上市公司到企业集团网络其他结点的距离越短，直接联系越多，也即密度越大。但对于如何将这两方面有机结合尚缺少研究。本书使用子公司与其他关联方的关联交易总金额与子公司总资产的比值作为代理变量来衡量子公司对集团内部网络的嵌入程度。

3. 外部网络嵌入程度

衡量外部嵌入性是极具挑战性的任务，因为这类分析应该包括影响子公司随时间发展与外部商业伙伴的紧密关系的趋势和能力、环境、技术和组织方面的大量因素，因此目前处理这个问题的研究方法极其有限。此前的衡量方法同对网络嵌入密度和强度的处理是一致的，外部嵌入程度更多的是通过联系的紧密程度来衡量的，也就是外部网络嵌入强度。本书选取与上市子公司有长期业务往来的非关联方的长期应付款来衡量外部嵌入性。具体来说就是长期应付款项剔除关联方的长期应付款的余额与总资产比值的对数，此处的关联方包括母公司、上市公司子公司、合营联营公司以及不存在控制关系的关联方。

4. 公司成长性

公司成长性可以用来观察企业在一定时期内的经营能力发展状况，在财务报表中，成长性比率是衡量公司发展速度的重要指标。现有基于中国情境对企业成长性的衡量方式有很多，如资产增长率、净利润增长率、净资产收益率等都曾被用做衡量指标。基于对现有文献的借鉴和研究的综合考虑，我们初步选取以下四个指标表征公司成长性：净资产增长率、总资产增长率、营业收入增长率和税后利润增长率，并在检验过程中采用主因子分析进行筛选整合。

5. 就业压力

就业压力主要是指子公司在来自外部制度环境的压力下，为保证合法性而保持一定的雇员水平，这种雇员水平一般是超出子公司维持当前状态的需求的。White 等（2008）学者在以企业就业水平作为因变量的模型中，使用雇员数量的自然对数来计算子公司的冗余就业水平，同时将销售额的自然对数作为控制变量来进行操作。本书基于横向水平比较的测量方法，使用当年的雇员人数与当年公司总资产比值的自然对数来衡量子公司所要应对的就业压力。

6. 政府对企业所有权的影响

受数据的限制，分析样本集中于最终控制人类型国有的企业集团，通过其国家所有权的控股比重来衡量政府对企业的所有权影响。

7. 管理者的政府工作经历虚拟变量

当公司的董事长或总经理曾经有过在政府部门任职的经历，取值为 1；否则为 0。

8. 集团属性虚拟变量

当集团属于国有控股时，取值为 0；否则为 1。

此外，我们把可能影响到结果的公司规模、资本结构、第一大股东持股比例、公司行业经验、最终控制人性质，以及年度虚拟变量和行业虚拟变量引入模型。

表 5.1 是对模型中采用的变量和代码以及定义情况的归纳。

表 5.1　相关变量说明

变量	简写代码	变量定义
外部创业行为	EIS	新增子公司数量
外部网络嵌入程度	ENE	ln {（长期应付款–关联方长期应付款）/总资产}
内部网络嵌入程度	INE	ln（关联交易总金额/总资产）
公司成长性	CG（GRNA, GRTA, GRI, GROP）	净资产增长率, 总资产增长率, 营业收入增长率, 税后利润增长率
就业压力	EP	ln（雇员人数/总资产）
公司规模	SIZE	ln（总资产）
销售额	SALE	ln（销售额）
资本结构	DTA	债务/资产
最终控制人性质	NUC	0代表国有控股；1代表非国有控股
第一大股东持股比例	STA	第一大股东持有的股份比重
管理者政府背景虚拟变量	MGE	董事长或总经理有政府任职经历，赋值为1；否则为0
公司行业经验	AGE	公司成立至年报数据披露的年限
10 个行业虚拟变量	IND	若属于该类行业，则赋值为1，否则为0
8 个年度虚拟变量	TIME	若属于该年度，则赋值为1，否则为0

5.2.3　回归模型

公司在网络中成长，良好的公司成长性有利于公司的对外拓展，也即能够促进外部创业行为的发生。为分析外部创业行为和子公司在集团外部网络嵌入程度的相关关系，建立模型（5-1a）。

$$\text{ENE} = a_0 + b_1 \cdot \text{EIS} + b_2 \cdot \text{SIZE} + b_3 \cdot \text{DTA} + b_4 \cdot \text{NUC} + b_5 \cdot \text{STA}$$
$$+ b_6 \cdot \text{AGE} + \sum_{i=1}^{10} \alpha_i \cdot \text{IND} + \sum_{i=2003}^{2011} \beta_i \cdot \text{TIME} + \varepsilon \quad (5\text{-}1a)$$

此外，基于企业集团治理和公司创业的研究文献，借鉴已有对企业集团网络和子公司创业行为的研究，同时控制可能影响创业行为和网络状态的其他变量，来分析子公司外部创业行为和其集团内部网络嵌入程度的关系假设，构建模型（5-1b）。

$$INE = a_0 + b_1 \cdot EIS + b_2 \cdot SIZE + b_3 \cdot DTA + b_4 \cdot NUC + b_5 \cdot STA$$
$$+ b_6 \cdot AGE + \sum_{i=1}^{10} \alpha_i \cdot IND + \sum_{i=2003}^{2011} \beta_i \cdot TIME + \varepsilon \tag{5-1b}$$

为分析公司成长性与子公司外部创业行为之间的相关关系，我们选择四个指标代表成长性，分别是净资产增长率、总资产增长率、营业收入增长率和税后利润增长率。公司规模、资本结构、最终控制人性质、第一大股东持股比例等列入因变量，同时加入行业和数据统计年度虚拟变量，构建模型（5-2）。

$$EIS = a_0 + b_1 \cdot GRNA + b_2 \cdot GRTA + b_3 \cdot GRI + b_4 \cdot GROP + b_5 \cdot SIZE$$
$$+ b_6 \cdot DTA + b_7 \cdot NUC + b_8 \cdot STA + b_9 \cdot AGE + \sum_{i=1}^{10} \alpha_1 \cdot IND \tag{5-2}$$
$$+ \sum_{i=2003}^{2011} \beta_1 \cdot TIME + \varepsilon$$

我们还构建了模型（5-3）和模型（5-4）来分别检验就业压力和政府所有权之间的相关关系，以及子公司就业压力和其集团内部网络嵌入程度之间的相关关系。

$$EP = a_0 + b_1 \cdot STA \cdot (1\text{-}NUC) + b_2 \cdot SIZE + b_3 \cdot DTA + b_4 \cdot NUC$$
$$+ b_5 \cdot STA + b_6 \cdot AGE + MEG + \sum_{i=1}^{10} \alpha_i \cdot IND + \sum_{i=2003}^{2011} \beta_i \cdot TIME + \varepsilon \tag{5-3}$$
$$INE = a_0 + b_1 \cdot EP + b_2 \cdot SIZE + b_3 \cdot DTA + b_4 \cdot NUC + b_5 \cdot STA$$
$$+ b_6 \cdot AGE + \sum_{i=1}^{10} \alpha_i \cdot IND + \sum_{i=2003}^{2011} \beta_i \cdot TIME + \varepsilon \tag{5-4}$$

5.2.4　实证过程与结果分析

1. 描述性分析

我们根据样本中最终控制人的类型，检验国有控制样本和非国有控制样本是否存在显著的差异，对样本进行描述性统计（表5.2）。

首先，作为公司创业精神表现形式的外部创业行为在国有控股样本公司和非国有控股样本公司中的均值分别是 3.835 和 4.346，说明非国有控股企业相对于国有控股企业在运用外部机会发展自身的能力方面可能更加积极。但不显著的 T 检验结果表明总体上国有控股样本和非国有控股样本在这方面本质差别不大。

表 5.2　主要变量描述性统计

变量	全样本		国有控股样本		非国有控股样本		T 检验
	均值	标准差	均值	标准差	均值	标准差	
EIS	3.944	6.578	3.835	6.835	4.346	5.536	−0.777

变量	全样本		国有控股样本		非国有控股样本		T 检验
	均值	标准差	均值	标准差	均值	标准差	
INE	0.289	0.162	0.296	0.159	0.165	0.171	1.896
EP	0.367	0.060	0.377	0.586	0.364	0.063	-2.192**
ENE	0.005	0.013	0.005	0.011	0.005	0.163	0.255
GRNA	1.277	0.477	1.264	0.487	1.327	0.437	-1.326
GRTA	0.305	0.504	0.309	0.544	0.290	0.319	0.377
GRI	0.718	6.747	0.829	7.605	0.314	0.378	0.762
GROP	0.703	3.342	0.672	3.606	0.817	2.117	-0.433
DTA	0.523	0.183	0.531	0.182	0.492	0.185	2.137**
SIZE	22.639	0.940	22.685	0.959	22.469	0.850	2.308**
STA	0.454	0.163	0.484	0.156	0.345	0.144	9.073***
AGE	10.770	3.891	11.420	4.130	12.640	3.547	-3.022***
N	594		46		127		

***、**分别表示在 1%、5%的显著水平上显著

注：均值与标准差均保留 3 位小数；N 代表样本数量

其次，国有控股子公司和非国有控股子公司之间的集团内部网络嵌入强度表现出非常明显的差异性，两类样本嵌入强度的均值分别是 0.296 和 0.165，国有样本均值是非国有样本的两倍左右，说明国有控股集团网络相对于非国有集团样本而言内部的结点之间呈现出更强的联结性，母公司的控制程度越高，子公司在集团中的嵌入程度也越高。子公司面临的就业压力在国有控股样本中和非国有控股样本中差异显著，均值分别为 0.377 和 0.364，T 检验值为-2.192 且在 5%水平上显著。由于国有控股集团不仅是中国经济运行中的主体，更是中央政府实现其政治经济目标的重要工具，因此相较于非国有企业会对其施加更大的就业压力。同时，由于其国有性质，国有样本公司对自身合法性的需求更高，也会制定更高的雇员水平政策。

最后，公司规模、资本结构、第一大股东持股比例和行业经验也表现出显著差异，这自然是由我们的样本划分引致的，国有控股子公司和非国有控股子公司本身的确存在这样的差异。中国的国有大企业在能源、电力、稀有资源等领域形成垄断力量，而且金融行业更愿意为国有大企业提供资金支持和金融服务，起初能够在股票交易所上市的企业都是国有企业。此外，中国资本市场的不均衡发展，使国有企业集团的贷款风险总体上要小于非国有企业集团，作为贷款最大来源的银行更倾向于风险较低的国有企业。国有样本在第一大股东持股比例变量上高出非国有样本近 12 个百分点，这有可能是由于国有股票中有相当大的比例是非流通

的，尽管股权分置改革的深化增强了股票的流通性，但国有企业集团母公司并不会放松对子公司有实质影响力的股权份额控制。从行业经验来看，国有企业作为经济改革的先行者，进入市场的时间也较早，也因此具有更为丰富的行业经验。总体上，其他变量在我们的分析样本中并没有表现出显著差异。

2. 相关性分析

对全样本下各个主要变量进行相关性分析的具体相关性统计分析结果见表 5.3。首先，代表公司成长性的指标中净资产增长率、总资产增长率与外部创业行为之间的关系呈正相关，其中前两个指标的 Pearson 系数分别为 0.050 和 0.095，后者在 5% 的水平上显著，另外两个指标营业收入增长率和税后利润增长率的 Pearson 系数分别为 -0.015 和 -0.011 且都不显著。结合表 5.4 中对子公司成长性各因素的主成分提取分析，析出总资产增长率这个因子作为解释公司成长性的主要变量，而忽略其他三个因子对公司成长性的影响。这样可以初步认为公司成长性与创业行为正相关的假设得到支持，但还需要进一步分析。

表 5.3　主要变量的 Pearson 相关系数矩阵

变量	EIS	ENE	INE	EP	GRNA	GRTA	GRI	GROP	DTA	NUC	SIZE	STA	AGE
EIS	1.000												
ENE	0.106***	1.000											
	0.010												
INE	-0.006	-0.117***	1.000										
	0.876	0.004											
EP	0.112***	-0.029	0.168***	1.000									
	0.006	0.475	0.000										
GRNA	0.050	-0.050	-0.076	-0.014	1.000								
	0.225	0.224	0.064	0.739									
GRTA	0.095**	-0.043	-0.028	-0.022	0.823***	1.000							
	0.020	0.291	0.494	0.596	0.000								
GRI	-0.015	-0.026	-0.068	-0.049	0.375***	0.418***	1.000						
	0.712	0.530	0.098	0.229	0.000	0.000							
GROP	-0.011	-0.108***	-0.020	-0.006	0.468***	0.437***	0.614***	1.000					
	0.789	0.009	0.632	0.885	0.000	0.000	0.000						
DTA	0.131***	0.145***	0.001	0.014	0.103**	0.208***	0.108***	0.077	1.000				
	0.001	0.000	0.976	0.730	0.137	0.000	0.008	0.060					
NUC	0.032	-0.010	-0.078	0.090**	0.054	-0.016	-0.031	0.018	-0.087**	1.000			
	0.438	0.799	0.058	0.029	0.186	0.706	0.466	0.665	0.033				
SIZE	0.295***	0.142***	0.026	0.218***	0.097**	0.117***	0.020	0.003	0.430***	-0.094**	1.000		
	0.000	0.000	0.520	0.000	0.018	0.004	0.624	0.950	0.000	0.021			

变量	EIS	ENE	INE	EP	GRNA	GRTA	GRI	GROP	DTA	NUC	SIZE	STA	AGE
STA	−0.285***	−0.018	0.066	−0.121***	−0.074	−0.031	−0.098**	−0.091**	−0.069	−0.349***	0.037	1.000	
	0.000	0.658	0.109	0.003	0.072	0.448	0.017	0.026	0.095	0.000	0.036		
AGE	0.256***	0.080**	0.008	0.176***	0.128***	0.094**	0.041	0.049	0.154***	0.123***	0.298***	−0.424***	1.000
	0.000	0.050	0.846	0.000	0.020	0.022	0.321	0.233	0.000	0.003	0.000	0.000	

***、**分别表示在 1%、5%的显著水平上显著，均为双尾检验

表 5.4　公司成长性各指标的主成分分析

成分	初始特征值			提取平方和载入		
	合计	方差贡献率/%	累积贡献率/%	合计	方差贡献率/%	累积贡献率/%
GRTA	2.575	64.380	64.380			
GRNA	0.866	21.644	86.024	2.575	64.380	64.380
GRI	0.388	9.710	95.734			
GROP	0.171	4.266	100.000			

　　子公司外部创业行为与集团内部网络嵌入强度的 Pearson 系数为−0.006，这与我们的假设一致，但这种相关性并不显著，还有待进一步验证。外部创业行为与集团外部网络嵌入程度的 Pearson 系数为在 1%水平上显著的 0.106，外部创业行为会使子公司在集团外部网络中嵌入程度的假设得到数据的初步支持，但还需深入分析。

　　子公司的就业压力与内部网络嵌入程度和外部网络嵌入程度的相关系数分别为 0.168 和−0.029，其中前者在 1%水平上显著，这与我们所假设的子公司就业压力增加会促使子公司加大内部网络嵌入程度的假设一致，并且外部网络嵌入程度的系数从侧面印证了这种一致性，但还需进一步验证。

3. 回归分析

　　回归过程中，我们对模型中变量的方差膨胀因子(variance inflation factor, VIF)进行了检查，发现它们全部小于 10 这个普遍标准，平均 VIF 为 1.004，多重共线性问题基本不存在。同样，D-W 检验结果表明自变量之间的相关性也在可接受的范围内。回归分析的结果在表 5.5 中进行报告。

表 5.5　模型回归结果

变量	假设符号	模型(5-1a)	模型(5-1b)	模型(5-2)		模型(5-3)	模型(5-4)			
							国有控股样本		非国有控股样本	
		(1)	(2)	(3)	(4)	(5)	(6)	(7)	(8)	(9)
EIS	(1) +　(2) −	0.042 (0.986)	−0.024* (−0.531)							

续表

变量	假设符号	模型(5-1a)(1)	模型(5-1b)(2)	模型(5-2)(3)	模型(5-2)(4)	模型(5-3)(5)	模型(5-4) 国有控股样本(6)	模型(5-4) 国有控股样本(7)	模型(5-4) 非国有控股样本(8)	模型(5-4) 非国有控股样本(9)
GRNA	(3)+			-0.162** (-2.515)						
GRTA (CG)	(3)+ (4)+			0.222*** (3.406)	0.353*** (7.211)					
GRI	(3)+			-0.100** (-2.159)						
GROP	(4)+			-0.003 (-0.059)						
STA	(5)+	-0.081 (-1.603)	0.001 (-0.022)	-0.221*** (-4.507)	-0.204*** (-4.156)	0.326*** (4.260)	-0.151 (-1.111)	0.100 (1.552)	-0.074 (-0.361)	-0.236* (-1.774)
EP	(6.7.8.9)+						0.248** (2.204)	0.262*** (3.140)	0.047 (0.266)	0.218 (1.542)
SIZE		0.026 (0.495)	0.405** (10.033)	0.352*** (7.245)	0.343*** (7.205)	0.350*** (8.579)	0.046 (0.391)	0.010 (0.125)	-0.216 (-0.776)	0.007 (0.033)
DTA		0.073 (1.634)	-0.051 (-1.359)	-0.118*** (-2.634)	-0.102** (-2.292)	-0.044 (-1.200)	0.003 (0.976)	-0.143** (-2.266)	0.651** (2.692)	0.210 (1.335)
NUC		-0.019 (-0.479)	-0.375*** (-4.201)	-0.047 (-1.211)	-0.047 (-1.205)					
AGE		0.143** (-2.077)	-0.132 (-1.805)	0.186*** (2.781)	0.203*** (3.010)	0.302*** (5.382)	-0.107 (-0.639)	-0.293*** (-2.901)	-0.923*** (-3.868)	-0.191 (-0.783)
IND										
TIME										
R^2		0.288	0.189	0.326	0.309	0.520	0.319	0.333	0.770	0.231
Adj.R^2		0.258	0.154	0.294	0.280	0.500	0.209	0.280	0.607	0.175
F		9.584***	5.508***	10.126***	10.597***	25.679***	2.898***	6.305***	4.700***	1.483**
D-W 检验		1.048	0.757	1.388	1.380	0.457	1.729	0.909	1.030	0.630
n		594	594	594	594	467	152	315	37	90

***、**、*分别表示在1%、5%和10%的显著水平上显著

注：括号内为 t 值；n 代表样本数量

　　在表 5.3 Pearson 相关性分析中，公司成长性的四个分指标中仅有一个指标对外部创业行为有显著影响，即总资产增长率，且在 5% 水平上显著。在 Pearson 相关性不显著的三个指标中，净资产增长率与外部创业行为之间的相关系数是正向作用关系，而在模型（5-2）回归中的系数是 -0.162，且在 5% 的水平上显著负相关。这说明净资产增长率指标并不稳定，需要进一步的考察。营业收入增长率的回归系数为 -0.100。税后利润增长率的回归系数为 -0.003 且不显著。利用 SPSS 19.0 对公司成长性的 4 个指标的相关系数进行检验，显示各指标之间有很强的相关性，且 KMO

统计量为 0.649，Bartlett 球形检验的 P 值为 0.000，说明公司成长性的数据适合进行主成分分析，主成分分析结果如表 5.4 所示。对子公司成长性提取出一个主成分即总资产增长率，据此对模型（5-2）进行修正。

重新回归后，表 5.5 中第（4）列数据表明用 GRTA 衡量的公司成长性对外部创业行为的回归系数在 1%水平上显著，与相关性分析一致。公司资本积累对其外部创业行为不具有显著支持，总资产增长对子公司外部创业行为有显著支持作用。其他变量中，公司规模与外部创业行为显著正相关，第一大股东持股比例与外部创业行为显著负相关。这是因为资产规模扩大，会促进企业对外关系多样化，为子公司管理者展现更为宽广的机会领域；企业偿债能力的增强会提高利益相关者对公司的信心，而第一大股东持有的公司股份越多，其控制公司董事会的能力就会越强，子公司的活力和自主性必然受到更多的限制。

模型（5-1a）验证了子公司外部创业行为与其在集团外部网络嵌入程度的相关关系。结合表 5.3 和表 5.5 中数据，子公司外部创业行为和外部网络嵌入的 Pearson 相关系数为 0.106 且在 1%水平上显著，模型（5-1a）中外部创业行为的回归系数则为 0.042，但并不显著，模型的拟合度为 0.288，调整后的 R^2 为 0.258。分析认为最大的可能是我们的模型仍显粗略，且受数据来源限制，用以衡量子公司的外部网络嵌入的变量和数据太少。尤其是在数据搜集过程中，年报中公司关联方的长期应付款项并不总是得以披露，有些上市公司仅给出一个笼统的数值。此外，用长期应付款项作为参数来衡量外部嵌入的可靠性本身就由于该项目的复杂性而降低。

子公司外部创业行为和集团内部网络嵌入程度的相关关系在模型（5-1b）中得以验证，即子公司外部创业行为与集团内部网络嵌入程度是负相关的。结合表 5.3 和表 5.5 的数据分析，表 5.5 第（2）列中，外部创业行为的回归系数是-0.024 且在 10%的显著水平上显著，这与表 5.3 相关性分析中的结果一致。这说明当子公司的开拓外部网络中新市场的创新行为成功并得到母公司认可时，外部创业行为不仅加强了子公司在当地市场的影响，同时也会对集团内部网络产生作用。当子公司管理者把更多的资源应用到外部新机会的识别和利用时，子公司与集团内部网络中其他子公司的联系不再那么紧密，原来较强的联结关系松弛，子公司管理者的关注和子公司资源的转移影响着子公司网络的改变。在其他变量中，最终控制人性质和公司行业经验的回归系数分别是-0.375 和-0.132，且前者在 1%的水平上显著。这表明不同于中国国有上市公司大都是从行政体系蜕变改制而来，非国有上市公司更多是在激烈的市场竞争中脱颖而出的，非国有公司的领导者与国有公司相比在自主权下放和运用上所要顾及的问题更少也更简单，因而嵌入强度较前者更弱。第一大股东持股比例的回归系数是 0.001，符号为正，这在一定程度上说明股权越集中，企业集团网络结点之间的联结越强。外部创业行为与内部网络嵌入程度的负向相关关系得到了回归结果的支持。

模型（5-3）检验了政府对集团所有权的影响与子公司的就业压力正相关。表 5.5 中第（5）列表现了回归结果。STA 回归系数为 0.326，且在 1%水平上显著。

模型（5-4）检验了子公司所面临的来自制度环境的就业压力对子公司在集团内部网络嵌入程度的影响，以及管理者的政府工作经历是否会强化这种影响作用。由于在 Pearson 相关性分析中，是否是国有控股对样本的差异影响显著，因此在模型（5-4）的回归过程中我们区分了国有控股样本和非国有控股样本，并分别加入管理者的政府工作经历虚拟变量，讨论了内部网络嵌入程度所受的影响。在模型（5-4）的回归结果中，第（6）列国有属性且管理者有政府背景的样本中，就业压力对内部网络嵌入程度的影响系数为 0.248 且在 5%水平上显著，第（7）列国有属性但管理者无政府工作经历样本的回归系数为 0.262 且在 1%水平上显著。第（8）、（9）列分别代表非国有样本中有政府背景和无政府背景的回归参数，分别为 0.047 和 0.218，都不显著。这意味着国有样本与非国有样本之间存在显著差异，且国有样本公司的就业压力大于非国有样本，管理者有政府工作经历对这种关系具有强化作用。回归结果也提醒我们注意区分公司所面临的制度环境因其是否归属国有而产生的差别。

5.2.5　创新网络的动态分析

在我们搜集的数据 2003~2011 年的样本区间内，如果进一步地对子公司在样本期间内的内、外部网络嵌入程度变化进行进一步分析，则可以将样本总体的内部网络嵌入程度均值变化划分为三个阶段（图 5.2）。

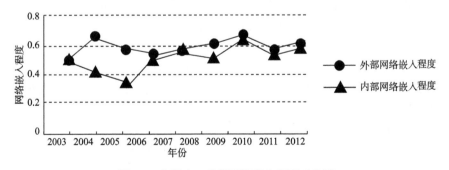

图 5.2　集团内、外部网络嵌入程度对比图

内部网络嵌入程度和外部网络嵌入程度因数据分析方法而导致其指标的数量级不同，为强化对比效果将外部网络嵌入程度值放大 200 倍与内部网络嵌入程度进行比对，这并不会改变外部网络嵌入程度的变化趋势，且更有利于我们更加明显地观察二者对应情况

2003~2005 年阶段，子公司集团内部网络嵌入程度稳步下降，从 0.5 降到 0.3 左右，而在 2006~2009 年阶段，集团内部网络嵌入程度波动幅度较大，从 2005 年的 0.3 跃升到 2007 年的 0.55，之后在 2008 年回落至 0.5。与此同时，样本总体的外部网络嵌入程度值大体呈现相反态势。

这主要是因为 2007 年之前经济形势相对较好，而 2007 年后半年及 2008 年猛然来袭的金融危机让企业面临的经济形势骤然恶化，企业集团内子公司对此做出的反应加强了内部网络嵌入强度。一方面，由于经济整体对金融危机环境的未来前景悲观，国内市场需求的减弱直接导致企业存货的积压、营业费用增加、对外投资减少等。尽管低迷市场环境下也有新机会可以开发和利用，但子公司作为理性个体，会优先采取规避风险措施。另一方面，企业内部管理层对经济形势的预判和态度也决定了企业对风险的应对策略。有调研显示在这一阶段的企业内近九成管理者认为金融危机对企业造成了影响。此时管理者的精力更多的是处理企业内部存在的问题，创业精神会受到抑制，因为开拓创新的创业行为会被集团视为风险和不确定的行为，在企业遭受冲击、资源紧缺状态下是不被鼓励的。

5.3　本章小结

在本章中，我们重点分析了子公司外部创业行为与子公司在集团内、外双重创新网络中的嵌入情况，并对集团内部网络做出细分，且进一步分析了创业行为在子公司成长过程中起的作用，以及子公司所面临的制度压力和其创新行为之间的关系。但研究仍不完善，还存在很多需要深入思考和进一步完善的问题。

首先，采用年报数据对集团子公司的行为和网络状态进行分析是我们研究的一个重要限制。一方面，年报偏重于财务数据的披露，而基于网络视角对子公司创新创业行为的分析需要更为全面的数据和变量来建立模型并验证；另一方面，即使能够采用财务数据来衡量非财务指标，大样本年报却并不能保证数据的完整性，而且即使勉强采用财务数据来衡量一些非财务指标时（如嵌入程度等），实证结果并不充分显著。

其次，在研究过程中我们认识到在子公司的实际运营中，内部创业行为和外部创业行为相互依赖、相互转化，而并非是此消彼长的简单替代关系，但其长期发展趋势还是从以内部创业行为为主向以外部创业行为为主进行转化。本章仅分析了外部创业行为，这还是受限于年报数据对衡量集团内部子公司间的信息、资源交流联结状态披露明显不足，因此我们在本章的大样本检验中忽略了内部创业行为而主要讨论与外部创业行为相关的命题。尽管回归分析的结果并没有全部显著地支持假设，但我们认为在理论上这些假设成立的可能性很高。本书中的研究是一次大胆的尝试，希望能随后续研究的进一步深入辨识出更具有代表性和更严密的变量指标。不可否认，如何获得客观、充分、有效的数据是企业集团研究中的难题，而这种建立在社会网络基础上的研究采取调查问卷和实体访谈的方法才能得到更加充分和多维的数据，我们的后续研究会侧重于这点。此外，此前关于创业行为的研究中，所涉及的资源基础主要被认为是通过子公司管理者的战略而主动积累得到的，但本章的分析和实证研究初步表明，被动积聚的冗余资源并不是消极因素，它也可以成为子公司创新创业行为的推动力和资源基础，也能够为子公司或集团的竞争优势的建立创造条件。这种认识丰富了子公司创业行为理论。

最后，子公司的分类对更深入地研究非常重要，到目前为止我们的研究故意忽略了子公司的分类问题，事实上集团对不同类型的子公司有不同的控制程度和战略定位，并不能一概而论。企业集团子公司的治理机制并非单一的选择，而是要根据子公司的实际角色，协调集团内母子公司以及子公司之间的相互关系。由于不同资源基础和不同性格的子公司在这个过程中的表现也不尽相同，因此有必要基于子公司的不同类型，从母公司视角出发，有针对性地区别分析一系列行之有效的治理机制，实现子公司治理的有效性，对集团资源进行优化配置，从而更好地发挥集团创新网络的整体优势，以保证集团有效且高效的运营。

第四篇

网络的情境化分析

第6章　集团创新网络与外部环境的交互

本章基于开放系统视角，结合网络理论，探索环境不确定性要素在企业集团内部创新网络与子公司创业行为关系中的作用机理。经过理论演绎，主要探索以下问题：①企业集团内部创新网络的多维特征对子公司创业行为是否具有影响？如何影响？②子公司对创新网络的嵌入又是如何影响其创业行为的实行？③环境不确定性在集团内部创新网络与子公司创业行为的关系中是否起到调节效应？其调节机理如何？我们的研究主要有以下贡献：第一，目前关于子公司创业行为的研究主要散见于案例研究，尚未得到经验证据的广泛支持，本书首次通过较大规模的问卷调研对子公司创业行为进行相对严格的实证检验，对实证文献的空缺进行了弥补；第二，在重新整合了集团内部创新网络与外部环境不确定性之间的交互关系后，我们建立了一个包括集团内部创新网络、网络结点（子公司）、网络驱动力（创业行为）和调节因素（外部环境不确定性）的理论模型并进行实证检验，是从网络视角对传统的基于委托-代理理论和结构环境理论的企业集团单一层级控制观的丰富与补充；第三，本章聚焦于集团层面的创新网络促进子公司层面创业行为的内在作用机理，是对集团内部网络"黑箱"状态的探索性开启，也是基于功能视角对集团网络双元效应的证据支持。

6.1　开放视角下的环境要素

6.1.1　开放系统视角：组织与环境

随着大数据、云计算等信息技术的迅猛发展，企业需要处理的信息量愈加庞大，所面临的外部环境日益复杂，作为我国经济发展主体力量的企业集团如何在复杂环境下实现有效创新、提升绩效成为重要研究课题。在集团网络化运营实践中，子公司是企业集团的重要有机构成，由子公司推动实行的创业行为是其创新的重要表现，也是提升企业集团整体竞争优势的关键要素，但其网络化发生机理尚属研究黑箱：集团网络构型如何影响绩效？创业行为在其中起何作用？这些都是子公司网络化治理研究中的核心问题。当前学者已经基于如资源依赖理论、权变理论和制度理论等视角，沿循不同逻辑对生态网络与企业之间的关系进行了解释，指出组织所处的环境决定、支撑并渗透着企业的演化与发展，企业需要对环境进行适应从而生存，在这种系统视阈下，企业与环境的关系是适应、改变与互动。但现有文献大多侧重于创新网络与创新绩效之间的直接影响，且都基于产业生态层面，而并未具体至集团内部。而不同的集团网络构型各异，如何对子公司的主导创新行为施加影响？在作用过程中又有何要素发挥何种效应？现有文献尚缺乏相应的理论探索与实证检验。

6.1.2　环境不确定性与集团创新网络

Dill 指出资本市场、竞争者和供应商等因素对企业实现目标具有重要影响，这些因素即企业的任务环境，而如政府、文化、经济等宏观因素则是企业发展需要面临的一般环境。那些存在于企业边界之外，却又对企业的形成与发展产生影响的要素共同构成了企业的外部环境，开放系统组织理论认为正是这种外部环境的不确定性增大了企业应对风险的能力。当企业管理者因对外部环境要素考虑或了解不足而对环境变化无法预测时，就产生不确定性问题，这对企业的生存发展形成了挑战。而子公司面临的越来越高的外部环境不确定性成为最重要的权变变量，迫使其倾向于追求更加竞争和先动的积极战略，通过创新来保证生存、实现发展（Dörrenbächer and Geppert，2009）。

以往研究主要从技术、顾客、资源和竞争等具体方面的不确定性进行展开，随着研究数据的丰富与研究视角的拓展，学者开始将环境不确定性刻画为多维构念，而非局限于单一维度进行区分。在此基础上，后续研究更强调环境不确定性受到组织主观感知的影响，将其定义为因缺少信息或能力不足而不能对环境进行精准预测。目前研究倾向于将环境不确定性作为调节企业创新绩效的外部因素（李妹和高山行，2014），但缺乏基于不同企业特征的分类研究。尤其对于嵌入集团内部创新网络的子公司，同时受到外部环境和集团网络的双重影响（王世权等，2012）。子公司也对外部环境不确定性具有各异的感知，因此有必要将外部环境不确定性作为集团内部创新网络对创业行为的重要调节变量纳入研究框架。

6.2　集团创新网络与外部环境的交互分析

6.2.1　环境不确定性与集团创新行为

创业行为概念来自跨国公司研究，始于对跨国公司下属企业主动利用或拓展资源来发展其独立事业的行为的关注。Birkinshaw（1997，1998）概括指出创业行为本质化地体现了子公司的创业精神，涵盖从确认新机会到利用、拓展现有能力与资源以回应新机会的创业过程，其中包括对技术、产品等要素的创新。Yamin和 Andersson（2011）将其作为推动提升集团整体竞争优势的重要影响要素，对子公司创业行为进行了研究。

现有关于创业行为的相关研究主要集中在分类学研究和影响要素方面。分类学研究主要是由不同学者基于各自视角，结合具体案例进行不同划分，既有基于全球、当地和内部市场而划分的三分法（Birkinshaw，1997），又有基于权力线或推动者而划定的二分标准（Birkinshaw，1997；Williams，2009），以及结合上述两个维度整合构建的四象限（Birkinshaw et al.，2005）。现有关于创业行为影响因素的研究主要从社会心理、结构、生态和环境四个层面展开分析，如管理者个人特征（Williams，2009；Verbeke and Yuan，2005）、子公司资源能力（Schmid and Schurig，2003）、股权关系（White et al.，2008）、网络关系等对子公司创业行为生成及发展的影响效应（Almeida et al.，2011；Jindra et al.，2009），但大多是基于某单一要素，尚未形成结构化的分析体系。本书聚焦于集团内部网络视角，因此以集团网络为创业行为的分析边界，将其划分为内部创业行为和外部创业行为。

6.2.2　环境不确定性与集团创新网络

Freeman 于 1991 年首次提出了创新网络的概念，认为创新网络是组织应对系统性创新而进行的一种制度安排，其主要联结机制是组织之间的创新合作关系（Freeman，1991）。此后学界对创新网络的研究主要集中于区域、集群层面的创新网络，强调创新中的关系协同效应。Hadjimanolis（1999）将企业协同创新网络本质归纳为基于价值链构成的或垂直或水平的关系网络。Pekkarinen 和 Harmaakorpi（2006）则通过区域创新研究指出，企业创新网络主要是由企业与其他实体进行交互作用所共同构成的正式与非正式的关系总和。

中国学者相对更强调行为主体之间的技术转移和知识交互。例如，解学梅和左蕾蕾（2013）研究了焦点企业创新过程中与其他相关创新行为主体通过技术链和知识链联结形成的长期稳定的协作创新网络。吕一博等（2014）基于知识流动视角，将区域创新网络作为复杂自适应系统对其演化进行分析。这些研究都是从区域经济角度出发，主要基于产业集群层面对产业创新网络或区域创新网络进行分析。集群网络具有自组织特性，可以采用分散结构理论和熵理论分析其形成机理，而且采用现有的网络分析体系可以满足研究需求。但对于企业集团而言，其内部创新网络的构成一方面具有自组织特性，一方面又有母公司推动的作用，因此对集团内部的创新网络需要进一步地细化分析。

6.2.3　创业行为与集团创新网络

本书以组织创新网络为逻辑起点，逐步从协同创新网络进一步聚焦到集团内部创新网络，主要关注集团层面，以集团的正式结构作为内部创新网络边界，以子公司嵌入的集团创新网络作为内部创新网络基核，该网络具有非线性的创新过程和网络化的创新主体结构。由此，我们将集团内部创新网络定义为由母子公司及子公司之间由信息、资源、能力的交流及关联交易的达成而形成的创新网络，同时具有正式的层级结构（如母公司控股）和非正式的网状关联的二重属性。

为更清晰地理解集团内部创新网络，本书使用网络构型[①]来对其进行刻画。此前的研究采用网络位置、网络关系和网络结构三个维度对网络构型进行解析（黄海昕，2010），但集团内部创新网络是由网络中所有结点共同构成的（Keupp et al.，2011），而网络位置如结构洞（Burt，1992），其本质是某网络结点占据的网络地位，并不能很好地度量整体网络，因此本书将网络位置维度剔除并更换为网络的多元化程度，即由网络结构、网络关系和网络异质性三个维度整合为集团内部创新网络构型。

本书主要用网络规模衡量网络结构维度，一方面网络规模可代表结点数量；另一方面当将网络中联结均质化处理后，网络规模还可在某种程度上衡量网络密度。集团内部创新网络的规模越大，意味着被包纳进关系网络的结点企业越多，相应可以为焦点子公司提供的关联关系越多，有助于子公司从网络中获取信息和资源，并能够通过集团内部相对友好的交易关系实行创新创业行为。网络中较高的关系网络强度是结点间关联程度的表现，结点企业间能够形成更强的信任并因此降低交易成本，可以促进企业的创新创业行为。当创新已经演变为一种网络过程之后，网络结点间的异质性越强，能够提供的强信息就越多，也为子公司实行

---

① 构型（configuration）是分子化学专业名词，是对分子中通过化学键形成的空间特定排列形式的定义，现已引申到计算机领域和组织理论领域，在组织研究中主要用网络构型（network configuration）来刻画网络形态。

创业行为提供了更为多样的信息和资源支持。因此，研究提出假设 H_{6-1} 系列如下。

假设 H_{6-1a}：集团创新网络的规模越大，子公司创业行为越强；

假设 H_{6-1b}：集团创新网络的强度越高，子公司创业行为越强；

假设 H_{6-1c}：集团创新网络的多元化程度越高，子公司创业行为越强。

6.2.4　网络嵌入与创新行为

现有聚焦网络与创新关系的研究主要集中于两方面：一是网络结构（包括结点、结点间联系以及网络整体）与结点创新；二是网络治理机制（网络形成、维护机制以及网络互动、整合机制）与协作创新。基于系统视角，网络结构与网络治理机制都是创新网络的有机组成部分，网络结构为结点创新提供信息、资源与能力的支持，网络治理机制为结点创新提供激励（或约束）并保障网络整体优势，治理机制是否有效则取决于结点对网络的嵌入状态。因此除集团创新内部网络构型外，子公司实行创新创业行为还与其对集团创新网络的嵌入程度有关。

子公司对集团内部创新网络嵌入程度越高，越有可能占据结构洞。子公司强化嵌入的过程伴随着创新积累，并因此提升相关能力。当子公司加大对集团内部创新网络嵌入时，可以得到更为多样的交易机会和更为丰富的信息来源，为创业行为提供资源基础、能力保障和发展机会，会促进子公司积极实行主导创新行为。如前所述，集团内部创新网络具有科层和网络的二元性，子公司的行为也同时受到双重影响。一方面，当子公司对集团创新网络的嵌入程度提高，子公司越可能在内部友好的关系网络中寻找机会。由于集团网络为其提供了屏蔽外部环境波动的保护以及相应的集团背景支持，子公司也会主动地寻求集团外部的创新机会，通过与集团外部的联系形成自身特有资源，从而进一步提升其集团网络地位。另一方面，网络同时具有利益支持与弹性限制的双重效应（武立东和黄海昕，2010），随着子公司在集团内部创新网络嵌入程度的提高，集团网络为其提供的利益支持的边际效应降低，弹性限制效应提升，子公司更加倾向于在集团外部寻求联结，以扩展关系网络来稀释限制效应。因此，研究提出假设 H_{6-2} 系列如下。

假设 H_{6-2a}：子公司对集团创新网络的嵌入程度越高，内部创业行为越强；

假设 H_{6-2b}：子公司对集团创新网络的嵌入程度越高，外部创业行为越强；

假设 H_{6-2c}：子公司对集团创新网络的嵌入程度越高，创业行为外部化程度越高。

6.2.5　环境的调节效用

环境是组织生存和发展的基础条件，对环境不确定性提升的感知会促使组织变革以适应环境（Freel，2005）。已有研究是将环境不确定性作为子公司实施创业行为的直接影响要素进行分析，这种框架考虑到了子公司行为与环境之间的相关关系。但子公司的战略与行为是同时受到集团内部创新网络与经过网络过滤的外部环境共同影响的，即环境要素并不直接影响子公司行为，而是通过集团（母公司）这个缓冲器对子公司的策略行为产生作用。

本书从"稳定–不稳定"和"简单–复杂"维度综合考虑了环境不确定性。基于政治过程的考虑，集团层面通常会倾向于加强对子公司的管控，以科层代替网络，如促进集团内部关联交易、安排计划性定点交易等，这都在一定程度上提升了网络规模与网络强度。同时，集团会吸收更多元的成员公司来降低交易成本或获取政府的扶持政策，这也提升了集团内部创新网络的多元化程度，这些网络构型上的改变都提升了集团内部创新网络的信息和资源含量。当环境不确定性较高时，集团为应对现场决策的需求，会弱化管控、鼓励自主，这些都为子公司实行创业行为提供支持，推动子公司创业行为的实施。此外，子公司面临外部不确定的环境时将倾向于采取保守行为以适应环境变化，并因此加强对集团内部网络的嵌入，更愿意利用现有资源在现有产品、技术或服务的基础上进行渐进式创新。这种创新对外部新信息和资源的需求较少，而相对与集团内部网络的联系较为紧密。同时在集团内部子公司更可能获得相对可靠的交易者以降低交易风险，积极实行内部创业行为。因此，研究提出假设 H_{6-3} 系列如下。

假设 H_{6-3a}：环境不确定性对集团创新网络构型与子公司创业行为之间的关系具有正向调节效应；

假设 H_{6-3b}：环境不确定性对子公司创新网络嵌入程度与创业行为之间的关系具有正向调节效应。

综上，本章构建的理论关系模型如图 6.1 所示。

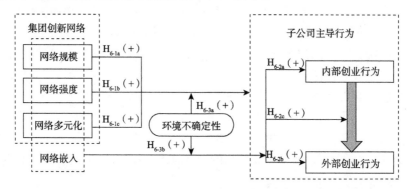

图 6.1　研究的理论模型

6.3　实　证　检　验

6.3.1　样本选择与数据搜集

本章以隶属于企业集团的子公司为研究对象,以"国资委央企名录(国资委)"、"各省(自治区、直辖市)国资委企业名录(地方国资委)"和"全国民营大型企业集团名录(2010)"为样本集[1],经过初步筛选和专家讨论选取 500 家具有强大而复杂的内部关系网络,其具体表现为以创新驱动型为主的企业集团。同时,综合考虑数据可得性、受访者友好度、子公司代表性、样本行业分布和样本区域分布等因素后,进行子公司样本选取,调研对象主要为子公司高管。

问卷设计主要参考国内外相关文献和已有成熟量表,根据本书内容进行相应调整。在大规模调研之前,我们在 2014 年 6 月选择了 15 名 MBA(master of business administration, 即工商管理硕士)学员进行预调研,并根据反馈意见对问卷进行了修正(这些预调研不包含最终问卷)。问卷的最终发放和搜集形式主要采用当场发放并回收(如针对 MBA 学员)的方式进行,并辅以 E-mail(根据企业 E-mail 地址发送电子版问卷,邀请企业高管填写并发回)、电话采访(此前有一定联系,在电话中对问卷量表进行选择)和纸质邮寄(邮寄纸质问卷并请填写寄回)的方式加以补充。问卷发放从 2014 年 8 月开始,截至 2016 年 3 月,共发放问卷 1 000份,回收问卷 554 份,通过对问卷的整理,剔除问题回答不完整或明显存在无效回答的问卷,最后回收有效问卷 236 份,有效回收率为 23.6%。本章数据分析主要使用 SPSS 20.0 统计软件完成。表 6.1 为问卷回收统计情况。

表 6.1　问卷回收情况统计

调查形式	问卷发放/份	问卷回收/份	有效问卷/份	有效回收率/%
E-mail	200	76	17	8.5
电话采访	100	55	32	32.0
纸质邮寄	100	27	18	18.0

---

① "国资委央企名录(国资委)"采集自国资委网站的央企名录,"各省(自治区、直辖市)国资委企业名录(地方国资委)"采自各省(自治区、直辖市)国资委网站和相关报告,"全国民营大型企业集团名录(2010)"来自机械工业出版社 2010 年出版的《全国民营大型企业集团名录》,样本库目录确定时间为 2012 年 12 月。由于本书聚焦于持有一定资源和能力的子公司实行的主导行为与集团网络的相关性,而非基于时间序列关系,并不限定数据的即时性,因此认为样本库目录的时效是可以接受的。

调查形式	问卷发放/份	问卷回收/份	有效问卷/份	有效回收率/%
当场发放并回收	600	396	169	28.2
合计	1 000	554	236	23.6

6.3.2 变量来源与测度

具体变量描述与来源详见表 6.2。

表 6.2 研究变量设计

变量		指标描述	文献来源
自变量	集团创新网络规模（BNR）	集团所辖子公司数量 集团主营业务相关子公司数量 ln（集团总资产）	武立东等（2014）
	集团创新网络强度（BNS）	子公司间有长期合作 子公司间资源共享频繁 子公司间信息交流频繁	Eisingerich 等（2010）
	集团创新网络多元性（BND）	子公司间规模差异大 子公司间行业差异大 子公司间区域差异大	Williams（2009）
	子公司嵌入程度（SNE）	与其他子公司有长期合作 与其他子公司资源共享频繁 与其他子公司信息交流频繁 与母公司交流频繁	Birkinshaw（1997）、Birkinshaw 等（1998，2005）、Christoph 和 Mike（2009）、武立东等（2014）
因变量	子公司创业行为（SI）	SI1 在集团相关销售活动上主动自主创新或决策 SI2 在集团相关生产活动上主动自主创新或决策 SI3 在集团相关研发活动上主动自主创新或决策 SI4 在集团相关财务活动上主动自主创新或决策 SI5 在集团相关人事活动上主动自主创新或决策 SI7 在集团相关战略规划上主动自主创新或决策 SI8~SI14 集团外部相关自主创新或决策	Williams（2009）、Birkinshaw 等（1998，2005）、黄海昕和王凯（2014） Williams（2009）、Birkinshaw 等（1998，2005）、黄海昕和王凯（2014）
调节变量	环境不确定性（EU）	EU1 竞争者和竞争活动不确定性大 EU2 零售商、批发商和最终消费者不确定性大 EU3 劳动力和原材料的来源不确定性大 EU4 新技术、创新和研究工作不确定性大 EU5 政府层面的规章制度和政策不确定性大 EU6 市场和经济波动大 EU7 社会价值观、职业伦理和人口情况波动大	Tan 和 Litschert（1994）、Bastian 和 Muchlish（2012）

续表

变量		指标描述	文献来源
控制 变量	子公司规模 （SIZE）	ln（子公司总资产）	Keunkwan 和 Jihye（2011） 基础定义
	子公司年龄 （AGE）	子公司成立至今的年限	
	集团持股比例 （STA）	集团持有的股份比重	
	最终控制人性质 （NUC）	国有控股取值为 1；非国有控股取值为 0	

集团创新内部网络构型的变量测度主要是借鉴武立东等（2014）的研究，并结合集团内部创新网络特性，从网络规模、网络强度和网络多元化三个维度来度量集团创新内部网络的结构特征。在变量的具体测度中，主要运用 Likert 5 点量表，其中网络规模、网络强度和网络多元性都被分为五个等级（1~5），并使用三个区分度较高的指标进行测度。子公司网络嵌入程度的变量测度主要根据 Birkinshaw（1997，1998）的研究，用子公司间合作、信息交流、资源共享和母子公司交流四个层面的维度进行测量。子公司创业行为的变量测量主要基于 Birkinshaw（1998）、Williams（2009）、黄海昕和王凯（2014）的研究，描述为"子公司主动寻找新机会并行动"，运用 Likert 5 点量表对创业行为进行测量，并进一步划分为内部创业行为与外部创业行为。

关于环境不确定性，主要借鉴 Tan 和 Litschert（1994）、Bastian 和 Muchlish（2012）的研究，基于 Likert 5 点量表从竞争者、消费者、供应商、技术、制度、市场和社会七个层面综合测量了环境不确定性。此外，研究还设置了子公司规模、年龄、行业、集团持股比例和最终控制人性质作为控制变量。

6.3.3　问卷信度与效度分析

测验工具得到结果的一致性或稳定性即为信度，量表信度越大，所测量的标准误差越小。本章采用 Cronbach'α 系数对问卷信度进行检验，以 0.70 为标准值，若 Cronbach'α 系数大于 0.70，则表明问卷具有较高信度。经过检验，本书各子量表的 Cronbach'α 系数均大于 0.70，且问卷总的内部一致性系数为 0.913，表明问卷整体具有较高信度。

问卷的效度是衡量问卷是否能够准确测量变量的程度。本书通过 KMO 检验（>0.70）和 Bartlett 球形检验对量表进行效度检查，检验结果发现 KMO 值为 0.925（>0.70），累计因素解释量大部分大于 0.70，表明量表构建效度较好。信度和效度检验结果如表 6.3 所示。

表 6.3　信度和效度检验结果

构念	变量	α信度系数		KMO 值		因素解释量/%
集团创新网络构型	创新网络规模	0.812		0.725		76.402
	创新网络强度	0.820		0.839		69.151
	创新网络多元性	0.881	0.913	0.701	0.925	68.937
子公司创业行为		0.875		0.888		72.593
环境不确定性		0.796		0.806		71.922

6.3.4　样本描述性统计

研究首先对有效问卷的样本来源和地区人均 GDP 的分布进行了比对（图 6.2），并对样本来源地区、受访者教育程度、受访者职位、受访者工作年限、样本年龄、规模、资产额、股权性质等特征进行统计（表 6.4）。总体样本的覆盖性和代表性较好。

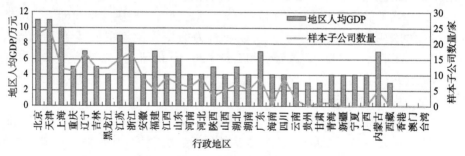

图 6.2　样本子公司所处行政地区分布统计

GDP 取值为 2013~2015 年三年的均值，经四舍五入整数化处理，单位为万元

资料来源：统计自问卷数据及相关政府报告

表 6.4　研究样本特征

分类	样本特征	样本数量	百分比/%	分类	样本特征	样本数量	百分比/%
样本地区[1)]	经济最发达地区	35	14.8	样本成立年限	3 年以下	13	5.5
	经济发达地区	57	24.2		3~5 年	29	12.3
	经济中等发达地区	144	61.0		6~10 年	159	67.4
	经济欠发达地区	0	0.0		10 年以上	35	14.8
受访者教育程度	硕士及以上	186	78.8	样本规模	50 人以下	48	20.3
	本科	44	18.7		50~300 人	91	38.6
	专科及以下	6	2.5		300 人以上	97	41.1

续表

分类	样本特征	样本数量	百分比/%	分类	样本特征	样本数量	百分比/%
受访者工作年限	3 年以下	2	0.8	样本资产额	1 000 万元以下	55	23.3
	3~5 年	37	15.7		1 000 万~5 000 万元	122	51.7
	6~10 年	55	23.3		5 000 万元以上	59	25.0
	10 年以上	142	60.2				
受访者职位 [2]	高层管理者	218	92.4	样本性质	国有	134	56.8
	中层管理者	18	7.6		非国有	102	43.2

　　1）根据谢金生和卢永昌（2011）的聚类分析结果，将我国 31 个省（自治区、直辖市）（暂未包括台湾、香港、澳门的相关数据）划分为经济最发达地区（北京、上海）；经济发达地区（天津、江苏、浙江）；经济中等发达地区（河北、山西、内蒙古、辽宁、吉林、黑龙江、安徽、福建、江西、山东、河南、湖北、湖南、广东、广西、重庆、四川、云南、陕西、甘肃、青海、宁夏、新疆）以及经济欠发达地区（海南、贵州、西藏）

　　2）本书主要聚焦于子公司战略与行为，因此在选择受访者时放弃了对基层管理人员的访问。调研涉及的高层管理人员包括董事长、董秘、董事、总经理、经理、财务总监；中层管理人员包括各级部门经理、各部门主管

　　注：有效样本量为 236 个

6.3.5　探索性因子分析

　　首先对集团内部创新网络结构、子公司网络嵌入程度、子公司创业行为和环境不确定性进行探索性因子分析，分别见表 6.5 和表 6.6。检验发现，各要素的 Bartlett 球形检验的 P 值均小于 0.001，说明各因子的相关系数矩阵不是单位矩阵，可以进一步做因子分析。将四个构念分别进行探索性因子分析的结果表明各构念相应变量的共同度均大于 0.6，即所提取因子能够反映原变量 60%及以上信息，因子分析效果较好。

表 6.5　正交旋转后因子载荷矩阵

集团创新网络构型因子载荷矩阵				创业行为因子载荷矩阵				环境不确定性因子载荷矩阵				子公司网络嵌入因子载荷矩阵		
指标	网络规模	网络强度	网络多元性	共同度	指标	内部主导行为	外部主导行为	共同度	指标	交易环境不确定性	制度环境不确定性	共同度	指标	网络嵌入程度	共同度
BNR1	0.837			0.512	SI1	0.841		0.730	E1	0.739		0.755	SNE1	0.674	0.513
BNR2	0.725			0.623	SI2	0.775		0.740	E2	0.823		0.682	SNE2	0.732	0.522
BNR3	0.516			0.518	SI3	0.533		0.714	E3	0.616		0.513	SNE3	0.511	0.671
BNS1		0.710		0.749	SI4	0.612		0.704	E4	0.521		0.617	SNE4	0.709	0.740

续表

集团创新网络构型因子载荷矩阵				创业行为因子载荷矩阵				环境不确定性因子载荷矩阵				子公司网络嵌入因子载荷矩阵	
指标	网络规模	网络强度	网络多元性	共同度	指标	内部主导行为	外部主导行为	共同度	指标	交易环境不确定性	制度环境不确定性	共同度	指标	网络嵌入程度	共同度
BNS2	0.734			0.615	SI5	0.627		0.554	E5		0.797	0.672		
BNS3	0.651			0.658	SI6	0.515		0.681	E6	0.693		0.722		
BND1			0.772	0.633	SI7	0.303		0.327	E7		0.824	0.748		
BND2			0.695	0.721	SI8		0.691	0.732						
BND3			0.644	0.714	SI9		0.925	0.529						
					SI10		0.596	0.654						
					SI11		0.862	0.697						
					SI12		0.821	0.808						
					SI13		0.333	0.432						
					SI14		0.509	0.691						

表 6.6　探索性因子分析

变量	成分	初始因子			提取因子			旋转后的提取因子			参数
		总数	方差贡献率/%	累积贡献率/%	总数	方差贡献率/%	累积贡献率/%	总数	方差贡献率/%	累积贡献率/%	
BGN	1	4.574	50.823	50.823	4.574	50.823	50.823	2.726	29.025	29.025	KMO=0.828; Bartlett's χ^2=1092.015; df=19; sig.=0.000
	2	1.816	20.179	71.002	1.816	20.179	71.002	2.424	27.973	56.998	
	3	1.152	12.804	83.806	1.152	12.804	83.806	2.392	26.808	83.806	
	4	0.488	5.430	89.236							
	5	0.388	4.315	93.551							
	6	0.309	3.434	96.985							
	7	0.105	1.172	98.157							
	8	0.100	1.112	99.269							
	9	0.065	0.731	100.000							
SE	1	7.284	80.933	80.933	7.284	80.933	80.933				KMO=0.727; Bartlett's χ^2=255.709; df=11; sig.=0.000
	2	1.082	12.025	92.958							
	3	0.518	5.761	98.719							
	4	0.115	1.281	100.000							

续表

变量	成分	初始因子			提取因子			旋转后的提取因子			参数
		总数	方差贡献率/%	累积贡献率/%	总数	方差贡献率/%	累积贡献率/%	总数	方差贡献率/%	累积贡献率/%	
SI	1	4.850	53.887	53.887	4.850	53.887	53.887	3.745	41.612	41.612	
	2	2.507	27.861	81.748	2.507	27.861	81.748	3.612	40.136	81.748	
	3	0.461	5.117	86.865							
	4	0.272	3.024	89.889							
	5	0.212	2.356	92.245							
	6	0.160	1.781	94.026							KMO=0.802;
	7	0.113	1.252	95.278							Bartlett's χ^2=690.304;
	8	0.090	1.001	96.279							df=7;
	9	0.075	0.837	97.116							sig.=0.000
	10	0.064	0.713	97.829							
	11	0.057	0.631	98.460							
	12	0.049	0.552	99.012							
	13	0.046	0.509	99.521							
	14	0.043	0.479	100.000							
EU	1	5.431	60.339	60.339	5.431	60.339	60.339	3.832	42.577	60.339	
	2	2.085	23.163	83.502	2.085	23.163	83.502	3.683	40.925	83.502	KMO=0.799;
	3	0.485	5.384	88.886							Bartlett's χ^2=565.846;
	4	0.377	4.192	93.078							df=17;
	5	0.282	3.135	96.213							sig.=0.000
	6	0.195	2.161	98.374							
	7	0.146	1.626	100.000							

其中，通过正交因子旋转，集团创新网络构型可以提取三个因子，对变量的累积解释量达到 83.806%，并因此得到网络规模、网络强度和网络多元性三个因子；子公司网络嵌入程度可以提取一个因子，对变量的累积解释量为 80.933%；子公司创业行为可以提取两个因子，即内部创业行为和外部创业行为，其对变量

的累积解释量为 81.748%；对环境不确定性变量可得到交易环境不确定性和制度环境不确定性两个因子，其对变量的累积解释量为 83.502%。下面，我们将对创业行为区分为内、外部创业行为两个因子直接操作，在检验过程中不再考虑原始变量；对于环境不确定性变量，基于探索性因子分析所得到的权重系数对其做整合处理，具体计算公式为 EU = 42.577 × TEU + 40.925 × IEU。

6.3.6　相关性分析

研究使用 Pearson 相关系数检验两个连续变量之间的相关程度，Pearson 相关性分析统计结果见表 6.7。检验结果表明，集团内部创新网络规模和网络多元化都与子公司内部创业行为呈显著正相关关系，网络规模与外部创业行为呈显著正相关关系，网络强度与外部创业行为呈显著负相关关系。子公司对集团内部创新网络的嵌入程度与子公司内部创业行为呈显著正相关关系，与外部创业行为相关系数为正但不显著。

表 6.7　全样本主要变量 Pearson 相关系数矩阵

变量	均值	标准差	BNR	BNS	BND	SNE	ISI	ESI	EU
BNR	3.274	1.457	1.000						
BNS	2.900	0.448	0.080 （0.246）	1.000					
BND	3.520	2.117	0.279 （0.657）	-0.229^{**} （0.007）	1.000				
SNE	3.697	3.601	0.093^{*} （0.061）	0.089^{*} （0.092）	0.002^{*} （0.046）	1.000			
ISI	2.909	0.338	0.079^{*} （0.058）	0.055 （0.751）	0.073^{**} （0.017）	0.503^{**} （0.008）	1.000		
ESI	3.125	1.593	0.183^{**} （0.008）	-0.038^{*} （0.072）	0.037 （0.233）	0.023 （0.358）	0.801^{*} （0.029）	1.000	
EU	6.053	2.045	0.338^{*} （0.050）	0.031^{**} （0.041）	0.025 （0.498）	-0.355^{**} （0.000）	0.083 （0.147）	0.393^{***} （0.000）	1.000

***、**、*分别表示在 1%、5% 和 10% 的显著水平上显著，均为双尾检验

6.3.7　回归分析

通过对 VIF 膨胀系数的计算，所有的 VIF 值均小于 10，说明多重共线性问题较小，同时研究在回归前对变量数据进行中心化处理，进一步降低多重共线性问题。研究对调节作用的检验使用 MMR 方法，分别以内部创业行为（ISI）和外部创业行为（ESI）为因变量，通过构造乘积项，按照控制变量（回归 1）、自变量（回归 2）、调节变量回归 3、交叉乘积项（回归 4）和参数（回归 5）的顺序将变量先后叠加选择进入模型对假设进行回归检验。结果如表 6.8 所示。

表 6.8　基于调节效应的多元回归分析

因变量	要素	变量	回归 1	回归 2	回归 3	回归 4	回归 5	
							国有样本	非国有样本
	控制变量	SIZE	−0.030	−0.053	−0.055	−0.039	0.145	−0.187
		AGE	0.372**	0.364**	0.325**	−0.313**	0.256*	0.337*
		STA	0.290	0.331	0.333	0.157	0.183	0.166
	自变量	BNR		0.208**	0.287*	0.421*	0.362	0.335*
		BNS		0.042	0.052	0.012	0.216*	−0.579
		BND		0.057*	0.114*	0.153*	0.122*	0.113
		SNE		0.031**	0.198*	0.291*	0.037	0.353*
	调节变量	EU			0.357*	0.447*	0.546	0.237*
	一次乘积项	BNR × EU			−0.328			
ISI		BNS × EU			0.139			
		BND × EU			0.262*			
		SNE × EU			−0.838			
	二次乘积项	BNR × EU^2				0.288**	−0.225	0.172*
		BNS × EU^2				0.110	0.137	0.083
		BND × EU^2				0.175*	0.061	0.191*
		SNE × EU^2				0.032*	0.235*	−0.005
	参数	R^2	0.008	0.539	0.616	0.701	0.693	0.825
		F	7.592***	14.385***	4.032***	24.495***	17.660***	19.217***
	控制变量	SIZE	0.590	−0.131	−0.390	−0.027	0.261	−0.255
		AGE	0.766	0.136*	0.142**	0.501**	0.313	0.298*
		STA	0.290	0.205	0.312	0.264	0.207	0.428
	自变量	BNR		0.239**	0.235**	0.428**	0.134*	0.487*
		BNS		0.053*	0.136**	0.251*	0.116	0.076
ESI		BND		0.117*	0.089	0.284*	0.245*	0.148
		SNE		0.343**	0.225*	0.356*	0.307**	0.173*
	调节变量	EU			−0.258*	−0.473*	0.196**	0.005*
	一次乘积项	BNR × EU			0.284			
		BNS × EU			0.273*			
		BND × EU			−0.311			

续表

因变量	要素	变量	回归1	回归2	回归3	回归4	回归5	
							国有样本	非国有样本
	一次乘积项	SNE×EU			0.157			
	二次乘积项	BNR×EU²				−0.193*	−0.195*	−0.177*
		BNS×EU²				−0.099**	0.236	−0.074
ESI	参数	BND×EU²				−0.512	−0.638**	0.056
		SNE×EU²				−0.136*	−0.221*	−0.011*
		R^2	0.012	0.677	0.653	0.799	0.714	0.831
		F	9.002***	25.594***	7.266***	15.217***	19.328***	22.973***
	样本量	n	236	236	236	236	134	102

***、**、*分别表示在1%、5%和10%的显著水平上显著

注：除 SNE 对 ISI 的 VIF 值（3.739）之外，所有的 VIF 值都为1~3（即均小于10）

6.3.8　结果分析

1. 集团内部创新网络构型对子公司创业行为的影响

综合表6.8中数据，集团内部网络规模和多元性与内部创业行为回归系数显著为正，支持假设1a和假设1c；但网络强度对子公司内部创业行为的积极作用没有得到实证支持；网络规模、网络强度和网络多元化与外部创业行为的相关系数都显著为正，支持了假设1a、假设1b和假设1c。实证结果与理论分析一致，即集团内部网络结点越多、多元化程度越高，子公司越有可能在集团内部发现创新机会，并在集团内部以较低成本联结到相匹配的结点子公司，进而实行内部创新主导活动。但集团网络的关系强度可能在某种程度上是对子公司内部创新活动的束缚，由于集团联结关系的固有存在，可能内部创业行为反而不需要更为有力（从另一方面而言即束缚更强）的联结。相反的，外部创业行为更需要集团背景作为向外拓展的支持，因而网络结点、关系强度和多元性都对外部创业行为具有积极的影响。

2. 子公司在集团创新网络的嵌入程度对创业行为的影响

回归结果中，网络嵌入程度与内部创业行为的相关系数显著为正，网络嵌入程度与外部创业行为的系数也显著为正，假设2a和假设2b都得到支持。联系此前对网络构型与创业行为的分析，再次验证了子公司内部创业行为对集团网络的依赖，以及外部创业行为对集团背景需求的分析。

3. 环境不确定性的调节效应分析

为检验环境不确定性的调节效应，进一步引入调节变量与交叉乘积项（表 6.8 中回归 3）。回归结果表明，环境不确定性与内部创业行为显著正相关，而一次交叉乘积项中大部分系数不显著，只有网络多元性与环境不确定性的乘积系数显著为负，与理论假设存在较大差距。环境不确定性与外部创业行为的相关系数显著为正，交叉乘积项的大部分系数不显著，同样与理论假设差距较大。

因此考虑环境不确定性所引起的调节效应是否为非线性关系，对调节变量进行二次乘积项检验（表 6.8 中回归 4）。环境不确定性对内部创业行为和外部创业行为的回归系数均显著为正，网络规模与网络嵌入程度的二次乘积项对内部创业行为的回归系数显著为正，网络规模、网络多元化和网络嵌入程度的二次项乘积与外部创业行为相关系数显著为负。综合考虑实证检验系数，环境不确定性对网络规模及网络嵌入对内部创业行为影响均为正 U 形调节效应，即当环境不确定性较低时，会弱化网络规模和网络嵌入对内部创业行为的影响，不确定性高时则会起到强化作用；对网络规模、网络强度及网络嵌入对外部创业行为的影响均为倒 U 形调节效应，即当不确定性较低时，会强化网络规模、强度及嵌入度对外部创业行为的影响，不确定性高时则弱化。

环境不确定性基于不同创业行为类型而表现出不同的调节效应，主要是当外部环境不确定性低时，子公司从集团网络与外部交易环境中获得的信息、资源、机会和交易成本相差不大，集团内部网络提供的可交易对象与子公司对网络的嵌入程度并未给子公司实行内部创业行为提供更多优势资源，因而弱化子公司实行内部创业行为的动机，促进子公司通过外部创业行为转向集团外部获取更为丰富的资源，即强化子公司实行外部创业行为。此时子公司与集团网络之间联结较弱，集团网络提供的主要为利益支持效应。而当环境不确定性较高时，对集团网络嵌入度较高的子公司的优势凸显，受到集团内部网络的缓冲保护作用，促进实行集团内部创业行为，弱化与外部不确定性高的环境的联结。

6.3.9　稳健性检验

变量的内生性是回归过程中需要克服的重要问题。在本书中，网络嵌入程度影响着子公司创业行为，反过来创业行为的实行也可能会影响到嵌入程度，造成内生性问题。因此选择工具变量对模型进行二阶段回归估计，以子公司研发投入的自然对数作为创业行为的工具变量，以集团子公司数量的自然对数作为网络嵌入的工具变量。基于二阶段回归的回归分析结果表明上述结论没有发生本质改变。

6.3.10　进一步的讨论

研究基于样本子公司的最终控制人类型（国有/非国有）进一步做分类检验。综合表 6.8 中回归 5 的数据可见，对于国有样本而言，网络强度与网络多元性与内部创业行为的相关系数显著为正，网络嵌入程度的二次项乘积系数显著为正；网络规模、网络多元性及网络嵌入度与外部创业行为相关系数显著为正，网络规模、网络多元性与网络嵌入程度的二次乘积回归系数显著为负。对于非国有样本而言，网络规模与网络嵌入程度与内部创业行为的相关系数显著为正，网络规模和网络多元化二次项乘积系数显著为正；网络规模、网络嵌入与外部创业行为相关系数显著为正，网络规模与网络嵌入程度的二次乘积回归系数显著为负。

这表明对于国有企业和非国有企业而言，政府的国有企业市场化改革初见成效，因而并非如此前想象的国有企业对环境不确定性的感知度不高，而是与非国有企业具有相似感知。另外也可能存在我国经济转型期的环境不确定性过高，因而即使存在政府对国有企业的保护，仍无法屏蔽高度波动的环境对企业行为的影响，因而环境的不确定性对国有/非国有企业具有类似的调节作用。

另外，我们还注意到，无论是内部创业行为还是外部创业行为层面的回归，相对于非国有企业而言，国有企业对网络规模和网络嵌入程度对子公司行为的影响更为敏感。这可能是因为我国企业集团的形成路径多样，其中国有性质集团多为行政改制或兼并重组，而民营集团更多为自然成长，因此可能在集团内部形成不同的网络构型。国有集团内部创新网络的规模与集团资源能力水平是高度相关的，子公司在集团内部创新网络中的强关系（如行政命令）也更多，因此相对非国有集团而言，其相关关系更为显著，这也与现实契合。

6.4　本 章 小 结

本章的结果表明：首先，企业集团内部创新网络构型中的网络规模、网络强度和网络多元化三个维度与子公司创业行为之间存在显著的正相关关系，其中规模和多元化程度与内部创业行为显著正相关，规模、强度和多元化程度与外部创业行为显著正相关。其次，子公司对企业集团内部创新网络的嵌入程度对子公司内、外部创业行为都显著正相关。最后，环境不确定性作为调节变量，对网络构型和网络嵌入两个层面与内部创业行为的相关关系起正 U 形调节作用，对外部创业行为的影响起倒 U 形调节作用。

　　基于上述实证研究结果，本章的研究结论在理论和实践方面有如下启示：①现有研究大多聚焦于创新网络与创新绩效的相关关系，但网络生态对个体绩效之间的作用机理并不明确，而研究也主要从产业层面进行宏观分析，本章从网络结构到子公司创新战略再到子公司行为的分析在一定程度上是对现有研究不足的补充，而进一步探索子公司对集团创新网络的适配策略也是未来研究的思路；②基于创新的系统观，集团内部创新网络对子公司创新活动和推动集团整体创新绩效提升的影响是一个长期、系统的过程，需要不断地与网络外部进行资源交换和动态更新，才能使集团实现对新技术和新知识的适应、应用和创新，从而促进整体发展；③实证结果在一定程度上表明政府的国企市场化改革初见成效，但还需要针对集团创新网络的构建推动相关制度建设，制定相应政策措施促进集团内、外部创新网络的协同。

　　本章还存在不足之处。首先，尽管调研样本来自于全样本名录，但考虑到问卷发放及回收的可行性，稍偏向于选取那些与本书有联系的集团子公司，可能在主观上略有偏差；其次，仅讨论了环境不确定性在集团网络与子公司行为关系中的调节效应，而是否还存在其他中介效应，限于数据复杂性和变量多维性而未加以深入探讨；最后，基于数据量限制，研究未基于行业进行进一步分析，而不同行业所表现出的网络生态可能存在差异。此外，囿于理论模型复杂度，研究未能全面分解环境变量并将其分别纳入理论假设模型分析，而是进行整合处理，这些都是后续研究的重点。

第7章 集团创新网络的情境化整合框架

随着中国管理学理论不断发展，以及中国企业实践的日益复杂多样，构建中国本土管理理论受到学界的热议和大力推动。情境要素是管理理论的内涵基础，深刻理解中国情境可以促进中国管理实践与西方管理理论的对话，尤其对于构建本土理论具有重要意义。

情境研究的隐含逻辑是系统内外存在的交互影响，即情境是由不同层面、不同维度的要素及相互间关系形成的复杂有机体系。这种开放的系统观强调组织是同时嵌入在内、外部双重情境中的，但一直以来学者们都更加关注企业的外部情境，已有研究对中国企业外部情境架构进行详细分析，但并未涉及企业内部情境。虽然有文献从"环境"视角对内部情境进行分析，但仅停留在封闭的环境观的分析层面，且只是对内部环境的概念和构成进行总结，并未基于开放的情境观对内部情境，特别是中国企业的内部情境要素间的系统关联进行研究。现有少量关于内部情境的研究都是基于不同学科领域、不同视角以及不同观点围绕数个有限的情境要素进行的，且呈现多元化、分散化的研究特征，缺乏系统性研究。而要深刻地理解中国企业的实践，必须进入企业微观层面进行"深度"情境化的理论研究，这就需要构建相对系统的情境逻辑架构，尤其是中国本土企业的内部情境架构。

那么，中国本土企业的内部情境的内涵是什么？包含哪些核心要素？这些要素间又呈现何种关系？内部情境中主要蕴含哪些系统逻辑？企业内、外部情境交互作用下的过程机理又是怎样的？现有相关研究进展是怎样的？未来研究应该向何方向努力？这一系列问题不仅是企业理论的情境基础，更是发展本土管理理论的关键前提，对于全面系统的企业情境观更是具有重要意义。为此，我们尝试基于扎根方法，从文献中提取内部情境要素，然后从系统动力学的角度探索企业内部情境的系统逻辑，进而构建"行为–逻辑"框架分析中国企业内部情境的系统性架构。

7.1　企业集团研究的"环境观"与"情境观"

7.1.1　封闭视角的环境观

管理既是环境的产物，又是环境的过程。环境在（企业）组织理论研究中的角色是不断演进的，随环境与企业二者之间实践关系的变化而发展，并形成管理研究的不同理论学派。组织理论中 Scott 的分层模型将企业环境观区分为"封闭"和"开放"两类系统模型，二者的区别在于前者聚焦于组织内部特征，后者则强调组织外部事件和过程。在此基础上，又结合从"理性"向"自然"转变的研究趋势，将这两类系统模型进一步划分为"封闭的理性、封闭的自然、开放的理性和开放的自然"四类组织研究的系统模型。基于这种思想，赵锡斌在对中国企业与环境关系的探索性研究中，将企业理论的进展分成封闭系统观和开放系统观两个研究阶段。但对于如本书以"（内部）情境"为目标的理论探索而言，无论是"封闭/开放"的二阶段分类法，还是结合了"理性/自然"视角的四阶段模型，都过于重视时间序列，且在某种程度上缺乏内在逻辑的一致性。一方面，理论的发展并不是直线式的简单迭代，而更多的是交互式、螺旋式的进化路径；另一方面，二分法仅凭环境是否存在于理论框架中进行分类过于机械，忽视了环境在理论框架中与组织的互动关系，四分法考虑到了环境与组织的关系，却又因过于重视模型的整合性而缺乏聚焦的解构。经综合考虑，我们构建了由机械环境观、有机环境观和系统环境观构成的三维体系，主要是依循环境与组织间关系从"无"到单向"影响"，再到双向"互动"的内在演进逻辑，并不过于强调时间上的序列与阶段性。

20 世纪早期，企业外部环境相对简单，其组织形式大多表现为以生产工业化产品为目标的工厂型企业。此阶段管理研究者聚焦于企业内部的管理活动与功能，目标是实现生产效率最大化。在社会心理层面的相关理论主要有如 Taylor 将工人和任务工作进行"科学"分解的科学管理思想，以及 Simon 早期基于"管理人"假设的组织决策模型；在组织结构层面则有 Weber 在"理性化的行政体系"上构建的科层制理论、Fayol 基于"协调"和"专业化"等正式组织结构要素发展的行政学派、March 和 Simon 的有限理性假设、Mayo 和 Whyte 等学者陆续发展的人际关系学说，以及 Barnard 的协作系统理论等。这些研究或是强调组织内部的具体目标和正式结构，或是侧重于组织的非正式结构体系，但都没有将（外部）环境纳入分析框架，甚至很少关心组织过程的其他问题，都属于认为"组织结构是组织实现有限理性的基本工具"，并将环境作为独立于企业的外部客观存在的机械环境观。

20世纪中期，第二次世界大战结束后全球（尤指西方）企业面临的市场、技术和制度环境等迅速变化，后工业化使更加依赖外部环境并与其互相渗透的服务类企业大量增加，企业理论开始将环境纳入分析框架，并主要集中在结构和生态层面。在组织结构层面的研究有如由 Lawrence 和 Lorsch 开创的权变思想，及 Selznick 等哥伦比亚学派学者早期构建的旧制度理论等；生态层面的研究主要有如经 Thompson 整合的权变理论，Williamson 对组织与外部环境间的边界进行分析的交易成本理论等。该系列研究认为外部环境和参与者的社会特征共同作用于组织，组织需要因此适应不同的外部环境。这种将组织看做对外部具有适应性的有机系统的环境观注意到了环境要素，且更多地考虑其对组织单向的影响作用。

20世纪70年代，随着开放系统的思想对封闭模型的取代，组织研究的理论模型开始关注组织与外部环境的交互过程，尤其在生态层面的研究呈现出理论丛林并逐渐融合的特点，主要有如 Hannan 和 Freeman 的群体生态学、Pfeffer 和 Salancik 的资源依赖理论、Meyer 和 Rowan，以及 DiMaggio 和 Powell 等学者整合的新制度理论；此外，在社会心理层面还有如 Weick 构建的"组织不仅对环境进行反应，而且通过行动对环境施加影响"的组织过程模型。不同的理论流派从不同的视角展开分析，如资源依赖理论聚焦于互动的政治过程和技术意义，制度理论更关注制度环境与组织的相互影响，群体生态学从更为系统的层面分析"环境的组织"的生态演化过程。尽管这些研究对环境与组织交互层面的关注点不同，但都是基于系统视角，动态地分析组织与环境之间的互动关系，是系统的环境观。

以上归纳整合了三种企业研究的环境观，代表着不同的"组织-环境"分析范式。不同环境观的兴起在时间维度上的确存在螺旋式先后顺序，但并不意味着后者对前者的取代，而是基于研究主体或研究问题设计进行理论的选择。正如 Thompson 所指出的，不同视角分别适用于不同层次的组织结构。不同的理论视角来自于实践中不同组织对不同环境进行适应的结果，融合的复杂模型可能更贴近组织实践，这与现阶段的理论整合趋势是一致的。实际上，通过对企业环境观的梳理可以发现，这些视角大多存在着将环境等同于外部环境的隐含假设。这种聚焦外部的环境假设存在局限性，或是将企业与环境割裂，视二者为基于企业边界各自独立的主体，缺乏系统性；或是将企业看做"半黑箱"状态，仅关注二者交互的要素和过程，无法深入分析企业与外部环境交互影响的内在机理。

7.1.2　基于交互的情境观

情境（context）研究起源于心理学学者 Wundt 对"观念"的探索，认为由特定情境、生理结构和个体认知共同构成这一心理复合体。此后，不同学科领域从情境差别化的研究视角不断丰富与完善情境的内涵，从简单地视其为外部客观刺激的行为主义学派，到整合客观情境与个体认知交互过程的认知-行为学派，再到将其作为因个体知觉而形成的理念环境的格式塔学派，对情境内涵的认知经历了"物质环境—物质与理念环境—理念环境"的过程。可见，情境是一个内生于环境（environment）的概念，其内涵随研究深入而渐生质的变化：一方面，情境是以环境形式（如物质环境、理念环境等）为表现载体，另一方面，又加入了"主观"构念，更加强调组织内部认知、动机等主观因素对组织与环境间相互作用的影响。在管理研究层面的环境观对讨论企业与外部环境的交互关系具有理论意义上的限制性，而情境观本身就具有"主观"内涵，即"环境因素被企业所认知或进入企业行为的层面就成为情境"。从这个角度出发，情境观在探索主体的意识、认知和动机等内在行为逻辑方面具有先天优势，也因此成为能够深入发掘企业与外部环境之间的作用机理的一个理论工具。

组织研究中情境的内涵丰富。首先，在类型学层面，基于物质和精神二元载体的构架衍生了大量研究，如 Weber 构建了由物质和理念二元体系构成的国家情境；Child 随后的系列研究对国家情境二元体系进行拓展，并建立了情境要素及要素间互动的分析框架；Hackett 的抽象研究将情境分为物理情境和社会等制度情境；Johns 将情境分为包括物理因素在内的独立情境和含纳研究原理等的普遍情境；苏敬勤等在物质和理念二元分类基础上进一步结合 PEST(political、economic、social and technological，即政治、经济、社会和科技）模型区分了政策、经济、技术和社会文化四类企业外部情境。这些分类学的研究对识别组成情境的具体要素，进而将情境构念具象化具有重要意义。其次，研究层次也较为丰富，在宏观层面，Tsui 从个人、制度、社会和历史性转折事件四个层面对情境内涵进行了阐释；在微观层面，Mowday 和 Sutton 将分析层面扩展到组织内部，认为情境要素是同时存在于组织内外部的；在动态层次上，韩巍指出情境的时效性，即不仅要考虑情境要素，还要限制情境要素在此时此地对主体产生的约束。蓝海林进一步阐释情境不仅包括要素和要素间关系，还要包括情境因素过去与现在的相互影响，以及主、客观因素之间的交互，这些不断扩展的研究层次，以及动态的分析逻辑体现了情境观的系统属性。最后，在研究路径方面，主要可以分为情境嵌入研究与情境研究两类。情境嵌入研究是基于嵌入视角，分析研究对象如何被其所嵌入的情境所影响，如 Boisot 和 Child 将中国制度与文化情境作为影响多样化管理模式的主要原因，葛建华等通过三峡案例研究了情境变化如何影响组织形态的过程，这些都属于对企业嵌入外部情境的过程研究。情境研究则是对情境本身的研究，如 Child 对情境要素、Tsui 对情境层次和苏敬勤等对情境架构的相关研究都属于情境研究。

从研究逻辑来看，情境嵌入研究是聚焦的，能够对特定现象进行解释，也可以借此深化现有理论，但也因此必然在研究中有意无意地忽略某些情境要素，缺乏整体性。情境研究则是从整体架构的宏观层面，或至少在某一逻辑层面，对情境要素、维度、特征等进行整合。情境观是一种基于交互的系统观，即情境是由不同情境要素、不同情境维度构成的，有着动态复杂性的有机整体。要深刻地理解企业管理实践情境，需要进行"深度"情境化的研究，在情境的隐含逻辑下，对情境架构进行分析、构建、整合和完善，以使理论更加贴近实践，丰富中国本土管理理论。

7.1.3　基于企业边界的情境架构

中国管理研究中，情境架构的相关探索可以分两个维度：一是基于中西方情境的差异，即"国家边界"，从制度、文化、市场和组织形态等层面对中国宏观情境架构进行整合；二是基于"企业边界"，对企业所嵌入的外部情境和企业内部情境展开分析。对国家边界导致的情境化差异的分析是构建本土管理理论创新点的重要来源，但随着本土化研究的不断深入，出现了情境化管理理论开发的瓶颈，即所开发的理论并不具有本质上的创新，且与实践的关联愈发松散。实际上，这正是由于研究者对中国情境缺乏认真观察以致不能形成深刻洞察，这恰恰需要进入企业层面，深入挖掘微观机制，再与宏观情境进行呼应，才能形成相对的"完整画面"。

对现有关于中国情境的研究进行分析可以发现，尽管有较多文献呈现，但主要聚焦于如中央计划、市场转型、网络资本主义、关系等少数"新"构念，而整体缺乏内在联系，各研究仍是孤立散布的。仅有少数学者构建了整合性质的框架，如魏江对战略管理研究面临的中国本土情境问题进行了梳理，蓝海林从战略行为角度总结了中国制度情境特征，任兵分析了中国管理情境的概念、路径和内涵，郑雅琴等对"高情境"的研究特征进行分析，苏敬勤等基于此前对情境的内涵和相关进展的评述，构建了中国情境的宏观分析架构，形成了包括技术发展、政策导向等在内的六大情境范畴，并指出情境要素通过三重维度呈现出"传递式、差序式"的作用机理。这些研究搭设的整合框架有助于更加全面地分析企业面临的情境特征，但仍多聚焦于制度和经济情境，缺少对技术情境的分析。

与基于"国家边界"的情境研究不同，基于"企业边界"的情境架构研究则略显失衡。"企业边界"区分了企业内、外两部情境，现有情境架构研究主要聚焦于外部情境，如苏敬勤等基于 PEST 框架对中国企业外部情境进行架构研究，而缺乏对企业内部情境的分析。形成这种研究现状有多方面原因，首先是由于情境研究的"环境偏见"，即尽管企业与外部环境的交互作用是情境内涵的重要组成，但研究者仍然沿袭了环境观中将"环境"默认为"外部环境"的隐含假设。实际上，仅关注企业外部情境的研究思路在本质上仍然是缺乏"互动、系统"的"环境观"。其次，管理学研究中企业内部要素、过程和机理都属"黑箱"，尤其对兼具主、客观二重属性的情境架构还涉及内部认知过程，这更是阻碍研究深入的难点。最后，与发达国家相比，中国管理学无论是实践还是研究方面都存在后发差异，在"构建中国本土管理理论"的目标下，学者们自然更多地将视线放在国内、外的情境对比上，尚未进入或仅初涉企业层面，这也体现了理论层次性发展的客观属性。

综上，本章将研究对象聚焦于企业内部情境，首先，采用扎根理论对理论文献进行分析，识别并提炼内部情境要素；其次，基于认知理论，进一步结合"个人–团队–组织"的分析层次对情境要素进行框架式整合；再次，对情境的主要素进行提炼，并通过系统动力学对内部逻辑的主、次路径进行刻画；最后，从"行为–逻辑"两个维度整合构建中国企业的内部情境架构。

7.2　基于"要素–层次"的结构化分析

7.2.1　研究方法

本节目标在于提取中国企业内部情境的要素，并进行结构化的分析，属于探索性研究。扎根理论适用于对研究内涵和外延尚不完全明确的质性研究，尤其是基于现象抽取理论构念并加以明晰化，以及从实践中挖掘内涵和外延的"横向理论建构"。因此研究主要采用扎根理论结合文献进行扎根分析，具体分析过程主要是对数据进行开放式编码，并不断对各级编码进行逐层提取、前后对比、聚类合并和概念修订，最后，形成企业内部情境要素的聚类结点。

7.2.2　数据来源与筛选

本书的样本文献选自国家自然科学基金委员会管理科学部认定的包括《管理世界》、《南开管理评论》、《中国软科学》、《管理评论》、《中国工业经济》和《管理学报》等共 30 种 A、B 类管理学重要期刊。样本选择主要考虑以下几方面：首先，研究和发表使用的语言（如中/英文）在一定程度上代表了研究者对该语言情境中企业的理解深度，而情境研究中企业外部如制度、经济和文化等情境对企业内部情境具有一定影响，且内隐的认知在情境中也起重要作用，在研究效度上有理由认为中文论文对本土管理问题研究更为准确、深入；其次，国家自然科学基金委员会管理科学部认定的系列重要期刊都经过严格同行评议，其高复合影响因子和高被引频次都表明国内管理学界对其重要学术影响地位的认可，可以较好地保证研究信度；最后，非常重要的是，本书需先提取企业内部情境的内涵要素，在此基础上进行后续推演。这些样本文献都是基于严谨的理论推演和论证得以发表，其中涉及的情境要素已被研究者升华提炼，并得到评审者的认可，在这些文献数据的基础上进行扎根编码，能够最大限度地保证要素的内在逻辑一致性。

在 CNKI（China National Knowledge Infrastructure，即中国国家知识基础设施）数据库中将上述期刊作为文献来源，并将选取的样本文献发表时间段限制为 2000 年 1 月至 2016 年 12 月进行文献筛选，主要过程如下：①使用如"内部环境"、"内部情境"和"本土企业"、"国企"等关键词，通过主题搜索得到那些直接相关的文献。②为最大范围地覆盖研究主题，充分地考虑与"中国企业内部情境"逻辑一致的研究表述，又使用如"背景"、"现象"、"因素"、"我国"、"在华"和"东北"等主题词进一步搜索。③由 1 名工商管理专业二年级博士生通过阅读摘要和略读正文，人工选取那些虽未直接与主题一致，但在正文讨论中涉及中国企业内部管理情境和组织行为的文献，如"CEO 教育背景"、"高管团队异质性"、"非正式制度"和"家长式领导"等。④对全部样本文献题目和摘要进行阅读分析，去除虽主题词相关，但研究内容不属于管理学领域的文献，如《情报学报》中因含有"内部""环境"等关键词，被检出的文献中含有讨论图书馆计算机网络建设的文献。⑤去除研究样本企业为国外企业的文献。⑥为保证研究的相对客观性，进一步剔除综述类、会议总结类文献。⑦排除重复的文献。经以上步骤，最终共确定了 231 篇文献建立样本库。在这些文献中既有量化研究，也有质性研究和定性与定量研究的混合研究，其中定量研究比例最大，质性研究和混合研究比例少。具体数据见表 7.1。

表 7.1　样本研究方法分布数量（比例）

定量研究	质性研究			混合研究
	理论思辨	案例研究	综述研究（含会议总结类）	
165（71.43%）	3（1.29%）	39（16.89%）	3（1.29%）	21（9.09%）

7.2.3　数据分析

本节主要使用 Nvivo 10.0 质性分析软件对文献进行处理，主要因其支持多种数据格式，可对如问卷、访谈视频和文献等文字性材料进行开放式编码分析，尤其与 Atlas.ti 等软件相比，具有更好的中文数据兼容处理能力。我们对数据进行处理和分析的主要逻辑有：首先，研究需处理的样本文献数量较多，议题广泛且观点分散，为保证对"内部情境架构"主题的聚焦，仅对文献中作为因变量、自变量、控制变量、中介变量和调节变量的内部情境因子进行编码，剔除仅作为研究背景在文中出现的情境陈述。其次，在尽量采用原文编码的基础上，适当进行概念化处理。

在此基础上使用 Nvivo 10.0 对原始资料进行开放式分层编码，通过聚类形成具有从属关系的三级编码。其中，文献原始数据位于分析底层，三级编码的编写是在原始数据的基础上做简单概括，其参考点的点数也是从每篇文献的摘要和正文中提炼变量（自变量、因变量、调节变量、控制变量和中介变量）的字段数量，因此参考点的点数大于文献数量。例如，在编码"非正式制度"二级结点过程中，在某样本文献中同时出现"大众舆论"、"宗教"、"文化传统"以及"中庸和无为而治的思想"等字段，我们将其概括为"企业文化"作为三级结点，因此该文献参考点的点数就是"4"（对于如"大众舆论"字段在文中多次出现则不予重复计算）。通过编码分析发现，企业内部情境主要涵盖三个分析层面和四个核心要素，即个人、团队和组织三个分析层面，技术、战略、制度与结构四大要素。编码过程和结果如表 7.2 所示。

表 7.2　编码参考点、过程与结果

情境要素 （整合提取）	情境因子（二级层次编码）		初始概念（三级开放式编码）
技术[218]	个人层面	人口学特征	CEO 学历、性别、年龄、专业教育背景和战略思维；高管人员出国留学经历；基层员工的教育学历；员工基本职业素养和工作技能；员工知识外溢和知识创新；等等[41]
		管理特征	内部协调能力；领导者个人特质和工作特征〔企业家精神、领导风格（德治、中庸、家长式等）、影响力、互动能力、战略决策、机会创新、塑造企业文化、完善规范制度等〕[39]
	团队层面	特征	高管团队的异质性（教育背景的异质性、职业经验的异质性、管理者年龄和任期异质性）；团队领导力[52]
		行为模式	团队关系冲突、互动合作协调能力、知识沟通和创造力；团队管理者与成员的关系情感维系沟通[24]
	组织层面	组织学习	学习型组织；组织学习能力；组织知识的变化、组织计划和方案的优化；知识共享与经验总结[32]
		组织创新	技术创新；组织创新氛围[30]
战略[172]	团队层面	战略决策	企业家、管理者的战略思维；战略导向；战略决策质量；高管团队的特征（认知、知识体系、价值观和异质性）[52]
		战略实施	团队的异质性；团队高管领导力；团队或组织文化的潜移默化[28]
	组织层面	关系角度	组织结构与战略相互追随关系；企业制度与战略的关系；组织合法性与战略选择[34]
		竞争角度	战略类型（多元化、差异化、成本领先、营销等）[37]
		能力角度	政治关联与战略选择、关键资源获取；企业动态能力与战略实施；企业核心竞争力[21]

续表

情境要素 （整合提取）	情境因子（二级层次编码）		初始概念（三级开放式编码）
结构[94]	团队层面	特性	高管团队的特征异质性（年龄、任期、教育背景和知识经验等）；董事独立性；管理层权力分配[52]
		合法性	正式组织的影响；非正式组织的利与弊[20]
	组织层面	组织设计	组织的部门化和正规化；集权与分权；统一领导；组织惯例与惯性；虚拟组织、扁平化组织及管理、组织柔性[22]
制度[187]	个人层面	政治关联	政企关系对组织绩效的影响；CEO政治背景对企业效率的影响；与政府官员拥有良好关系；董事/总经理是退休或辞职官员；政府官员的支持；领导的政府渠道和政治技能[60]
		私人关系	熟人圈子关系；员工圈内人感知；董事、CEO、总经理的社会关系网络；管理者私人关系、关系贷款；差序格局下的人际交往、人情面子、血缘关系的依赖性[53]
	组织层面	正式规则	公司规章制度（公司章程、独立董事制度、薪酬制度、激励制度、财务会计和人力资源等）[24]
		非正式要素	企业文化；企业共同价值观；组织风格；声誉；信任；风俗习惯[50]

注：表中[　]内为编码参考点点数

7.2.4　要素提取与结构化分析

根据 Nvivo 10.0 软件对文献的扎根分析，我们整合提取的"技术、战略、结构和制度"情境要素，结合组织行为理论中"个人–团队–组织"的层次逻辑对样本数据展开分析（当然，并不是每个情境要素都涉及三个分析层面，如"结构要素"就不包含个人层面）。这种"层次–要素"分析框架对梳理企业内部情境的内涵具有重要意义。一方面，构建了从企业整体组织层到微观个体的分层体系，可以补充现有企业研究中重视集体式主导经验逻辑而忽视微观个体的认知逻辑的缺陷。更重要的是，整合了"行为"和"情境要素"的分析框架能相对充分地理解情境要素如何作用于企业行为（如运营管理、战略制定）的内在机理，体现内部系统的复杂性和全面性。

1. 技术要素

这里，我们不重点考虑如工业流程、工艺技术等操作层面的技术，而是以更加全面的眼光看待技术要素。我们对技术的定义是广义的，即组织实现目标的工具性手段和能力。毕竟，管理也是一种技术，我们将个人和团队所体现的技能水平、知识结构和职能素养等都归为技术要素的重要范畴。

第一，个人层面。正如组织社会学理论所强调的，无论是研究者还是组织都缺乏数据和方法来完全理解组织成员的复杂性，个人层面的技术能力很大程度受制于研究选取的解释体系或框架。而一旦成员差异性过高，其所表现的技术能力就会对组织行动产生决定性影响。事实上，我们发现，有关中国企业内部情境研究的文献在个人层面更多地涉及了个人技术能力，无论管理者还是基层员工的技术能力都对组织绩效产生影响，管理者的作用尤为明显，其中管理者的教育背景和领导力是重要的因子。

　　教育背景被认为是管理者的重要特征，会影响团队管理和组织行为。例如，关于企业家特征对企业战略导向的影响研究发现企业家的教育水平对战略导向具有显著影响，不同教育背景的企业家会采取不同的战略行为。当然，很少有单独将教育背景作为解释变量的研究，更多的是结合企业家的年龄和任期等其他特征加以分析。此外，更多情况下教育背景是作为控制变量而存在的，这意味着这些研究认为教育背景并不直接影响组织管理，而是隐性因素，即教育背景体现在个人技术能力上并通过技术能力发挥作用。正如有文献认为研究公司投资行为必须考虑如管理者教育、学历水平和工作经历等背景特征，这些特征与企业过度投资行为存在相关性。

　　领导力的相关研究中，如变革型、交易型、民主型、专制型和权威型等领导方式一直是研究者重视的议题。从本土情境角度考虑，我们梳理相关文献发现，目前中国式领导的研究主要有两个解释视角：传统文化和社会关系网络。一方面，中国传统儒家文化强调德治和中庸，这潜移默化地影响着中国企业家的领导风格。例如，陈建勋等认为高层领导者的中庸思维对组织绩效具有显著正向影响；何轩也指出中国传统文化不仅推动形成员工的中庸思维，而且还调节着互动公平对员工沉默行为的作用。另一方面，在社会网络关系中情境因子的编码参考点更多地涉及"差序格局"和"关系"等字段，这种中国特殊的社会关系网络也对领导力具有重要影响。例如，陈璐等认为战略型领导的管理离不开以关系取向和差序氛围为特点的文化背景；沈毅也认为在研究领导者关系时，不能忽略华人组织中"关系"和"差序格局"的分析化概念。

　　第二，团队层面。由年龄、学历和教育背景的差异性所导致的知识和经验结构的差异体现着团队的技术能力。相关研究主要集中于团队特征差异性对企业行为和绩效的影响，如王雪莉等发现不同职能背景的高管团队对短期绩效、长期绩效、创新绩效和海外绩效均产生不同的影响；杨林认为除教育背景指标外，高管团队的年龄、性别和职业经历的差异均对创业战略导向具有显著影响。

　　除团队特征差异性以外，团队行为能力也是重要的情境因子。团队行为能力更多体现在"社会资本"和"关系维系"方面。社会资本作为组织团队的资源，可分为内部和外部两类社会资本，外部社会资本表现为利用关系获取有价值的资源，而内部社会资本则表现为成员之间维持关系和共享资源。例如，柯江林等指出团队社会资本各构面对团队效能有不同程度的间接正效应；唐朝永等则证明了社会资本能够显著增强科研团队的创新绩效；曲刚和李伯森发现团队通过社会资本促进交互记忆系统的形成，是提高知识转移绩效的有效途径。

第三，组织层面。在编码过程中，组织层面的技术情境因素主要集中于"组织学习"和"组织创新"字段。其中，组织学习作为获取知识、改善自身行为和优化体系的过程，使组织在不断变化的内外环境中保持可持续生存和健康发展。相关研究主要从组织学习能力和结构模型展开研究，如陈国权和郑红平构建了组织学习的 6P-1B 模型；魏江等发现组织学习顺序对研发网络分散化（收敛化）起重要作用；许晖等将组织学习进一步划分为探索式学习和利用式学习两种形式，并验证了两种学习形式对关系承诺水平的显著影响。

关于组织创新的研究指出，其实质就是组织学习的过程，组织学习影响着组织创新，是组织创新的一条有效途径。例如，朱瑜等发现组织学习在组织创新与绩效关系之间具有显著调节效应；许晖等从"过程–结果"关系出发，探索组织学习对双元创新的影响，其中利用式学习主要促进渐进性创新，而探索式学习主要促进突破性创新；王飞绒和陈文兵则发现组织学习在领导风格与创新绩效之间起着完全中介作用。

2. 战略要素

战略要素在样本文献中主要涉及团队和组织两个层面的分析。

（1）团队层面。相关情境因子主要集中于两点，即战略决策和战略执行。战略决策的相关研究关注如团队特征、企业家精神和管理者思维等前置因素对战略制定和决策的影响。例如，肖静华等发现强化高层战略信心有利于实现组织战略与行动的匹配，从而实现战略的有效规划和实施；朱镇和赵晶发现战略意图的形成受管理团队的价值认知和风险控制认知这两方面主观因素的重要影响。团队（特别是高层团队）对战略实施力度的影响也是学者关注的重点。例如，周红紫和张洁认为要克服家族企业战略实施的管理障碍，必须重视战略实施的管理科学化、制度化、人性化以及创新化；陈璐等发现高管团队成员特别是 CEO(Chief Executive Officer，首席执行官）的不同领导方式对战略效果影响差异显著。可以发现，战略情境要素在团队分析层面的相关研究主要关注战略过程，即以支持和保障战略实施为研究重点，其中包括制订战略计划，以及制定战略后所采取的行为。当然，团队结构特征、团队异质性以及团队成员行为都会对战略产生影响。

（2）组织层面。与团队分析层次所强调的战略过程不同，在组织分析层面上，有关战略要素的研究集中在关系、竞争和动态三个角度。关系角度的主要研究涉及战略、结构和技术之间的关系。其中，在技术与战略的关系角度，我们并不重点考虑工艺技术等狭义技术内容。实际上，这些狭义技术的确是实施战略行为的方法之一，如技术创新促进技术标准战略和知识产权战略的相互融合。但我们选择的广义技术概念更多体现在组织以及组织成员之间的能力，其与战略的关系紧密、不可分割。此外，战略的决策和实施本身也是一种技术，如张海涛和龙立荣发现组织管理者的不同领导风格对能动式和反应式战略具有显著影响；郝生宾和于渤则揭示了技术战略对技术创新和组织绩效的影响机理。

从竞争角度来看，战略要素的相关研究关注实施具体战略的内容和类型，一方面，组织采取何种战略与组织内外部环境有关，组织环境影响组织战略决策和实施；另一方面，各种类型的战略又和组织内部具体的业务流程和目标有关，据此采取如多元化、差异化和成本领先等具体战略行为。关于竞争角度不再赘述，其涉及的研究范畴本质是战略的具体内容、类型及其对组织目标和行为的影响。

从能力角度来看，相关研究主要涉及资源基础观和动态能力视角。主要基于资源基础观的相关研究认为企业在获取关键资源后，经过战略行为才能对关键资源进行转化。同时，战略行为的竞争优势依赖于企业异质的、难以模仿的和有价值的特殊资源。基于动态能力视角的研究则认为企业战略行为的重点是通过动态能力确立竞争优势。

3. 结构要素

结构要素的相关研究涉及团队和组织两个分析层面。

（1）团队层面。在技术要素的分析中，我们已经涉及了团队层面的异质性，在这里我们认为团队异质性也是构成团队结构的重要因素之一。

（2）组织层面。在这里，主要对组织行为对结构形成的影响以及结构本身对组织目标的影响两个方面进行分析。例如，研究发现在组织设计过程中，随部门化和专业化程度不同，组织所建立的结构存在差异；而且，组织分权化程度也可以影响到组织设计。在结构本身对组织目标的影响研究方面，文献认为不同企业结构类型会导致不同的组织内部分工、协调和合作，其差异性会对组织目标、绩效以及行为方式产生不同的影响。

4. 制度要素

制度要素在样本研究中主要存在于两个分析层面：一是个人层面，二是组织层面。

（1）个人层面。其主要集中在"政治关联"和"私人关系"两方面。这主要是由于中国情境中典型的"关系社会"特征，内生地驱动着管理者更倾向于依赖个人关系以获取资源。有研究发现中国情境中的管理者倾向于构建个人的社会关系网络，以便在获取资源和弱化环境不确定性等方面取得捷径。在"政治关联"层面，部分学者认为管理者的政治关联程度越高，则企业不仅更容易依靠合法性和充分的政治支持保持竞争优势，而且能够更好地适应如社会公众偏好和制度政策等外部环境要素的变化。但也有学者发现过分密切的政企关系不但不会提高企业绩效，反而会束缚企业的管理行为，影响经营效率。无论管理者的政治关联是如何影响企业绩效的，作为中国企业内部情境因素之一，政治关联在某种程度上构成了管理者自身的政治技能。

（2）组织层面。对制度因素的编码发现，组织层面的制度要素研究主要集中在正式制度和非正式制度两个维度。正式制度的相关研究主要围绕如公司章程、薪酬制度、独立董事制度和财务制度等企业正式的规章、制度和政策，主要探讨正式制度对企业其他内部因素的影响，如毛道维和任佩瑜对企业制度的封闭性如何作用于企业内部要素结构与外部要素结构之间的互动过程的研究。非正式制度的相关研究则聚焦于企业意识形态、价值观念、文化传统以及风俗习惯等议题，基于对中西方不同文化背景的认识，认为非正式制度对组织行为和目标的影响是隐性和潜移默化的，且更能体现出中国企业内部情境因素。例如，赵书松对中国背景下员工知识共享动机的构成要素及关系进行探索；薄连明和井润田则发现中国传统文化智慧在企业家建立战略思维，尤其是全景式管理模型时具有非常重要的影响。

综上，在收集和分析相关文献的基础上，我们发现目前有关中国企业内部情境的研究呈现出结构化的特征，即在不同的分析层次对情境要素有着不同解构。这意味着对于内部情境架构研究而言，确定情境的分析层次是重要前提，即只有确定了分析层次才能明确情境要素的有机结构。综合考虑组织行为中对行动主体的分析逻辑和 Duncan 等有关内部环境层次划分的思想，我们将技术、制度、战略以及结构等本质上属于封闭或开放系统的因素渗入三个层面，构建并通过这样一个"层次–要素"结构对中国企业内部情境的内涵进行概括，见图7.1。

在"层次–要素"结构中，"分析层次"维度能够明确不同层次上技术、战略、结构和制度之间的要素组成；"情境要素"维度则能够明确情境要素（技术、战略、结构和制度）的构成以及彼此之间的关联性，这个二维结构是对内部情境内涵的抽象，是我们接下来结合系统动力学梳理企业内部情境的系统逻辑的分析基础。

需要说明的是，在对情境要素进行聚类时，我们并没有把文化要素单独提炼，主要考虑到企业价值观、文化传统和风俗习惯等文化要素对组织的影响是潜移默化的，是内隐于技术、战略、结构和制度之间（且广义的制度本身就包括文化因素），并通过组织认知发生作用的。尤其是如熟人关系、差序格局、儒家思想以及中国其他文化传统对管理者和组织的行为方式的影响更是伴生在组织过程中。因

分析层次

组织	创新	绩效	设计	合法性
	…	…	…	…
团队	领导力	过程	特征	非正式组织
	…	…	…	…
个人	技能	…	…	…
	…	…	…	…
技术	战略	结构	制度	情境要素

图 7.1　　"层次-要素"分析结构图

此，我们没有单独将文化要素独立抽取，而是结合技术、战略、结构和制度要素进行更深入的系统性分析。

7.3　逻辑框架：一个系统动力学模型

系统动力学的核心思想是从系统内部微观要素入手，分析系统的结构、特性与行为，其分析维度主要包括系统内的因果关系、结构流程和反馈回路，非常适于分析具有多阶次、多回路和非线性的复杂系统。基于这种分析思路，我们尝试从系统动力学视角来分析中国企业内部情境中各情境要素之间的系统逻辑。

基于此前对文献数据中涉及的情境变量的提取，结合使用 Nvivo 10.0 和 UCINET 6.0 对相关研究中情境变量之间的关系进行分析，并绘制内部情境要素间的系统动力关系，如图 7.2 所示。可以发现中国企业的内部情境因素间存在逻辑关联，不仅在如技术、结构等情境要素之间存在，在情境要素与二级情境因子间，以及二级因子之间也广泛存在，这个关联体系是包括三个层面、三条主路径和两条次路径在内的复杂系统。首先，三个层面是企业中的个人、团队和组织层面，样本文献中的研究层次与 Duncan 有关内部情境的划分逻辑切合，这也同时证明我们构建的"层次-要素"结构的合理性。其次，技术分别对制度、战略和结构的影响构成了最高阶的三条主要逻辑路径。最后，战略与结构、制度与战略构成了两条次要逻辑路径。下面将分别从个人、团队和组织三个分析层面对各关联逻辑路径进行阐述。

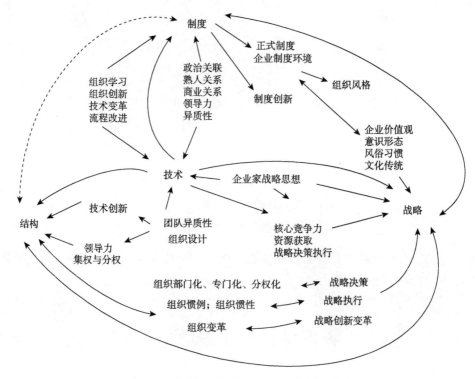

图 7.2　内部情境要素间的系统动力关系图

7.3.1　主要逻辑路径

1. "技术—制度"路径

如前所述，本书提炼的技术要素并不是如工艺流程设计等狭义概念，制度要素也具有更丰富的情境内涵。个人和团队层面的"技术—制度"逻辑主要表现在管理者及其团队的管理水平、领导方式和关系体系的差异性上。一方面，这种差异性能够导致管理者在制定正式规章制度时产生差异，并且也会影响正式制度的实施效果；另一方面，也会影响成员的价值观、行为准则和习惯，如领导风格的差异性会对组织及其成员的行为习惯产生影响。

组织层面的逻辑路径则主要是组织学习和组织创新作为一种微观、具体的技术作用于制度的机理，如对技术创新与制度创新之间耦合关系的分析。当然，从不同行业、不同企业类型的角度考虑，不同的技术水平和类型也会对企业规章制度的制定产生影响，如国有企业与非国有企业在制度上的不同就是来自实践的佐证。

2. "技术—结构"路径

"技术—结构"是组织理论的核心关系，Thompson 的权变组织理论认为技术构成了组织核心，是组织理性的必要部分，并讨论了技术核心影响组织理性的过程。相应而言，团队层面的研究主要考虑组织团队的特征差异对组织结构的影响，如团队自身的知识结构、管理层结构等都会受到团队特征（教育学历、年龄、职业素养等）的影响。除了影响团队本身以外，团队特征也会影响组织其他结构类型，如股权结构、资本结构和董事会结构等组织内部结构类型。从组织层面而言，结构是组织取得有限理性的基本工具，界定了组织行为模式和边界。组织行为模式和边界的最优配置前提是与技术的适度匹配，如技术类型基础性地决定如何对组织进行部门化、专业化和分权化设置，即技术决定组织结构的形成，对组织行为产生影响。

3. "技术—战略"路径

如前所述，个人和团队层面的"技术—战略"逻辑主要体现在战略过程当中，尤其是组织团队层次的研究更以支持和保障战略的行为实施为重点，其中包括对战略计划的制定决策，以及制定战略之后所采取的战略实施办法和行为，采取行动对战略制定决策以及实施加以影响。此外，团队结构特征、异质性以及成员行为（如战略思维、关键资源的获取方式等）都对战略具有重要作用。组织层面的技术对战略的影响主要体现在两方面，即战略过程和战略类型。其中组织学习、创新和变革对战略决策、执行和转型起主导作用；而组织技术则涉及具体组织特征和业务流程，不同的业务和企业类型又会产生不同的战略。

7.3.2　次要逻辑路径

1. "战略—结构"路径

关于战略和结构间的逻辑关系，学界一直存在分歧。一方面，学者们遵循 Chandler "结构追随战略"的思想，认为战略决定组织结构，结构与战略的不匹配会导致企业的失败，各研究仅在具体结构的衡量变量和结构类型区分上存在差异；另一方面，也有研究支持 Ansoff 的观点，即战略管理是一个开放系统，组织内部结构的类别以及领导行为会对战略选择和能力产生相当的影响，如包括组织边界、框架和行为惯例的组织结构会对资源流动产生约束，并因此对战略过程产生影响。实际上，认为战略与结构之间的关系是互动的折中观点能得到更广泛的认可，即单独考虑战略或结构是不足以解释企业行为的，必须构建战略与结构的动态匹配关系。

2. "战略—制度"路径

"战略—制度"的逻辑路径主要体现在正式制度与非正式制度两个维度。战略与正式制度的关系体现在战略影响着正式制度的制定，正式制度在一定程度上是保障战略实施的"硬件"条件。而且在某种意义上，企业各项规章就是企业战略的制度化表现，所以有研究认为在战略实施过程中，应制定与战略思想相一致的正式制度体系，要防止制度不配套、不协调。与正式制度不同，企业价值观等非正式制度是从根本上影响企业战略管理过程的。非正式制度作为企业的意识形态、价值观、文化传统等构成，其对战略的影响是潜移默化的，企业价值观的差异会导致企业战略行为的不同，可以说企业战略是企业价值观和意识形态的集中体现。

综上，我们基于系统动力学思想结合样本数据构建了中国企业内部情境要素间的逻辑系统，其系统特征有：其一，逻辑系统中的因果关系由"技术—制度"、"技术—结构"和"技术—战略"三条单向作用的主要因果逻辑，以及"战略—结构"和"战略—制度"两条双向互动的次要因果逻辑构成。其二，逻辑系统的结构流程中，"技术"作为最高阶的信息单元存在，对次阶的"战略、制度和结构"要素产生影响，次阶情境要素间再通过互动形成关联网络。其三，逻辑系统内存在四个主要信息回路，即"技术—战略、技术—制度、技术—结构"的半开放回路和"制度—战略—结构"的闭合回路，并可在此基础上形成多种回路组合。总体来看，中国企业内部情境要素间的逻辑系统存在多维因果关系、高阶次的结构流程和多重信息回路，是一个具有高度动态复杂性的反馈式逻辑系统。因此，有必要进一步整合，以厘清其内在逻辑并建构整体架构。

7.4　架构整合与讨论

7.4.1　"行为–逻辑"整合架构

企业内部情境要素间的逻辑是包含行动目标、框架和成功预期在内的一系列原则和假设，相对经营活动等外显行为，这些原则和假设在形式上是抽象隐蔽的。同时，基于交互的情境观强调，随着外部情境的变动，嵌入其中的企业需要相应调整战略，通过转变竞争模式、资源结构和经营行为来实现对外部情境的适应，这意味着企业内隐的主观逻辑的转换是通过外显的客观行为表现的。在这个过程中，企业对内、外部情境的认知对逻辑转换具有关键意义，逻辑的转换以战略的形式表达，并通过企业行为作用于外部情境，进而形成"外部情境—认知—内部情境—行动—外部情境"的互动链条。位于链条中介点的内部情境具有两个耦合点：一是要与前向的"认知"达成逻辑耦合，二是要与后向的"行动"形成行为耦合，即内部情境具有"逻辑"和"行为"双重内涵。因此，我们整合建构基于"行为–逻辑"的内部情境架构。

（1）逻辑维度。制度要素是内部情境体系中逻辑维度的起始原点。一方面，企业意识形态和价值观等非正式制度影响着个人、团队和组织的认知模式、组织惯例和战略风格等；另一方面，组织中正式规章、规则等正式制度不仅是此前战略思想的制度体现，而且是企业进行下步战略设计的前提约束。因此，我们将制度因素作为逻辑基点。在从制度到战略的逻辑进程中，以技术和结构要素为逻辑过程和介质形成主导逻辑，其中组织内部的认知对主导逻辑的形成具有重要影响。最后，制度、技术和结构要素共同为战略制定和实施提供条件和保障，最终形成战略作为逻辑过程的结果。

（2）行为维度。首先，技术被认为是行为过程的起点。组织理论认为，技术是组织不确定性的重要来源，而组织行为的目标是最大限度地消除不确定性，因此技术对组织内部情境形态起决定性的影响作用。组织领域乃至组织目标，皆可因技术要素的不同而存在差异。如前所述，企业内部无论个人、团队还是组织层面的技术都会影响其他情境要素，是企业产生、稳定并扩展边界的首要情境因素。其次，从适应或配合技术实施的角度来看，战略和制度所表现出来的外部形式和内部演化决定了组织的行为模式，即采取何种行为方式、规章制度或战略方针才能配合行为起点的要求。最后，结构要素限制了企业各个层面的行为主体的"行动界限"。因此，结构要素决定了个人、团队乃至组织层面的行为边界。此外，尽管在情境架构中认知是作为逻辑过程的隐含因素出现的，但其同样也隐性地作用于行为的各级过程，对组织行为模式产生影响。

7.4.2　进一步的讨论

根据上述分析，本章聚焦于中国企业的内部情境，依次从内涵、系统逻辑和整合框架对内部情境架构进行逐层探索和分析，主要根据内部情境要素间的系统动力路径，综合分析其内在交互联系，构建基于"行为–逻辑"的内部情境整合框架模型，如图 7.3 所示。

讨论主要分以下三个层面。

首先，从企业管理实践来看，整合架构中的逻辑进程阶段划分与企业管理实践是契合的，这在一定程度上验证了整合框架的解释力度。现代企业形式以公司制为主，其管理实践主要涉及两个层面：一是公司治理；二是公司管理。其中治

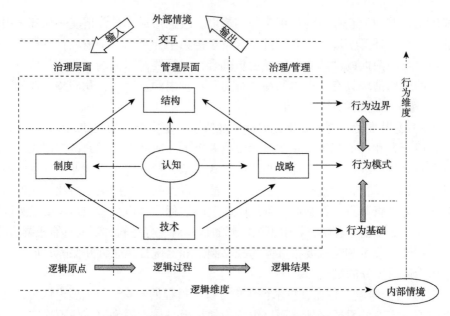

图 7.3　基于"行为–逻辑"的内部情境整合框架

理是通过包括一系列正式或非正式的、内部或外部的制度设计来保障公司决策制定的科学化，从而保障各方利益相关者的一种制度安排，主要面向如董事会、CEO等高管人员，以及外部利益相关者。而管理则主要是通过决策和计划实现对企业运行过程的组织、领导和控制，主要涉及企业内部中级管理人员对具体管理职能的把握和员工的个体层面。对应来看，制度要素作为逻辑原点，对应着企业中的治理实践，即为实现科学决策的战略目标进行制度化设计；企业内部逻辑过程包括的结构和技术两个模块都是实践中典型的面向内部的管理问题；战略作为逻辑结果，既是治理要实现的科学目标，也是管理的重要依据，因此属于治理和管理的整合层面。而且，综合逻辑过程和管理实践的分析来看，战略实际上是企业内部情境要素与外部情境发生交互的输出端，企业通过内部情境的一系列过程形成战略并通过行为表现作用于外部情境。

其次，我们的研究涉及情境研究的两类构念，即情境特征和情境关系。情境特征包括组织内部情境本身以及内部情境所产生的效应，如组织绩效、创新绩效等效果因素，是组织属性的体现。情境要素因其所处的组织层次不同，所表现的情境特征也具有异质性，也因此使组织内部情境关系呈现复杂性和系统性。情境关系则是内部各情境要素之间的关联性，这种确定情境关系的思路也能很好地体现内部情境的复杂性和系统性。因此，我们进一步将基于分类学的情境特征研究与基于系统学的情境关系研究进行组合，来探索目前关于内部情境的相关研究状态和原因。

　　根据对样本文献中情境特征和情境关系在研究中变量类型的分析,我们将中国企业内部情境的相关研究划分为四个类型(图 7.4):①情境关系做自变量,情境特征做因变量的组合,如检验战略与结构的匹配程度对组织绩效和创新绩效等效果因素的影响,我们称这种研究设计为效果模型。②情境特征为自变量,情境关系做因变量,即研究情境特征如何影响情境关系变化发展,如技术、文化等是如何直接或间接影响战略对结构的作用关系的,我们称其为网络模型。网络模型和效果模型是目前最主流、普遍的研究模式。③特征/特征的组合在样本文献中出现较少,可能的原因是特征间关系的构建属于早期理论发展过程,且对特征间关系的论述已出现在大量经典文献中,已成为开展研究的既有基础,而不再是分析重点。④关系/关系的变量组合主要研究情境要素关系之间的变化或者要素之间的互动关系,这种变化互动关系要么在同一层次(个人、团队和组织层面)相互联系,要么跨越层次(个人-团队、个人-组织和团队-组织)相互影响。由于这种互动关系实际上正体现着研究从"情境要素—情境关系—情境体系"的深入过程,我们因此称其为演化模型,并认为这是未来研究发展的趋势。

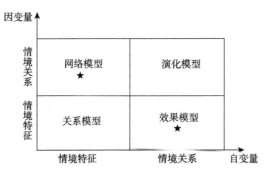

图 7.4 内部情境研究类型分析

"★"代表学者们关注程度较高,研究文献数量较多

　　最后,内部情境的整合架构是随着企业对外部情境的嵌入而动态演化的。横向的研究主要关注于内部情境的要素、关系和结构,纵向的研究更强调内、外部情境间的系统交互过程。由于情境的差异性,国内外研究并没有形成对话,少数对内部情境的研究也仅考虑其中一个或几个要素,甚至将其与环境混淆。本书从"行为-逻辑"视角,构建了包括技术、结构、战略和制度要素在内的内部情境整合框架,发现内部情境并不仅是简单变量甚或研究背景,而且是通过复杂的内部过程对企业行为产生重要影响。实际上,企业通过内部情境要素的系统性作用,与认知交互作用形成新的行为逻辑(战略),进而影响到企业的行为并作用于外部情境。

7.5　本章小结

　　本章聚焦企业内部情境，通过扎根方法对 231 篇涉及中国企业内部情境要素的文献进行分析，识别并提取了国内研究关注的中国企业内部情境要素，并对其进行梳理、系统化，构建了由"个人、团队、组织"三个分析层次、"技术—战略、技术—结构、技术—制度"三条主要动力路径、"战略—制度、战略—结构"两条辅助路径和"行为-逻辑"两大维度整合的中国企业内部情境的整体架构。

　　在理论层面上，一方面，研究突破了现有情境研究更多聚焦于部情境的分析框架，进一步深入企业的微观层面探索内部情境的构成与过程逻辑；另一方面，基于已有的情境理论，尤其是情境要素的关系研究，进一步证实了情境要素间的互动本质，揭示了企业在内、外双重情境共同作用下的行为机理和逻辑过程。此外，还通过对现有情境研究的变量设计进行分析，区分了四种研究设计类型及其发展趋势，有助于未来进行深入分析。在实践层面上，研究通过与企业管理实践中的治理和管理层面进行比照，印证了内部情境架构的合理性，相应的，研究构建的内部情境的过程机理和逻辑架构也因此对认识和分析企业治理与管理实践问题具有一定指导意义。

　　尽管本书从组织的过程和认知视角对企业内部情境的过程机理进行了系统化的探索，深化了基于本土企业实践的情境理论，并为相关的企业实践提供了指导，但仍存在不足之处：一方面，基于国内现有中文文献的扎根研究构建的内部情境整合框架未免会有要素缺失，首先需要搜集更多的相关文献（包括国内外的中、英文期刊）进行补充，其次还需要进行大量的实地调研和深入的案例研究才能加以完善，并实现中西方理论的对话。另一方面，企业的内部情境是复杂、动态的有机系统，除了战略、制度、结构、技术等之外还存在其他如组织认知过程的影响，而本书中仅将认知过程作为普适的内隐要素，简单地将其插入逻辑架构中，因此有必要从更全面的视角扩展研究。此外，本书的目标主体是中国企业内部情境，过于概括性的概念虽具有更好的普适性，但未考虑到如行业差异及因此带来的核心技术、组织结构等方面的问题，未来研究应该从不同的行业或其他角度进一步丰富完善，使模型更具实践意义。

第8章 多元情境逻辑对集团创新网络的系统影响

开放式创新是组织创新研究领域中的热点问题。对组织，尤其是企业而言，创新对其生存和发展至关重要。开放式创新通过开放企业的边界来应对日益复杂的技术特性，满足多样化的用户需求。先前相关研究主要基于交易成本理论、资源基础观、知识共享和知识溢出等理论基础，围绕开放式创新的影响因素、结构、过程和阶段性等层面展开，停留在创新的结构过程，缺少对内在机理的深入探索，尤其是对不同情境因素下相似类型的企业创新模式间的差异缺乏解释力。

近年来，受文化和制度理论发展的影响，制度基础观成为分析企业行为的重要研究支点。但是，基于情境的研究主要集中在国外学者对如欧美等高度自由竞争市场展开的分析，国内仅有少数学者以如"知识产权"和"市场指数"等市场情境进行模仿式研究。国内基于（制度）情境的研究仍处于初级阶段，总体上理解不足，很多制度情境要素尚未被纳入框架，尤其是对转型经济中的制度环境对组织进行开放式创新的内在影响逻辑研究仍不够系统深入。结合已有对开放式创新相关研究文献的综述，可发现国内研究议题主要涉及行业属性的综述分析、企业间依赖对创新开放度的影响、开放程度与创新绩效、外部资源获取的关系、开放式创新与知识产权管理等。这些基于我国样本的研究主要涉及情境、开放程度和创新绩效几个方面，但由于这些研究的出发点和侧重点不同，至少在三个方面还有很大的进一步研究的空间：其一，从研究的内容来看，现有文献更多关注于开放式创新的资源来源、阶段划分和创新模型，而没有深入挖掘内在驱动机理，尤其缺乏对制度情境要素的作用论述。其二，从理论视角的述评看，现有研究更多地讨论各种理论间的差异以及中、西方市场情境的对比，对制度情境的叙述单薄，少数研究也是针对如专利制度等层面进行讨论，因此需要明确制度情境的内涵，才能构建一个相对完整的系统研究框架。其三，从一般研究（非综述性研究）

的研究设计来看，对制度基础观下的开放式创新的分析，更多的是关注于国家层面的政府行为，这凸显了对制度环境中国家、市场和社会等多元逻辑共存的认知盲区。

组织的逻辑代表行动目标、框架和成功预期的一系列原则和假设，这些原则和假设在认知层面是清晰的，在形式层面是相对内化隐蔽的。随着外部环境的改变，嵌入其中的组织需要转变核心战略逻辑，通过调整竞争模式、资源结构、行为模型实现成长。开放式创新尤其需要保持创新逻辑与外部情境的一致性，进而以适当的资源协同方式实现组织有效运行。那么，开放式创新逻辑如何体现？为什么以及如何形成不同的创新逻辑？创新逻辑到底如何实现创新组织与情境的联系？对此，本章基于多元制度情境，设计了"情境—认知—逻辑—行为"的分析思路，以 JN 公司为样本进行案例研究，识别开放式创新逻辑的不同导向，探索推动组织开放式创新演变的内在机理。

8.1　理　论　基　础

8.1.1　组织开放式创新研究

创新是管理学研究领域中的重要主题。关于创新模式的传统研究视角主要关注于企业内部跨部门的交流协作，在企业内部封装解决从创新思想、开发、生产到营销的全部创新问题，是一种内部聚焦的、高度集权的封闭式创新模式。随着市场波动加剧以及技术复杂程度的提高，这种封闭的创新模式很难再满足企业对创新所需的资金、信息、技术等资源的要求。同时，随着信息技术的发展，市场需求日益多样化，企业逐渐将外部科研机构、同类或相关企业、用户以及中介等价值链相关主体纳入企业的创新网络，形成了与封闭式创新模式有本质差别的开放式创新模式。Chesbrough 首次明确提出了开放式创新的概念，即没有明确的创新边界，企业通过与外部资源进行交互实现的完全开放的创新。

现有关于开放式创新内涵的研究主要从资源视角、过程视角、网络视角和认知视角四个维度切入。基于资源视角的解释主要强调企业对内、外部创新性资源以及市场化的商业资源的多渠道整合。基于过程视角的理解则更强调开放式创新的动态性，将企业在创新过程中的知识开发、保持、利用、流入与流出等活动作为研究重点。基于网络视角的研究将研究对象扩展至整个开放式创新的生态网络，探索支持其运行的要素体系。除了基于技术层面的理解之外，也有学者将开放式创新作为一种关注企业创新心态的认知哲学加以研究。

此外，国内外关于开放式创新研究的方向不同，国外研究主要聚焦于概念、商业模式、价值链重构和创新开放模式等价值创造层面，国内研究更关注开放式创新的影响因素、知识产权保护和创新过程管理等组织协调层面。存在这种研究趋势差异的主要原因是开放式创新与组织外部情境和内部能力高度相关，具有情境依赖性。正如近期相关研究评述将开放式创新视为原有创新理论基于不同情境的演进与发展，其与传统创新模式如封闭式创新并无良莠之分，只有是否与情境匹配之别。没有考虑情境因素的开放式创新研究是缺乏普适性的。但国内现有研究主要是使用中国数据对国外研究理论和假设进行二次验证，少数研究也是聚焦于外部竞争环境和知识产权制度的分析，缺乏基于中国管理实践情境的探索。但中国具有相对独特和丰富的情境内涵，尤其是如经济体制、文化观念等制度情境与国外更是具有显著差异，因此需要基于制度情境进行深入探索。

基于构建开放式创新的整合框架的目标，现有研究或是对开放式创新的类型进行划分，或是从组织的不同层面对开放过程进行分析，更多的是从原因（如环境情境、静态组织特征、动态组织特征）、过程（开放程度、开放类型、开放阶段）和结果（创新绩效、财务绩效）三大要素的"点对点"式的分析。这些研究主要从影响因素、过程、模式等外显层面对开放式创新进行内涵概括和框架构建，而缺乏对整体关系和内在逻辑的考量，尤其忽略了从影响开放式创新的各级因素到开放式创新的行为之间起关键作用的内在驱动逻辑。

尽管对开放式创新的研究有上述多种区别于用户创新和合作创新等传统创新模式的新视角，但开放式创新没有达到具有全新的理论规则的研究标准，仍有观点认为开放式创新并不能构成一个新的理论，而更应该是一个涵盖了创新管理要素的分析框架。实际上，开放式创新的分析框架提供了一个解决非此即彼的"either or"难题的整合体系，将创新网络、合作创新等创新理论纳入沟通的平台。本书也因此采纳这种整合的研究框架进行理论探索。

8.1.2　企业研究的制度基础观

在组织（企业）的开放系统理论体系中，对企业创新的研究主要有三大理论基础。首先，交易成本理论从组织经济学的角度出发，将市场视作企业外部环境的主要部分，解释了市场与企业的关系，以及企业边界及结构的形成逻辑和创新的效率性驱动力。其次，随着经济体系及企业的不断进化发展，企业与外部环境发生着更多的资源需求和交换，资源依赖理论对此进行解释，即企业通过与环境中的其他要素（资源）进行互动，并因其对关键资源的掌握形成"组织权力"，把研究视角从企业结构转向企业内部的资源和能力，将之作为创新的来源。最后，经济全球化和科技迅猛发展，企业的外部环境更趋不稳定和不确定，仅仅关注于企业外部的市场环境（产业结构）和内部要素（结构、资源和能力）的分析已经不足以解释企业的行为。新制度主义理论因此将制度环境纳入企业研究的范畴，强调制度环境影响着企业战略与行为，这为研究者提供了一个较为有力的理论支持，即制度基础观。

现有基于制度基础观的企业研究可以分为两个角度：一是经济学的研究视角，二是组织社会学的研究视角。经济学视角的研究出发点是制度环境对企业的经济活动具有重要影响，如 North 将制度环境区分为正式制度和非正式制度两个层面，并认为制度环境的差异引致了企业行为效率的差异。组织社会学视角的研究出发点则是认为企业作为嵌入社会系统内的个体，需要符合社会对企业的期待，企业因此需要通过适当的行为去满足社会规则和规范以获得合法性。这种视角经常与基于效率理论组合在一起被用以解释企业的战略和行为，如 DiMaggio 和 Powell 将制度环境区分为管制、规范和认知三种制度层面，并对应以强制、规范和模仿三种应对机制。这里，从规制、规范到认知形成了一个从有意识到无意识、从强制性合法到理所当然的连续过程。

一般认为，基于经济体制等制度环境和企业行为的研究，主要集中在经济学视角，而不是以组织行为、组织理论和社会学等为特征的组织社会学视角。但从制度同构这一内隐要素出发，组织社会学视角的管制制度、规范和认知制度分别与经济视角的正式制度和非正式制度逻辑相关。可以认为两个制度理论视角在某种程度取得了一致性。而且，组织社会学的研究视角下的制度环境内涵更为丰富，既包含了一般任务环境也包括了复杂多维的社会环境。我国企业管理实践所嵌入的情境具有"传递式"和"差序式"的架构特点，因此嵌入相似情境但企业表现各异的原因在于情境具有主、客观差异性，而情境架构的动态变化性特征则会影响企业行为表现出"进阶式"特征。制度要素作为这种情境架构的重要部分，在如法律、法规等管制层面的变革对企业战略和行为的作用复杂，而规范和认知层面的变化对企业则具有更深层次的影响。我国这种独特情境为研究者提供了研究企业与环境（尤其是制度环境）间互动的社会化实验的机会。为此，本章基于 Scott 的制度情境分析框架，从管制制度、规范制度和认知制度出发，进一步构建基于制度基础观的分析框架。

8.1.3　多元制度情境与开放式创新研究

在现有开放式创新的相关研究中，包括制度情境在内的情境因素主要作为调节变量，用于分析开放式创新行为和绩效之间的调节关系。国外相关研究主要基于内向型和外向型两种开放式创新类型展开讨论，指出对于外向型开放式创新而言，外部环境中的技术变动、市场交易频率、竞争强度和专利保护对创新绩效具有重要影响。国内相关研究主要从行业特征对开放式创新的差异性、知识产权和专利交易对开放式创新绩效的影响角度进行分析。国内研究尽管已经开始关注中国情境，但仍主要是处在引进概念和用国内数据检验国外理论的探索阶段，严重缺乏基于情境，尤其是制度情境的深入分析。

如前所述，此前的经济学视角将企业与外部制度情境的关系抽象为合法性与效率性的二元结构过于单一与模式化。结合组织社会学分析模式，新兴的制度逻辑视角认为，复杂制度环境影响着嵌入其中的企业，并通过不同层次的制度逻辑对企业的行为进行引导和约束。其中，制度逻辑是指在特定的组织场域内所包含的制度秩序为组织的行为机制和关系模式提供了相应稳定的制度安排。基于制度逻辑的研究主要有强调单一逻辑的主导作用的主导逻辑视角和强调复杂制度环境中多种逻辑共存的多元逻辑视角。这两种视角并无内在冲突，反而可以整合共存，即在复杂制度环境中的多元逻辑通过彼此间相互作用形成主导逻辑，并对场域产生关键影响。

这个多元制度情境的整合框架包含三层含义：一是在构成制度环境的多维制度中，每一项重要的制度都对应存在一个中心逻辑，诱发并塑造了该场域中组织的行为方式。二是各制度逻辑对场域中组织的要求可能更多的是相互竞争甚至对立冲突的，而组织会因其对制度环境的嵌入程度、自身资源、能力和发展阶段等特征的不同，尤其是制度逻辑的主导强度不同而采取不同的回应策略。三是某一制度逻辑的影响是受系统影响的，同一制度逻辑会因不同场域中的不同制度逻辑组合而起到不同作用，必须结合其与场域系统中其他制度逻辑之间的相互作用进行分析。基于制度逻辑视角的多元制度情境整合框架兼具系统互动、竞争主导和多元共存的内涵，整合了物化制度与隐性内核的多元构念，联结了宏观层次的制度安排与微观企业行为之间的内在联系，为企业的情境化研究提供了更为完善合理的概念框架。对应于企业深度嵌入外部情境，通过外部组织广泛合作，整合企业内外部创新资源进行的开放式创新，具有理论契合性。

中国作为典型的处于经济转型期的新兴经济体，经济环境变化迅猛、制度大幅变迁。在这样的复杂环境下，政府作为国家政治体系的管理者与经济改革的推动者，在政治体制、财税体系、法律规章和行政规则层面进行一系列改革，制定产业发展政策、引导企业经营方向、推动市场发展、维护国家及市场秩序，并因此内化形成了以国家（包括各级政府）为主体的国家制度逻辑。随着改革开放的不断深化，在我国除金融、电信等关键资源领域，大部分产业都形成了竞争性的市场机制——尽管可能并不完善——其核心逻辑就是追求经济绩效的最大化，也即市场逻辑。此外，社会中企业的各个利益相关者会基于文化传统、网络关联、交易信用、消费者产品需求和工艺创新需求等作用机制对企业的创新认知和行为产生多目标的聚合影响，可概括为社会逻辑，其逻辑内核为企业必须综合考虑社会环境中各相关主体的利益要求，而不仅是自身利益的最大化。因此，这种复杂制度环境内国家、市场和社会等制度逻辑共存，既相互影响，又共同对企业的认知和行为产生作用。

此外，由于开放式创新起始于对大企业样本的分析，目前研究主要集中于大型企业，尤其我国民营企业集团已呈现强劲的技术创新态势，近三十年间民营企业持有我国约 65%的发明专利，推动了 75%以上的技术创新，以及参与了 80%以上的新产品开发，已经成为我国经济发展的重要力量。因此，本章主要聚焦于民营企业集团，讨论其开放式创新行为的内生逻辑。

综上，本书已经明确制度情境对开放式创新具有重要影响，而且涉及复杂情境中的多元制度逻辑的系统交互，但研究尚未能解释制度情境对开放式创新产生影响的作用本质。由于组织行为逻辑是推动具体行为的根本动力，本书尝试基于国家逻辑、市场逻辑和制度逻辑的多元框架，进一步探索开放式创新的逻辑演进机理，揭示如何推动企业进行开放式创新。

8.2 研 究 设 计

8.2.1 研究方法

案例研究是通过典型案例，从中发现或探求事物的一般规律和特殊性，进而推导出结论或新研究命题的研究方法。它适用于研究者难以控制研究样本或关注对象是管理实践中的现实问题的情况，不仅可以对复杂的管理现象和管理问题进行描述、解释以及深入的探索研究，而且尤其强调情境因素，通过情境对研究过程的贯穿以彰显过程、解释关系、叙述故事，给出"整体画面"。本章主要关注我国复杂的制度情境，探索多元制度要素共同作用于我国中小企业进而影响其开放式创新逻辑演化的内在机理，属于需要回答"怎么样"的问题。因此，本章采用案例研究方法。

此外，单案例研究适合这种理论建构式探索性研究，即在相关理论框架尚不完善的情况下，首先基于文献梳理和理论分析，可以大致明确"是什么"的问题，又可以进一步通过单个案例探索"怎么样"的机理，即对于中小企业的开放式创新行为，多元制度情境要素如何相互影响，并因企业对制度情境的嵌入程度不同而对企业的创新逻辑产生不同作用。因此，本章使用单案例进行探索性研究，分析单位是企业开放式创新逻辑的各演化阶段。

8.2.2　样本选取

本章的目的是探索我国制度情境对中小企业开放式创新逻辑演进的作用机理。研究对样本案例的选取原则主要遵从：①关键性，即所选案例满足理论构建的检测条件；②典型性，即案例对研究对象有代表性；③数据可得性和研究便利性。综合考虑，本书选择深圳市 JN 新能源公司作为案例样本。首先，JN 公司的主业是高能液态锂离子电芯的研发、生产和销售，属于国家政策大力鼓励发展的新能源产业。新能源（锂电芯）产业具有国家参与行业战略程度较高、技术创新潜力大、技术更新频繁以及市场竞争激烈的特点，符合研究对制度情境的嵌入假设以及行业创新形势的研究需求。其次，JN 公司性质为民营企业，形式为企业集团，通过多次、多层面的创新实现企业的成长发展（具体创新过程见后续展开部分），符合样本的关键性需求。最后，JN 公司已通过 ISO9001：2000 质量管理体系认证，在国内锂电芯行业民营企业中排行前三，样本具有代表性。

JN 公司前身为手机代工工厂，后经战略与产品转型转入锂电芯行业发展，并于 2008 年 5 月正式注册成立。其主营业务是锂离子电芯、高容量锂电芯、大电流锂电芯、聚合物锂电芯等高能液态锂离子电芯的研发、生产和销售。其电芯产品属于锂电池产业链中的半成品，主要出口土耳其、迪拜、印度尼西亚和尼日利亚等电池制造和需求大国，供其进行进一步组装销售。JN 公司现有 39 名管理人员、25 名专职研发人员及 1 002 名一线生产员工；采用国际先进的生产及检测设备，如日产 40 万只的液态锂离子电池半自动生产线等；同时拥有由国内知名锂电企业的专家、有丰富经验的技术人员和高校相关研究所构成的专业电芯研发团队；并于 2009 年 2 月通过 ISO9001：2000 质量管理体系认证，构建了科学的质量管理体系。JN 公司的战略是"创新设计、精细制造、一流产品、一流服务"，专注于在研发领域的投入与自我完善，液态锂离子电芯、聚合物锂电芯等系列产品的研发水平居国内前三，取得了多项国家专利。其产品以突出的高能量密度、良好的安全性能、卓越的性价比以及高效、快捷的售后服务在行业内获得认可。JN 公司作为一家民营企业，在资源、能力与融资等约束下，从默默无闻的小工厂做到了国内行业前三的地位，其重视创新的发展战略起到非常重要的作用。同时，随着企业的不断发展，与外部情境尤其是制度情境的交互程度也在不断变化，企业开放式创新的主导逻辑也在不断演变。

8.2.3　数据搜集

本章聚焦于企业外显的开放式创新行为的"内在逻辑"，涉及"认知"与"过程"等内隐或内部化的数据，因此以深度访谈作为获取相关信息和数据点，并据此提炼出理论的主要方式。同时，研究采取单案例研究法，为最大限度地提高研究信度及效度，还基于三角验证原则，通过观察和文档二手资料进行数据补充搜集。

（1）访谈。研究团队于 2016 年 9 月至 2017 年 1 月先后对 JN 公司相关人员进行了三轮访谈。本章的分析对象为开放式创新行为的内在逻辑，主要对企业高管的创新认知与创新过程进行分析，因此重点调研了 JN 公司的董事长（该企业创始人、所有者）、总经理、总工程师及其他高管人员。第一轮访谈的目标对象为 JN 公司董事长、总经理和总工程师。访谈时间为 2016 年 9 月 29 日，访谈时长 3 小时，访谈内容主要涉及公司前身经历、成立和发展背景，企业成长过程的主要创新结点、主要内容、特点和效果等。本部分访谈资料整理后主要得出 JN 公司的主要创新事件，具体见案例描述部分。第二轮访谈的目标对象为 JN 公司贵州分公司总部，包括分公司总经理、运营部经理、营销部经理、生产部经理及部分部门副职人员。访谈时间为 2016 年 11 月 15 日，访谈时长 3 小时，访谈内容主要涵盖贵州分公司的外部情境认知、产品研发过程、与深圳总部的业务联系、技术或管理层面的创新典型事件等。

此次访谈主要是梳理 JN 公司贵州分公司嵌入外部制度情境的状态，并将其作为 JN 公司开放式创新逻辑的系统构成进行归纳。第三轮访谈的目标对象为 JN 公司董事长、总经理、总工程师及其他高管人员，包括 JN 公司产品部经理、产品研发经理、产品项目经理、营销部经理和财务部经理等。其中，对董事长、总经理、总工程师以及产品研发经理采用一对一的半结构化访谈。访谈时间为 2017 年 1 月 6 日，一对一半结构化访谈每次约 1 小时，共计 4 小时，其余访谈时长共 1.5 小时，访谈内容主要包括创业者（管理者）对企业运行所处的外部制度情境的认知、对创新与企业战略间关系的认知、开放式创新中涉及的部门、开放式创新的网络构型、各主体在创新过程中的行为等。此外，在后续材料整理过程中，研究团队还以电子邮件或电话等方式与相关人员进行沟通以获取必要信息。具体访谈对象与时间安排如表 8.1 所示。

表 8.1　访谈对象与时间安排设计

访谈轮序	访谈时间、时长	访谈对象	主要涉及内容
第一轮	2016 年 9 月 29 日 时长：3 小时	董事长、总经理、总工程师	公司前身经历、成立和发展背景，企业成长过程的主要创新结点、主要内容、特点和效果等
第二轮	2016 年 11 月 15 日 时长：3 小时	贵州分公司总经理、运营部经理、营销部经理、生产部经理及部分部门副职人员	JN 公司贵州分公司嵌入外部制度情境的状态，并将其作为 JN 公司开放式创新逻辑的系统构成进行归纳

续表

访谈轮序	访谈时间、时长	访谈对象	主要涉及内容
第三轮	2017 年 1 月 6 日 时长：5.5（4+1.5）小时	董事长、总经理、总工程师及其他高管人员，包括产品部经理、产品研发经理、产品项目经理、营销部经理和财务部经理	创业者（管理者）对企业运行所处的外部制度情境的认知、对创新与企业战略间关系的认知、开放式创新中涉及的企业部门、开放式创新的网络构型、各主体在创新过程中的行为等
补充轮次	材料整理阶段随时进行	相关人员	补充性"点-点"式访谈

（2）观察者。研究者于 2016 年 7 月 28 日到 2016 年 12 月 31 日时段内，间断性地在 JN 公司总部董事长办公室实习，主要负责相关业务协调工作，累计达 75 天。在此期间，在取得公司许可的前提下，研究者旁听了 JN 公司股东会议、高管会议、研发系列研讨会和产品用户反馈见面会等系列创新相关活动，搜集了相关会议材料并对会议进行详细记录。同时，利用休息空余时间与 JN 公司的相关员工尤其是研发部、营销部等部门员工基于私人间交往关系进行交谈，获得相关信息。期间，研究者还因岗位轮转原因，在产品营销部、生产部和研发部各工作 7 天，因此观察到 JN 公司的基本运营情况、基于产品（技术）创新的活动主体以及相关流程等。另外，研究者还参与接待了一次国家工业和信息化部对 JN 公司产品创新的调研活动，并取得了相对详细的记录。

（3）文档资料。本书在承诺保护 JN 公司如技术参数等相关商业机密不外泄的条件下，经公司授权，通过企业的内部管理系统获得了包括相关电芯产品原理、技术参数、专利设计、公司概况、发展历程、员工名册、员工培训资料、与政府签订的产业园区入驻协议、与高校等研发团队的合作协议等相关复印资料与信息。这些文档资料帮助本书对 JN 公司发展历程和开放式创新的过程进行更完整的刻画，同时也为分析在外部制度情境下的企业创新逻辑演化提供补充支持。

8.2.4　分析过程

本书对访谈、观察和文档材料的分析过程主要如下：①对所有已获取的材料进行数据化整理、补充和完善。例如，将访谈录音文件和应急性文字记录转化为清晰书面资料；对观察记录和交谈所得信息进行整理；通过如电话和邮件等方式对整体资料中尚不完善或不确定的信息进行补充；等等。②对 JN 公司成长发展过程中的重要开放式创新事件进行梳理，形成描述性材料，并据此进一步提炼出相关的制度情境要素、创新行为内容与特点等。③对 JN 公司开放式创新的相关"故事"和数据进行总结归纳，基于前期对现有研究文献的梳理以及对理论模型的初步构建，对企业进行开放式创新的内在逻辑进行归纳、分析和区分，将其创新逻辑区分为三类主导模式，即基于合法性的模糊逻辑、基于效率的聚焦逻辑和基于复杂目标的混合逻辑。④分别就每阶段的创新逻辑对其创新目标、创新认知、创新结构和具体创新行为的特点进行分析，探索各阶段创新逻辑之间的内在联系及演化规律。⑤最后，构建多元制度情境下的企业开放式创新逻辑的演化模型。

8.2.5　案例描述

2003 年 5 月，ZL 手机代工工厂成立，为 JN 公司前身。2006 年 3 月，ZL 工厂转型进入锂电池生产行业。2008 年 6 月，注册成立 JN 公司，主营业务为锂电芯系列产品的研发、生产和销售。2011 年，成功研发液态大容量锂电芯，申请专利并投产销售。2010 年 1 月，成立广西分公司。2015 年，成功研发"超级锂电芯"I 代，申请专利并投产。2016 年 1 月，组建 JN 科技园，成立贵州分公司，且在国内锂电芯行业同类企业中排名跃居前三。2017 年 1 月，研发"超级锂电芯"Ⅱ代，产品通过 CE、UN38.3、MSDS、ROHS 等相关认证，已在申请专利。在 JN 公司（及其前身）的发展期间，创新推动了企业的成长，尤其以整合了外部如资金、信息和专利的各种资源的开放式创新为主，这个过程伴随着企业多层面的变化。

2003~2006 年，孕育期。JN 公司的董事长 Z 总于 2003 年创办了 ZL 手机代工工厂，主营三码机和五码机（即所谓"山寨机"）的生产和销售，同时在当时已是全球手机批发集散地的深圳"华强北"商圈做某品牌手机的渠道商，独家包销该品牌的 XX 机型同时贴牌销售自家的手机产品，通过这种"贴牌+包销"的经营模式，实现 1.5 亿元的年均毛利。

2006~2008 年，试水期。2006 年 5 月，Z 总受朋友所托，主持一家亏损严重的锂电池生产企业的经营，经过约 10 个月的管理后该企业转为盈利。2005 年 10 月，国家通过了"十一五"规划，指出要完善信息化市场管理体系，推动新能源行业大力发展。关注国家政策的 Z 总开始萌生产业转型的想法。2006 年 3 月，Z 总从姻表兄手中购买了一家生产锂电芯的工厂，随后将原手机工厂的厂房与设备盘清，转型进入锂电池生产行业。经过约一年的经营，Z 总对市场分析认为锂电池行业发展前景广阔，但锂电池产业对资金、技术等需求非常高，以目前自身能力难以参与市场竞争。经过调研考察，Z 总于 2007 年初与国外某锂电芯设备生产企业合作，量身定做基于现有锂电池生产设备的技术改造方案，并成功转型改造，进入锂电芯（锂电芯为锂电池的核心元件，类似于发动机与汽车的关系；锂电池生产企业大多是基于半成品锂电芯进行进一步加工）生产行业。

2008~2011 年，初创期。2008 年 6 月，JN 公司正式在深圳注册成立，主营业务为锂电芯系列产品的研发、生产和销售。随着企业顺利经营，规模不断扩大，2010 年，经广西政府举办的招商展会邀请，JN 公司在广西成立分公司。此时，在国家大力发展新能源的产业政策推动下，锂电行业成为名副其实的朝阳产业，产品质量参差不齐，利润十分丰厚。在这种环境下，JN 公司成立初期的产品定位非常不明确，想同时涉足动力锂电和储能锂电两大方向的产品。Z 总就此事与管理团队召开多次会议商讨未果，后在其他人的建议下，邀请了华为、比亚迪的专家和中山大学教授进行讨论，经过专家组对产业政策、市场环境和企业资源能力的讨论分析，Z 总认识到动力锂电对生产设备要求高，研发投入资金量极大，市场需求客户相对高端；而储能锂电的应用广泛，设备要求相对较低，技术升级需求相对较小，更加适合 JN 公司的资源能力现状。JN 公司因此决定将业务聚焦于储能类锂电芯产品。经过此次研讨，Z 总认识到其他企业和高校等外部资源的重要性，因此在此前产品项目部的基础上，聘请来自大型企业的专家兼职担任总工程师，并平行成立了负责产品创新的产品研发部，直接对总工程师和 Z 总进行报告。在这种重视产品创新的管理模式下，2011 年 JN 公司成功研发了液态大容量锂电芯，突破了当时业内液态锂电芯的容量/体积比过大的技术难题，申请专利并成功投产。

2011~2017 年，成长期。尽管锂电芯产品属于新能源行业，但其仍属劳动力相对密集的产业。设立于深圳的 JN 公司随着规模的扩大，对厂房和工人需求增加，愈发受到深圳城市发展的土地、资源、人口和环境的约束。随着《深圳市综合配套改革总体方案》及后续的《深圳市实施东进战略行动方案（2016—2020 年）》的发布，深圳市的劳动密集产业外迁成为深圳市产业升级工作的重要内容，部分企业甚至收到了限期强制迁出的通知。面对这种严峻形势，由于 JN 公司在 2012 年将管理总部和工厂迁至东莞，将产品创新部留在深圳，以换取相对宽松的发展环境。由于 JN 公司经营良好，锂电芯市场份额逐步扩大，在行业内具有良好的信誉口碑，尤其是与其下游客户企业 HKT（上市公司，主营锂电池产品，主打海外市场，是国内最大出口商）形成了长期稳定的合作关系。2013 年，HKT 入股 JN 公司，双方各占 50%股份，HKT 仅参与股利分红，主要提供技术和营销上的支持，但并不插手运营管理。HKT 与 JN 公司有一个双月例会制度，例会上主要交流当前客户需求趋势、国际技术最近发展等业务问题。通过与具有国际视野和经验的 HKT 合作，JN 公司对产品创新方向形成相对比较前瞻的思路，并于 2015 年与中山大学的相关科研团队签订合作协议，共同进行锂电芯产品的开发与升级，并成功研发"超级锂电芯"I 代，当年申请专利并成功投产。

2016 年，贵州省政府新建高科技产业园区进行招商，由于当地政府提供如厂房免租、电费优惠和优质行政服务等便利条件，可以大幅降低生产成本，JN 公司将传统锂电模块迁至贵州产业园，东莞分公司主抓"超级锂电"系列产品的升级研发。此时，由于企业规模不断扩大，JN 公司开始尝试进行股份改革，用公司股份的 20%进行管理层配股激励，具体方案仍在修改完善（现 HKT 占股 50%，JN

占股 50%）。由于 JN 公司在锂电芯产业取得了相对优秀的成绩，JN 公司 Z 总的同乡企业家纷纷向其交流取经，并在 Z 总的组织下成立了同乡商会，平时通过社会慈善活动等平台进行交流。由于商会大部分企业都从事如信息、网络和新能源等新兴产业，Z 总组建了 JN 科技园供同乡商会的各会员企业入驻。2016 年，JN 公司与同乡商会内网络平台商达成合作意向协议，意图构建网络销售平台。2017 年 1 月，在科技园区其他企业的资源支持下，JN 公司与中山大学团队共同研发成功"超级锂电芯"II 代，已在申请专利。

8.3　多元制度情境

JN 公司的创新贯穿于企业孕育、初创和成长的各个阶段，是涉及产品创新思想的产生、新产品研发、生产、销售以及组织结构改进等多方面、多角度的系统性创新。这些创新层面只是创新的外显形式，而创新的过程机理才是探索其内在驱动逻辑的关键。随着调研的深入，我们发现随着 JN 公司的不断发展，其创新模式实际上是不断演进变化的。除了如创新结果（产品）、创新行为、创新参与者等可以观测的结构化层面外，更为关键的是企业所嵌入的多元制度情境对创新逻辑层面的内在影响，如被情境和企业资源共同驱动的创新目标的形成、高管的创新认知，以及在创新认知、创新结构和创新行为之间起到串联主线作用的创新逻辑才是推动创新模式变化的根本要素。因此，本书基于企业发展的生命周期，从多元制度情境、外显创新结构和内隐创新逻辑三个层面对 JN 公司成长中的创新逻辑演化的过程机理进行分析。其中，外显创新结构包括创新参与者、创新过程和创新行为，内隐创新逻辑包括创新目标、创新认知和创新基模。

作为在中国经济转型期间创立、成长和壮大的中小企业，JN 公司的发展与制度情境是交互嵌入的。例如，JN 公司 Z 总描述"我们刚组建时，国家创业环境好，锂电是朝阳产业，就把资金放到这里来了……"，贵州分公司总经理描述为"深圳政府要发展高科技，开始腾笼换鸟了，我们来贵州这边开分公司也是为了响应政府的西部大开发政策……"，产品研发部经理描述为"最近这几年，我们好多产品创新的思路都是聊出来的，我们愿意出去看展会，企业也鼓励我们多参与高校的学术研讨会，的确能找到好多新思路和研发合作机会……"。可见，制度情境不仅对 JN 公司的创新活动产生重要影响，而且这种情境是多维的，既有来自政府的产业政策，也有竞争性的市场环境，还有社会化的创新网络，这些都对 JN 公司的创新形成驱动。

8.3.1 国家制度情境

国家或社会层面的正式法律法规，以及强力行政机构是构成制度情境的重要主体。我国作为新兴的转型经济国家，中央政府首先需要保证国家体制的本质不能动摇，在此基础上还要推进经济改革的自由竞争的市场化进程，同时又延续计划经济的思路通过国家产业政策等对全局经济走向进行掌控，此外，还要兼顾社会福利、环境保护与经济效益的多方关系。这种来自政府体系的制度逻辑同时存在于中央和地方各级政府。2000 年到 2003 年，国家对手机产业采取放养政策，包括 JN 前身在内的各级渠道商因此获利。2004 年到 2007 年，工业和信息化部开放手机入网方案，一大批手机集成和制造企业诞生，JN 也成为产业收益者，盈利近3 亿元，为后续产业转型积累了必需的资金。2006 年全国人大发布"十一五"规划，明确需要规范信息产业相关行业准入标准，以及发展新能源产业的政策导向。受政策引导影响，JN 公司转型进入锂电行业，如 Z 总在访谈中说"做手机的时候一年 1、2 个亿，但总是大量拖上游货款、套下游资金，产品做得好还行，可是后来政策越来越紧，好多大老板都跑路了，风险太大……""现在做锂电还是相当不错的，政府支持，给了好多政策……"。除了政策方面的影响，在不同地区之间也存在市场分割和制度差异，这种制度的阶梯差异也对 JN 公司的组织结构创新产生影响。广东省在 2008 年提出"产业转移"和"劳动力转移"的双转移政策，主要是推动珠三角地区劳动密集型产业向外转移。深圳市于 2011 年起推出系列产业转型政策，如华为、富士康等企业纷纷转移至如东莞等地，JN 公司也因此对组织结构进行了调整，将研发部门单独留在深圳，生产部门转移至东莞。"深圳这边人力成本太高了，主要就是政府要高科技，要把我们迁走……""我们把一代创新产品搬到贵州，政府非常重视我们，免 5 年房租、补 3 年物流，还给启动资金。东莞这边企业太多了，贵州产业少、利税多、补贴也多，营业执照也帮我们办好……""广西那边就是便宜，什么都划算，土地、人工、电费都便宜，大家都能做的传统产业，我就把它放那边了，主要给我的创新提供现金流，要不哪有钱做研发呀，太烧钱了……"。可以认为，JN 公司之所以形成现有的贵州和广西两个分公司、东莞的创新科技园以及深圳研发部的"传统产品部门——代创新产品部门—创新核心产品部门—研发部门"的差序式结构就是由地区间制度差异决定的。

8.3.2 市场制度情境

市场情境中各主体在抽象层面上是服从"经济人"的理性假设的，但我国的市场经济自计划经济发展而来，具有机制不健全、覆盖不全面、企业不平等的特点。JN 公司此前主营的手机行业竞争极度激烈，并受到国家政策的规范管制，因此转向受国家政策鼓励的新能源锂电行业，如 JN 公司创始人描述："那时候手机做不了了，竞争太激烈……"。锂电行业主要分为动力锂电和储能锂电，其中动力锂电主要面向如电动汽车等应用，主要被国外如松下、索尼和三星，以及国内如比亚迪、海霸、力神、银隆等少数大型企业垄断控制，而且国家也即将针对动力锂电的行业准入资格进行界定（2017 年已出征求意见稿），JN 公司根据自身的资源能力将产品聚焦于储能锂电，并进一步细化至锂电芯产品，基于市场细分进行产品创新升级，提升企业的相对竞争优势。"创新是烧钱的，我们中小企业做创新是有优势的，大企业资源是比我们多，可是他们环节太多，我们很珍惜创新的机会，有了新产品就一定会快速投产，举全公司之力去推……""我们经过和中山大学的研发团队合作，信念更加坚定。日本的电芯做得最好，我们现在通过结构和电解液的改进，同样的容量，我们的内阻是日本的 2/3，是质的飞跃……""价格上我们现在不占太大优势，主要是这个产业链还没完善，设备、上下游配套都还不多，当然我们的客户也认可这个事情……""咱们现在专利保护弱，你只要稍做改动就可以规避这个专利，所以我们必须要永远走在别人前面，让别人永远跟着我们学。但创新单靠我们自己不行，还要和学校结合，还得政府配合，需要的帮助很多……"。在 JN 公司的创新过程中，市场制度不断推动基于效率的创新行为。

8.3.3　社会制度情境

社会情境是企业生存于其中的、较为稳定的如传统价值观、信念、文化、社会期望等要素构成的社会规范体系。JN 公司作为社会的一分子，不仅要追求经济效益，而且要满足来自社会各方面的规范性期待。JN 公司从手机行业转入锂电行业，一方面是受到国家政策的鼓励，另一方面更重要的原因是创始人始终无法认同该行业的套利行为，同时也是为其姻表兄解决资金问题，其本质是"做实业"这种潜在的文化和价值观认知的推动。在 JN 公司的广西分公司，有一部分特殊工人是正在服刑期的犯人。接纳这样的工人进入企业的一个重要原因就是响应当地监狱提出的"劳动创造新生"计划，帮助刑期短、罪行小的犯人提前适应社会，掌握劳动生存技能。JN 贵州分公司也在保证成本控制的前提下，尽量多地招录当地的工人。"其实我们现在自动化生产，贵州可能需要 700 人就差不多了，但目标是招 800 人……"。JN 公司筹建了同乡商会，并组织社会慈善活动，Z 总还被评为年度慈善个人。"商会这个圈子里，可能别人随口的一句话，就是你的商机……""做慈善吧，一是回报社会，再就是通过这种活动认识了好多人，我们上一代产品开发还是和其中的企业合作的……"。地方政府、商会、个人关系网络、亲缘关系、信誉、文化和价值观这些要素都作为社会制度情境作用于 JN 公司的创新。

综上，国家制度情境、市场制度情境和社会制度情境三个维度构成了 JN 公司的创新外部情境。市场制度情境通过效率机制、社会制度情境通过"关系"网络机制、国家制度情境综合考虑社会福利与宏观产业引导的合法性机制对企业的创新产生影响。

8.4　外显创新结构

JN 公司的开放式创新涉及的层次诸多，且阶段性地存在于创新过程中，其中，可以外显构成其组织创新结构的要素主要有创新参与者、创新行为和创新过程。

8.4.1　创新参与者

开放式创新的典型特点即同时利用来自企业内、外部的资源进行整合创新，参与者的外部性是其本质属性，参与者既可以是人或组织，也可以是物化的存在（如外部技术等）。在 JN 公司的创新模糊前阶段，主要进行企业间的协作，如进入锂电行业早期通过与设备制造企业进行设备创新。在创新的中期开发阶段，有企业间协作创新也有外聘企业专家的引进创新，如与 HKT 的合作以及聘请比亚迪的研发工程师兼职等。在创新的商业化阶段，有企业间协作，如与 JN 科技园区内其他企业协作构建网络销售平台；有校企协作，如合作专利联合转让等。在组织结构创新层面，又有与政府间的协作，如政府间政策的阶梯式差异推动了 JN 公司的差序化创新结构。随着 JN 公司创新过程的螺旋前进，从企业间协作到引进共有研发人才，再到联合专业科研团队进行主导式创新，创新参与者的范围不断扩大，JN 公司的主导创新程度越来越强。

8.4.2　创新行为

本书对创新行为的界定主要基于组织创新活动的抽象层面。JN 公司在不同的发展时期，表现出不同的创新行为。在企业的孕育期，JN 公司主要受市场竞争推动，其所有为进入锂电行业的创新行为都可以抽象概括为"进入新行业"。在企业的初创期，由于 JN 公司已经确定产品定位，目标是"不走弯路，赶快占据这块大市场"，其创新行为可概括为"升级新技术"。JN 公司进入成长期后，与政府、其他企业等社会网络的嵌入程度加强，其创新行为的目标更为复杂，这一期间的创新行为主要为"构建创新网络"。JN 公司的创新行为经历了"行业—技术—网络"的先聚焦再扩展的演变过程。

8.4.3　创新过程

创新过程包括创新思想的产生、新产品研发、新产品生产以及新产品营销等。JN公司在不同阶段所涉及的创新过程也不相同。在创新思想的产生阶段，JN公司起初主要是由国家产业政策推动进入新行业。随后的创新思想主要来自企业内部，如创始人和高管团队对设备的改进创新。企业进一步发展后，又转由企业协作网络获得创新思想。新产品研发和生产过程也经历了类似的演化阶段。在企业的成长期，受到来自国家对"互联网+"和大数据的宣传影响，以及对网络中其他企业的网络化营销行为的模仿，JN公司在营销阶段进行了模式创新，如"我们没有互联网销售经验，服务器、客服太耗资金和精力，现在主要是和关注我们产品的企业协作，用它的（网络）平台进行营销，我让利一部分，让我参与到互联网里去……"。

综合分析可见，随着JN公司所处企业生命周期阶段不同，其对外部情境产生了动态化的嵌入，并因此系统地受到多元情境的影响，在创新参与者、创新行为和创新过程这些外显层面都表现出相应的变化。

8.5　内隐创新逻辑

如前所述，JN公司在资源需求、产品研发和技术创新等方面都具有明显的阶段性特征，那么究竟是什么内在机理将外部情境与企业创新行为耦合起来，并驱动这些外显创新结构呈现阶段性的变化？本节从创新认知、创新基模和创新目标三个层面分析内隐在组织内部的创新逻辑。

8.5.1　创新认知

创新认知是在心理层面对创新行为研究的延伸，认为新机会的发现是一个基于企业家认知能力和基本战略搜集信息的过程。其中个体的"先验知识"是使个体可能识别筛选出他人未认识到的机会的"信息走廊"。结合现有文献，本书主要从风险偏好、开发过程和协调倾向三个维度对案例样本中的创新认知进行分析。在JN公司董事长层面，个人具有较强的风险偏好，创新开放过程也表现出对复杂制度环境的深度嵌入，创新的协调倾向也较高。正如其所述"我做生意，有点像他们说的巴菲特，别人谨慎我贪婪……""我不随大流，2012年、2013年那几年锂电行业有些波动，好多人都不敢做了，但咱们得有判断力，找市场缝隙、找好定位，就是冲！但绝不盲目，我得看政策呢……""跟高校合作好，速度很快，我们就是要快创新，也需要政府支持……"。而且，这种创新认知也呈现出阶段性的特点，起初是对"政策支持"的认知较强，后发展为对"我想做市场第一"效率的追求，再进一步表现为"方方面面的联系都重要"的创新网络观。JN 公司的总工程师来自国内某大型国企，起初仍延续大型国企的大投入、缓产出的"慢"创新思路，并不适应 JN 公司的"快创新"模式，后通过协调沟通并高度参与整个创新的开发过程，逐渐适应并推动了 JN 公司的创新活动。

8.5.2　创新基模

在组织创新的过程中，仅基于个体心理学角度纵向构建创新认知的系统性不足，需要进一步对组织创新行动参与者之间进行横向分析。组织基模是组织行为参与者之间基于共同理解形成的内在共享认知，是保证组织行动顺利进行的重要因素。当前研究依据从个体到管理者互动、权力范式和员工互动各层面的特征，将创新企业组织共享基模解构为个体、局部和集体三个层次。JN 公司发展阶段不同，组织创新基模存在差异。在 JN 公司孕育期，规模较小、业务相对简单，创始人作为企业的主要管理者，其认知主要基于个人先验经验，并主要受到来自市场竞争和产业政策的影响，此时 JN 公司的创新基模与管理者的个人创新认知是重合的。在 JN 公司的初创期，管理层级较少、彼此间沟通频繁、协调程度较高，对设备、产品和经营思路的创新设计主要来自创始人、总工和核心管理团队（主要为 A、B 二人），在此基础上较快地形成了以"创始人-核心管理团队"以及"创始人-总工"和"总工-核心管理团队"为核心的局部创新基模。例如，总工所述"我主要对 Z 总负责，有时我有新思路，有时他有，我俩商量着来……""A 和 B 有时也有新想法，我主要看看可行性，好的话我就在技术上试一下……"；Z 总描述"我两块分着管，一块产品、一块管理，都不断地琢磨……"。在实现一定的发展后，JN 公司开始扩张规模，并按照"核心——代—二代"的创新差序开设分公司，并派 A、B 前后分任广西、贵州分公司总经理，经过此前数年的磨合，Z 与 A、B 总和总工之间的沟通更为默契，且主要为可实现知识和技能"类比迁移"的任务情境，JN 公司形成了集体共享的创新基模。

8.5.3　创新目标

受组织所嵌入的外部情境要素所驱动，组织基于个体创新认知并形成创新基模，进行聚焦创新目标，并通过创新行为表现出来。在这个意义上，创新目标是与创新行为对应的。在企业的孕育期，JN 公司为了"做实业"进入锂电行业。初创期受"做第一"的市场逻辑影响进行产品创新，并为了"响应国家政策"推动企业组织结构的差序化调整。成长期，企业的快速发展加深了对外部制度情境的嵌入，形成了"我们绝对要保证信誉""股份得改革""成本要严格控制""用不上这么多工人，但在保证成本控制的前提下还得多招当地工人"的多重创新目标。JN 公司的创新目标演变经历了从合法性目标到效率目标，再到由社会、市场、国家等多层面制度逻辑推动的复杂目标的阶段性变化。

综合可见，国家制度、市场制度和社会制度构成了企业所嵌入的多元制度情境，并通过作用于企业的个体认知，整合内化为企业的组织创新共享认知基模，进而形成创新目标，构成了企业开放式创新的内隐逻辑；内隐创新逻辑驱动企业的外显创新结构，表现为创新参与者的广度、创新过程的开放度和创新的行为焦点。在这个过程中，多元制度情境是外生的驱动要素，随着企业不同成长阶段对外部情境的动态嵌入，以组织认知为介质，形成内隐创新逻辑，进一步外化为创新的具体结构和行为。

8.6　进一步的讨论

根据上述讨论，本章聚焦于组织开放式创新的内在逻辑问题对 JN 公司的创新成长过程进行了探索和分析，主要根据开放式创新过程中组织所嵌入的制度情境、外显创新结构和内隐创新逻辑的内在交互联系，构建基于多元制度情境的组织开放式创新逻辑演化的过程机理模型，如图 8.1 所示。

讨论主要分以下三个层面。

首先，开放式创新的内部逻辑是基于组织认知的心理学视角构建的，涉及的个体和要素相对复杂。JN 公司的开放式创新成长除了得益于其所在锂电行业的良好发展趋势、管理者的创新偏好和企业对创新管理的把握，最关键的还是组织的创新共享逻辑。有研究认为，开放式创新实际上就是一系列随时间推移形成的不同创新行为组合。但案例研究发现，企业，尤其是中小型企业的开放式创新的实施并非简单的由管理者推动的时间单向序列，而是一个由企业各部门间相互协调和外部参与者的网络式沟通交互推进的系统过程。这不仅需要企业及外部网络在创新形式、结构和流程上进行联盟，更需要从企业内在认知层面形成共享的创新逻辑并推动创新进程。在外显创新结构层面，主要是扩展创新参与者广度和开放创新过程的深度。在内隐创新逻辑层面，主要是通过组织内部知识共享网络构建创新基模。

其次，开放式创新的内隐逻辑随着企业成长阶段不同，在如管理者认知、管

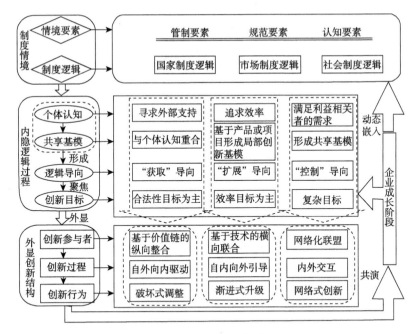

图 8.1 组织开放式创新的逻辑演化机理模型

理权力范式和创新目标聚焦等方面都呈现出不同特点。批判性的研究认为，开放式创新的资源来源、合作关系和技术交互等方面具有"投机性"。但整合式的研究认为，相对于用户创新和合作创新，开放式创新在阶段性、开放对象和交易逻辑方面都存在差异。本章检验了在开放式创新过程中存在着独特的创新逻辑，该逻辑又随着组织发展的不同阶段进行演化，如 JN 公司以开放式逻辑贯穿创新过程，在企业孕育期主要表现为关注市场情境的效率导向的创新逻辑；在企业初创期相对关注国家制度，形成合法性导向的创新逻辑；在企业成长期又因其对复杂情境的嵌入形成了混合导向的创新逻辑。不同导向的创新逻辑之间并不存在时序演变，而是交互作用并表现为创新结构和行为。

最后，开放式创新的内隐逻辑是随组织对外部情境的嵌入而动态演化的。横向研究重点关注于创新的资源、过程和行为，纵向研究更强调开放式创新的情境要素、过程和结果间的因果关系。由于情境的差异性，国内外研究并没有形成对话，少数基于中国情境的研究也更关注于政府行为层面。本章从制度逻辑视角，构建了国家制度逻辑、市场制度逻辑和社会制度逻辑的多元情境分析框架，发现情境并不仅止于此前研究的中介或调节要素，而是通过复杂、隐蔽且差异化的内化过程成为先决因素。实际上企业对外部情境的动态嵌入引发认知变动，二者交互共同作用生成企业创新逻辑，进而影响到企业的创新结构和行为。

8.7　本 章 小 结

本章采用单案例研究方法从制度基础视角揭示了组织开放式创新的内在逻辑机理,构建了组织开放式创新的过程模型。在理论层面,一是突破了组织开放式创新研究领域对概念的解释和扩展的初级探索阶段,深入组织内隐的认知层面对组织开放式创新模式演变的内在机理进行探索;二是基于已有制度情境的研究,进而验证了市场环境对开放式创新的调节作用,并扩展了情境的分析维度,并抽象为国家制度逻辑和社会逻辑,从多元制度情境的维度解释创新逻辑的演化,得出了组织外显的创新结构如创新参与主体、过程和行动等实际上是受到基于多元制度情境的包括组织创新认知、创新目标和创新基模在内的内隐创新逻辑的内在驱动。现有研究尽管也涉及对组织开放式创新内在机理的探讨,如将创新过程划分为创新输入和创新输出,将创新机制区别为完全复制、逆向工程、合资-战略联盟以及并购等,但都是更多地强调创新的组织外显结构和行为,本章则从逻辑层面深入挖掘,构建了开放式创新研究从"情境—认知—逻辑—行为"的整合框架。

本章的情境构念是我国的整体制度情境,仅粗略涉及地区间的制度差异。这种宏观视角适于与国外研究进行对话,但实际上我国不同地区间的市场分割和制度文化差异是我国企业实践情境的重要特点,后续研究可以继续从中、微观层次进行深化。此外,新近的资源拼凑理论将"突破资源约束"作为解释新企业在创建与成长过程中脱离既定的"手段—目标"导向框架而进行的开放式创新行为的主要动力。这种视角拓展了对开放式创新资源的认识,并考虑到企业在不同发展阶段对资源的动态需求,未来的研究可以在此基础上进行整合,构建更合理的框架。

尽管本章尝试基于我国多元制度情境从内隐逻辑视角探索组织开放式创新的内在机理,拓展了组织创新的相关理论情境,并为相关的中小企业开放式创新提供了一定的实践指导,但仍存在诸多不足之处。首先,研究是基于 JN 公司样本的单案例探索性研究,结论普适性存在不足,需要通过多案例对比或更多实践以进行后续完善及验证;其次,此外,对组织开放式创新逻辑的研究涉及对包括管理者和团队在内的创新主体的个体认知和集体共享基模的分析和识别,在调研访谈、案例数据析出和归纳等过程可能受研究者知识经验、主观偏差和客观误差等因素所限,需要进一步检验结论的可靠性。

第五篇

实践案例

第9章 中国企业集团创新网络的演化案例：海尔集团

海尔（Haier）集团是中国本土典型的创新驱动型企业。海尔集团在发展历程中，探索实施的 OEC（overall every control and clear，即"日事日毕，日清日高"）管理模式、"市场链"管理、"倒三角组织"、"人单合一"发展模式和互联网开放式创新平台 HOPE 系统（Haier open partnership ecosystem）等诸多探索都是具有先驱性、典型性和创新性的中国企业本土化的创新管理实践。因此，研究选取海尔集团作为中国企业集团创新网络演化的典型案例，对其创新阶段、过程和内容进行梳理，与此前的理论分析形成呼应，从企业实践角度补充刻画集团创新网络①。

9.1 海尔集团概述

9.1.1 集团现状

1984 年，海尔集团前身青岛电冰箱总厂处在资不抵债、濒临倒闭的破产边缘，青岛市家电公司副经理张瑞敏临危受命出任厂长，带领海尔集团开始了不断创新的发展之路。经过三十多年的不断进取，海尔从 1984 年亏损达 147 万元人民币的集体小厂，成长为 2016 年营业额 2 016 亿元、利润达 203 亿元、全球员工总数达 7.3 万人的多元化跨国企业集团。

---

① 本章案例主要采自海尔网站相关报告及数据：http://www.haier.net/，后文不再一一标注。

1. 品牌价值

海尔是全球白色家电第一品牌、中国最具价值品牌。2017年1月10日，世界权威市场调查机构欧睿国际（Euromonitor）正式签署发布的2016年全球大型家用电器品牌零售量数据显示：海尔大型家用电器2016年品牌零售量占全球市场的10.3%，居全球第一，这是自2009年以来海尔第8次蝉联全球第一。此外，冰箱、洗衣机、酒柜、冷柜也分别以大幅度领先第二名的品牌零售量继续蝉联全球第一。在智能家居集成、网络家电、数字化、大规模集成电路、新材料等技术领域，海尔也处于世界领先水平。"创新驱动"型的海尔致力于向全球消费者提供满足需求的解决方案，实现企业与用户之间的双赢。

2016年10月11日，《财富》2016年"最受赞赏中国公司"榜单发布。在这份代表中国公司软实力的"晴雨表"上，海尔集团位居电子电器类第一，并进入总榜单前三名。12月26日，由世界品牌实验室（World Brand Lab）独家编制的2016年度（第十三届）"世界品牌500强"排行榜在美国纽约揭晓。海尔位列上榜中国品牌第五位，位列总榜单第76位，较2015年提升6位。海尔连续两年进入全球品牌TOP100。

现在，海尔在全球布局了十多个主流品牌：海尔、卡萨帝、日日顺、GEA、AQUA、斐雪派克、统帅、DCS、MONOGRAM等，每个品牌都有自己的市场定位，从不同领域持续满足用户的最佳体验。2017年，海尔继续通过"沙拉式"的多元文化融合体系持续推进人单合一模式的国际化（图9.1）。

图 9.1　海尔品牌系列示意图

2. 创新平台

在互联网时代，海尔致力于转型为真正的互联网企业，通过对物联网时代商业模式的探索，积极使用互联网平台，实现了稳步增长。同时，海尔打造以社群经济为中心、以用户价值交互为基础、以诚信为核心竞争力的后电商时代共创共赢生态圈，成为物联网时代的引领者。

目前，海尔拥有五大创新平台：白电转型平台、投资孵化平台、金融控股平台、地产产业平台和文化产业平台，见图 9.2。其中，白电转型平台聚焦电器到网器到网站的转型，通过社群平台、互联工厂、智慧生活平台等，以超前迭代为支点，成为物联网时代智慧家庭的引领者。投资孵化平台则聚焦打造用户生态圈和平台诚信品牌，通过建立社群交互生态圈，实现在场景商务平台的物联网模式引领。金融控股平台主要聚焦社群经济，以"金管家"和"产业投行"为切入点，通过链接、重构、共创、共享，打造产业金融共创共赢生态圈，实现"产业金融平台"在互联网金融的引领。地产产业平台重点探索智慧社区生活服务的物联网模式引领。文化产业平台主要探索互联网时代"内容+社群+电商"价值交互模式的引领。海尔集团的五大创新平台为创客提供制造体系、物流体系、创投孵化体系、人力资本体系等一系列创业资源，使他们通过开放的平台利用海尔的生态圈资源实现创新成长。

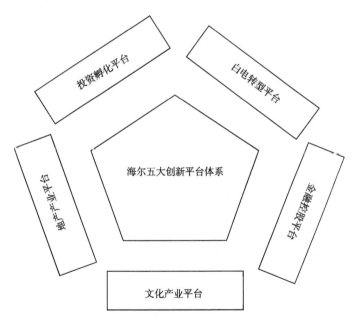

图 9.2　海尔创新平台体系

截至 2016 年底，海尔平台上已经有 15 家创新创业基地，整合全社会 3 600 家创业创新孵化资源，1 333 家合作风险投资机构，120 亿元创投基金，与开放的创业服务组织合作共建了 108 家孵化器空间。海尔平台上有 200 多个创业小微、3 800 多个结点小微和上百万个微店正在努力实践着资本和人力的社会化，有超过 100 个小微年营收过亿元，41 个小微引入风投，其中 16 个小微估值过亿元。由于海尔在模式转型过程中坚持去中心化、去中介化、去"隔热墙"，海尔的在册员工比最高峰时减少了 45%，但海尔平台为全社会提供的就业机会超过 160 万个。基于海尔在"双创"领域的突出成就和示范作用，2016 年 5 月，国务院确定首批双创示范基地，海尔成为家电行业唯一一个入选企业。

3. 开放式创新网络

海尔的这种创新转型是基于对"人单合一"模式的探索而展开的，从 2005 年 9 月 20 日首次提出"人单合一"，这个模式已迭代升级为"人单合一 2.0 —共创共赢生态圈"模式。"人"从员工升级为各方利益相关者，"单"从用户价值升级为用户资源，最终目的是实现共创共赢生态圈的多方共赢增值。2016 年，在海尔产品线上平台，B2B（ business to business，即企业对企业 ）、B2C（ business to customer，即企业对客户 ）社会化线上平台以及互联网金融平台共产生 2 727 亿元的交易额，同比增幅 73%。

面对体验经济、共享经济兴起的时代大趋势，海尔以"诚信生态，共享平台""人单合一，小微引爆"作为新时代的海尔精神与作风，在战略、组织、制造三大方面进行了颠覆性探索，打造出一个动态循环体系。在战略上，建立以用户为中心的共创共赢生态圈，实现生态圈中各攸关方的共赢增值；在组织上，变传统的封闭科层体系为网络化结点组织，开放整合全球一流资源；在制造上，探索以互联工厂取代传统物理工厂，从大规模制造转为规模化定制。海尔的商业模式主线一直是"人的价值第一"，在转型过程中，员工从雇佣者、执行者转变为创业者、动态合伙人。这种人单合一模式的创新探索得到了全球著名商学院和管理学者的关注，使他们对海尔进行持续跟踪研究。

2017 年 3 月 24 日，美国《财富》杂志在其官网公布了 2017 年全球最伟大的领袖人物榜单，海尔集团董事局主席、首席执行官张瑞敏上榜。对于张瑞敏的入选理由，《财富》评论："很多 CEO 称呼员工为同事，还有的叫搭档。而张瑞敏称他的 7.3 万名员工为'创客'，而且他们是真正的创业者。这是张瑞敏让海尔这个世界第一大家电制造商转型的标志。在改变的过程中重构这个大经济体，其深远意义非世界上其他任何一个公司能比……"海尔集团在首席执行官张瑞敏的领导下，先后定位并不断演进出如名牌化、多元化和国际化等系列创新战略阶段。海尔的现状也充分印证了其以用户价值交互为核心的众创模式、颠覆性的品牌管理理念与实践的积极意义。

9.1.2　发展历程

海尔集团致力于成为"时代的企业"，从 1984 年开始创业至今三十多年来，经历了五个发展战略阶段，依次是名牌战略阶段、多元化战略阶段、国际化战略阶段、全球化品牌战略阶段和网络化战略阶段。每个阶段的主导战略都是随着时代发展、环境演变而不断升级的，但管理创新始终贯穿于海尔的整个发展历程，见图 9.3。

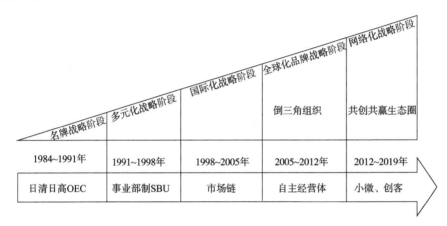

图 9.3　海尔的战略演进阶段

资料来源：http://www.haier.net/cn/about_haier/strategy/

1. 名牌战略阶段：1984~1991 年

1985 年，中国经济还处在短缺时代，电冰箱市场"爆炸式增长"，但仍然供不应求，很多厂家没有动力提高品质，注重产量但不注重质量。海尔分析了当时电冰箱市场品种繁多、竞争激烈的形势，提出了"起步晚、起点高"的原则，制定了海尔发展的"名牌战略"。海尔的观念是如果员工素质不能支持企业发展，盲目扩大规模只能丢掉用户。海尔大胆提出"要么不干要干就要争第一"的理念，以为用户提供高质量产品为目标。这时，海尔发生了"砸冰箱"事件，连海尔的上级主管部门都点名批评海尔，但正因为这一事件，唤醒了海尔人"零缺陷"的质量意识，抓住改革开放的机遇，改变员工的质量观念，提高员工的质管素质，以过硬的质量创造出冰箱行业第一个中国名牌。

在 1987 年世界卫生组织进行的招标中,海尔冰箱战胜十多个国家的冰箱产品,第一次在国际招标中中标,逐渐引起了各级领导和社会各界的关注。从 1985 年到 1988 年，海尔创业仅用了四年时间。在全国冰箱评比中，海尔冰箱以最高分获得中国电冰箱史上的第一枚金牌，从此奠定了海尔冰箱在中国电冰箱行业的领头地位。1989 年，家电市场疲软，很多冰箱厂家降价销售，但海尔提价 12%仍然受到用户抢购，当时一张海尔冰箱票的价格甚至被炒到上千元。1990 年，海尔获得国家质量管理奖和中国企业管理金马奖；1991 年又获得全国十大驰名商标。1990 年，海尔产品通过了美国 UL 认证（Underwriter Laboratories Inc），标志着海尔走向国际市场的思路已经开始付诸实施。

从 1984 年到 1991 年，海尔历时 7 年专心致志做冰箱，在管理、技术、人才、资金、企业文化方面有了可以移植的模式，在青岛市政府的支持下，合并了青岛电冰柜总厂和青岛空调器总厂，于 1991 年 12 月 20 日成立海尔集团，进入了多元化发展的战略阶段。

2. 多元化战略阶段：1991~1998 年

1991 年开始，海尔进入多元化战略阶段。

1992 年邓小平同志的南方谈话，给当时的企业注入了一剂强心针。此时，海尔已经通过了 ISO9001 国际质量体系认证，这标志着海尔已成为合格的世界级供应商，具备了一定的多元化发展实力。基于对自身能力的认识，海尔抓住机遇，在青岛东部高科技开发区征地 800 亩（1 亩≈666.67 平方米），建立了海尔工业园。在海尔工业园建设过程中，中国的资本市场开始启动，海尔也积极参与资本市场进行融资扩大。1993 年 11 月 19 日，海尔冰箱股票在上海证券交易所挂牌上市交易。

海尔的兼并方式与众不同，并不去投入资金和技术，而是输入管理理念和企业文化，用无形资产盘活有形资产，以海尔文化激活"休克鱼"。海尔正是通过这种"吃休克鱼"的扩张方式，通过输入海尔文化，盘活被兼并企业，使企业规模不断扩大。1995 年 7 月，红星电器有限公司整体划归海尔集团。1997 年 9 月，以进入彩电业为标志，海尔进入黑色家电、信息家电生产领域。与此同时，海尔以低成本扩张的方式先后兼并了广东顺德洗衣机厂、莱阳电熨斗厂、贵州风华电冰箱厂、合肥黄山电视机厂等十八家亏损企业，产品从冰箱产品的单一品类发展到多元化产品系列，其中包括洗衣机、空调、热水器等。海尔集团在多元化经营与规模扩张方面，进入了一个更广阔的发展空间（图 9.4）。

此时，外界对海尔集团的这种多元化扩张评价为"海尔走上了不规则之路"，同行企业也认为企业要做专业化，而不是"百货商场"，而海尔则认为"东方亮了再亮西方"，即海尔冰箱已做到第一，在管理、企业文化方面也有了可移植的模式，而且不管是专业化还是多元化，本质在于有没有高质量的产品和服务体系。事实证明，多元化产品和多元化扩张模式成为企业发展的重要途径。期间，海尔集团创新的"日清日高管理法"于 1995 年 2 月获得由全国企业管理现代化创新成果审

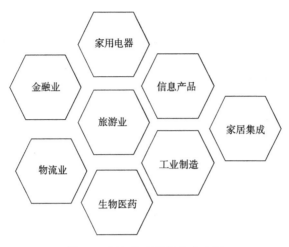

图 9.4　海尔的多元化产业布局

资料来源：http://www.haier.net/cn/about_haier/strategy/

定委员会颁发的"国家级企业管理现代化创新成果一等奖"。这样，海尔在中国家电行业奠定了领导地位。

3. 国际化战略阶段：1998~2005 年

1998 年，海尔集团进入国际化发展阶段。

20 世纪 90 年代末，正值中国加入 WTO（World Trade Organization，即世界贸易组织），很多企业响应中央号召"走出去"，但出去之后非常困难，又退回来继续做定牌。海尔认为"国门之内无名牌""不是出口创汇，而是出口创牌"，并且提出"下棋找高手""先难后易"，首先进入发达国家创名牌，再以高屋建瓴之势进入发展中国家。在这样的国际化发展战略指引下，海尔集团开始全力进军海外市场。

1999 年，海尔在美国南卡罗来纳州建立第一个海外工业园后，又陆续组建了欧洲海尔、中东海尔、美国海尔经销商，开始形成海尔的海外营销网络。2002 年，海尔在海外建设的 13 家工厂全线运营投产，实现海外营业额达 10 亿美元。2002 年，全球消费市场调查研究权威机构欧睿国际发布 2001 年度全球白色家电制造商排名，海尔跃居全球第五大白色家电制造商。该机构同时发布全球白色家电的产品品牌市场占有率排序，海尔冰箱以较大优势跃居全球冰箱品牌市场占有率榜首，成为全球冰箱第一品牌。

品牌的成功发展离不开成功的市场发展策略，不同于其他中国企业走出国门时追求短期创汇、做国际代工工厂的发展模式，海尔在海外市场的发展始终坚持

"创牌"战略，以自有品牌出口，这意味着企业对海外用户在产品质量、技术标准、售后服务等多个角度都提出了最高标准的承诺。在制定海外市场差异化的发展策略时，海尔创新性地提出"走出去、走进去、走上去"的"三步走"国际品牌打造战略。即在"走出去"阶段，海尔先以缝隙产品进入欧、美、日等传统家电强国和地区，进入国外主流市场，并带动发展中国家市场的快速布局。再在"走进去"阶段，通过满足当地用户主流需求的本土化产品进入当地市场的主流渠道，并通过"走上去"阶段的发展，最终实现海尔产品对中高端创新产品的市场引领，成为当地主流品牌。目前，海尔产品已销往海外 100 多个国家和地区，成功进入欧、美前十大家电连锁渠道，累计已售出数以亿计的差异化、高品质的家电产品，平均每分钟就有 125 位海外消费者成为海尔用户。这样，海尔逐渐在国际上树立品牌，成为中国品牌走向全球的代表者。据统计，在相当长一段时期内，中国自主家电品牌出口量当中的八成以上来自海尔集团出口的产品。

2005 年 12 月 25 日，"海尔创业 21 周年暨海尔全球化品牌战略研讨会"在北京钓鱼台国宾馆召开。研讨会上，海尔集团首席执行官张瑞敏宣布启动新的发展战略阶段、发展模式及新的企业精神和作风。至此，海尔进入继名牌战略、多元化战略、国际化战略之后的第四个发展战略阶段——全球化品牌战略阶段。

4. 全球化品牌战略阶段：2005~2012 年

从 2005 年开始，海尔进入全球化品牌战略阶段。

全球化战略和国际化战略相比有本质上的差别，核心在于是否能够真正实现本土化。这和国内企业化生产不同，也和日韩企业派驻本国员工到全球各地不同，海尔是创立自主品牌，在海外建立本土化设计、本土化制造、本土化营销的"三位一体"中心，员工都是当地人，更了解当地用户的个性化需求。

在海尔集团进入"全球化品牌战略发展阶段"后，海外市场的发展驶入了快车道。创业 24 年的拼搏努力，使海尔品牌在世界范围的美誉度大幅提升。2009年，海尔品牌价值高达 812 亿元，自 2002 年以来，海尔品牌价值连续 8 年蝉联中国最有价值品牌榜首。海尔品牌旗下冰箱、空调、洗衣机、电视机、热水器、电脑、手机、家居集成等 19 个产品被评为中国名牌，其中海尔冰箱、洗衣机还被国家质量监督检验检疫总局评为首批中国世界名牌。

在此期间，海尔不仅依靠品牌自身力量逐年开拓海外市场的销售网络、研发和制造基地，更是通过差异化的国际并购，实现了海外资源的快速扩展和整合。2007 年，海尔与英特尔公司签署全方位战略合作协议。2011 年 10 月，海尔宣布收购三洋电机在日本和东南亚部分地区的白色家电业务，这一次具有里程碑意义的多国并购不仅进一步完善了海尔在东南亚市场的布局，更是通过差异化的文化融合和机制创新模式，将海尔"创业创新"的品牌文化基因成功输送给并购来的组织和员工，实现了 Haier 和 Aqua 双品牌在日本和东南亚市场的融合发展。此次并购因其涉及范围之广泛、内容之丰富、程序之复杂，被《中国商法》评为 2011 年五大对外并购杰出交易之一。仅仅一年后，海尔再次成功收购新西兰国宝级家电品牌费雪派克（Fisher & Paykel），有力地夯实了高端家电产品的研发、制造能力。2016 年 6 月 7 日，由海尔集团控股 41% 的青岛海尔股份有限公司（简称青岛海尔）与美国通用电气共同宣布双方已就青岛海尔整合通用电气家电公司的交易签署所需的交易交割文件，这标志着具有百年历史的美国家电标志性品牌——GE（General Electric Company）家电正式成为青岛海尔的一员。这不仅树立了中美大企业合作的新典范，而且形成大企业之间超越价格交易的新联盟模式，《华尔街日报》形容海尔创造了"中国惊喜"。

至此，海尔已在全球拥有 10 大研发基地（其中海外 8 个）、7 个工业园、24 个制造工厂、24 个贸易公司，初步形成了设计、制造、营销"三位一体"的本土化发展模式，为全球化品牌发展提供持续动力。世界权威市场调查机构欧睿国际发布最新的全球家电市场调查结果显示：海尔大型家用电器 2012 年品牌零售量占全球市场的 8.6%，比 2011 年提高了 0.8 个百分点，连续四年蝉联全球第一。海尔在国际市场实现了真正的"走上去"，成为全球大型家用电器的第一品牌。在此基础上，海尔集团深入推进信息化流程再造，以人单合一的自主经营体为支点，通过"虚实网络结合的零库存下的即需即供"商业模式创新，打造满足用户动态需求的体系，进入网络化战略阶段。

5. 网络化战略阶段：2012~2019 年

2012 年，海尔集团进入网络化战略阶段。

随着全球家电市场进入互联网发展时代，用户需求个性化发展，信息呈现碎片化趋势。在此时代转型背景下，海尔的网络化战略目标是致力于成为互联网企业，从传统制造家电产品的企业转型为面向全社会孵化"创客"的平台，颠覆传统企业自成体系的封闭系统，而是变成网络互联中的结点，互联互通各种资源，打造共创共赢新平台，实现攸关各方的共赢增值（图 9.5）。

海尔布局互联网用户交互生态圈建设，充分借用互联网工具聚合用户资源，满足其线上线下虚实融合的品牌交互体验需求，在集团"网络化发展阶段"的战略指导下，打造海尔海外市场零距离交互用户的核心竞争力。为此，海尔在战略、组织、员工、用户、薪酬和管理六个方面进行了颠覆性探索，打造出一个动态循环体系，加速推进互联网转型。海尔将重点聚焦把"一薪一表一架构"融入转型

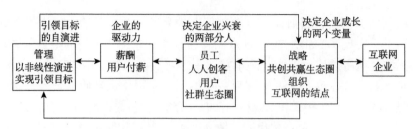

图 9.5 海尔的网络化战略思想

资料来源：http://www.haier.net/cn/about_haier/strategy/

的六个要素中。"一薪"即用户付薪，是互联网转型的驱动力；"一表"为共赢增值表，目的是促进边际效应递增；"一架构"是小微对赌契约，它可以引领目标的自演进。三者相互关联，形成闭合链条，共同推进互联网转型。在战略上，建立以用户为中心的共创共赢生态圈，实现生态圈中各攸关方的共赢增值；在组织上，变传统的自我封闭为开放的互联网结点，颠覆科层制为网状组织。在这一过程中，员工从雇佣者、执行者转变为创业者、动态合伙人，目的是要构建社群最佳体验生态圈，满足用户的个性化需求。在薪酬机制上，将"企业付薪"变为"用户付薪"，驱动员工转型为真正的创业者，在为用户创造价值的同时实现自身价值；在管理创新上，通过对非线性管理的探索，最终实现引领目标的自演进。

在开放创新的网络化战略思想引领下，海尔不断扩展与外界的联盟网络，构建开放式的共同创新平台。2013 年 9 月，青岛海尔股份有限公司（上海证券交易所证券代码：600690.SH）与 Kohlberg Kravis Roberts & Co. L.P.（与其关联公司合称"KKR"，是全球领先的投资机构，管理资产总额达 835 亿美元）共同宣布签署战略投资与合作协议，由 KKR 向青岛海尔投资获得其 10%股权，双方建立战略合作伙伴关系，在多个领域进行一系列战略合作。同年 12 月，海尔集团与阿里巴巴集团联合宣布达成战略合作。双方基于海尔集团在供应链管理、物流仓储、配送安装服务领域的优势，以及阿里巴巴集团在电子商务生态体系的优势，联手打造全新的家电及大件商品的物流配送、安装服务等整套体系及标准，该体系将对全社会开放。在一系列合作创新的举措下，青岛海尔在 2014 年 3 月发布的 2013 年度业绩快报显示，2013 年青岛海尔实现营业收入 864.88 亿元，同比增长 8.3%；实现归属母公司利润 41.44 亿元，同比增长 26.75%，业绩增速超出市场普遍预期。 快报还显示，2013 年海尔冰箱、洗衣机、热水器等业务继续保持行业引领地位；空调业务通过产品颠覆性创新与专业渠道网络拓展实现快速增长，2013 年下半年空调业务收入同比增长超过 40%；渠道综合服务业务通过大力拓展小家电等高增长生活家电品类的销售，推进物流、安装及售后业务的第三方业务的发展，保持良好增长。

在互联网席卷全球的背景下，产品经济正在转向体验经济。2014 年成为家电行业的加速转型期，作为连续五年蝉联全球大型家用电器销量第一的家电企业，累计销售家电已经超过 5 亿件的海尔集团正经历着由打造智能化产品的初级层次到用户参与企业价值创造的深层转变。2014 年 9 月，海尔电器集团有限公司（简称海尔电器）和中国石化销售有限公司签订框架合作协议书。根据协议，双方将发挥各自优势，着重在互动营销、物流配送、油品销售等领域开展合作。通过此次合作，海尔电器与中国石化销售有限公司将建立长期、全面的战略合作伙伴关系，并充分利用各自战略资源、渠道资源和核心能力，推动业务提升与发展，为客户提供多渠道、全方位、更加便捷与周到的服务。

　　与此同时，海尔还积极参与与各地方政府的合作。2015 年，青岛高新区与海尔集团签署全面战略合作协议，双方约定向社会开放"海创汇"创客孵化中心，支持创新创业及促进科技成果转化。双方将充分分享平台资源，共同促进高新区创业创新项目及海尔创业创新产业、创客的全面战略合作，共同将"海创汇"打造成为国内一流、国际知名的创客孵化品牌。2015 年 4 月，海尔集团与武汉开发区在青岛签署战略合作协议。海尔将投资逾 70 亿元，在武汉开发区及汉南区投资建设创新产业园及配套项目。武汉海尔创新产业园将按世界领先的工业 4.0 标准打造，建成互联网时代智能化标杆园区。2015 年 7 月，海尔海创汇平台通过国家科技部审核，纳入了国家级科技企业孵化器的管理、服务和支持体系。2016 年，海尔集团和通用电气公司宣布双方签署合作谅解备忘录，达成全球战略合作伙伴关系，共同在工业互联网、医疗、先进制造领域提升双方企业竞争力，不久由海尔集团（"海尔"）控股 41%的青岛海尔（SH600690）和通用电气（纽约证券交易所：GE）宣布双方正式整合。随后，海尔集团又与中国铁路总公司在青岛海尔总部签署全面战略合作协议，将铁路转型之轨接入海尔互联网生态圈。新华网、21 世纪经济报道、搜狐网、新浪网等媒体纷纷进行报道。新华网撰文《海尔"搭上"中铁特需专列送货到取货只需一个星期》，称双方将在推进供给侧结构性改革、加快现代物流建设、提高运输有效供给等方面进行共同探索。有业内人士称"海尔+铁路是一个双赢的选择"。同年 12 月，第二届世界互联网大会在浙江省乌镇开幕。海尔集团董事局主席、首席执行官张瑞敏表示，"现在中国互联网发展最好的是电商，但是我觉得下一个最好的就应该是互联工厂"，互联工厂在与用户零距离的基础上，可以去线上店、去线下店，直接满足用户的个性化需求，这意味着互联工厂将是继电商之后的下一个风口。总体上，海尔集团对网络化发展阶段的战略定位是以诚信为核心竞争力，以社群为基本单元，建立后电商时代的共创共赢新平台。

　　纵观海尔集团从名牌战略阶段，再到多元化战略、国际化战略、全球化品牌战略，以及现在所处的网络化战略阶段，每个阶段的主导战略各自不同，但都以管理创新为最基本的指导思想，对集团组织结构进行设计，并影响机制集团的创新行为，推动集团创新网络的形成和演化。海尔集团创新网络的演进过程可以划分为两大阶段，即创新思想、创新行为和创新主体主要聚焦于集团内部的内向型创新阶段，以及面向所有利益相关者，共同参与、共同创造，实现创新和利益共享的交互型创新阶段。下面分别展开分析。

9.2　内向型创新阶段：集团内部创新网络的形成

海尔集团创新网络演化的第一阶段是基于传统生产、制造和销售模式下的内向型创新阶段，以集团内部各部门之间的协作为基础构建内部创新网络。内向型创新阶段主要对应于海尔集团的名牌战略和多元化发展战略阶段。海尔集团内部创新网络形成又可以进一步划分为从基于直线组织结构的 OEC 自主管理再到事业部制下的 SBU（strategic business unit，即战略事业单位）模式的演化过程。

9.2.1　直线制下的 OEC 自主管理

1984 年，海尔集团前身青岛电冰箱总厂尚处在亏损 147 万元，濒临倒闭的边缘。从 1984 年到 1991 年，海尔的战略定位是"专心致志做冰箱"的名牌战略。在当时的市场环境下，产品类型单一、产品需求相对稳定、对创新要求相对较弱。此时，海尔主要是以为用户提供高质量的产品为企业发展目标，因此采用了适合这种以生产为主业的组织结构——直线职能制，或称为"金字塔"式结构（图 9.6）。

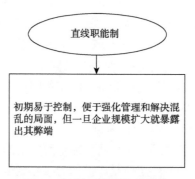

图 9.6　直线职能制组织结构

直线职能制组织结构是现代工业中最早使用也是最简单、最常见的一种结构形式，这种组织结构的特点是：以直线为基础，在各级行政主管之下设置相应的如计划、销售、供应、财务等职能部门进行专业管理。在直线职能制结构下，下级机构既受上级部门的管理，又受同级职能管理部门的业务指导和监督。各级行政领导人逐级负责、高度集权。因而这是一种按经营管理职能划分部门，并由最高经营者直接指挥各职能部门的体制。这种组织结构设置简单、权责分明、信息沟通方便，便于统一指挥、集中管理，具有高效、灵活且沟通成本低的优点。直线职能制结构就像一个金字塔，最下面是普通员工，最上面是厂长、总经理。它的好处是比较容易控制终端，非常适合如当时的海尔等生产型企业。

随着海尔多元化战略进程的推进，直线职能制的弊端对海尔的多元化战略产生了阻碍。第一，多元化经营加重了企业高层管理者的工作负担，这种工作负担主要集中于各个产品或服务之间的决策、协调，容易顾此失彼；第二，在直线职能制下的高度专业化分工使各个职能部门眼界狭窄，导致横向协调比较困难，妨碍部门间的信息沟通，不能对外部环境的变化及时做出反应，适应性较差；第三，直线职能制下的员工专业化发展不利于培养素质全面的、能够经营整个企业的管理人才，从而在对多元化经营特别是新经济增长的机会把握上受到损失。

在海尔规模还比较小时，由于各部门间的联系长期不发生大的变化，企业内部系统有较高的稳定性，有利于管理人员重视并熟练掌握本职工作的技能，从而强化了专业管理，提高了工作效率。海尔集团在1989年相应创造了OEC管理方法，又称为日清管理法，即日事日毕、日清日高（图9.7）。OEC管理法由三个体系构成，分别是目标体系、日清体系和激励机制。这种以目标管理为核心的OEC管理法体现了成本控制的思想，使海尔集团的运营活动处于高度规范、有序的控制体系下。这一时期，海尔组织架构模式的效能在以日事日毕、日清日高为特征的OEC管理模式下达到了顶峰。但随着企业的发展，这种模型的劣势也日益凸显，就是因其规范性和模式性带来的反应滞后。

图 9.7　海尔集团的 OEC 管理法

资料来源：http://baike.cfnet.org.cn/index.php?doc-view-33742

在这个阶段，集团基本没有创新，主要是沿循既定的组织目标和行为体系进行以低成本和高效率为根本目标的常规行动，主要聚焦于集团内部。由此可见，企业的组织结构体系对企业的发展十分重要，如果组织结构体系不能跟上企业总的发展战略的步伐，必将阻碍企业的发展，错失良机，对企业产生不可挽回的损失。正是基于这些弊端，在多元化经营战略下，海尔的组织架构由原有的直线职能制开始向事业部（事业本部）模式进行转变，在此基础上，管理模式也发生了变化。

9.2.2　事业部制下的 SBU 模式

在海尔集团发展初期，内部局面相对混乱、员工素质低、整合机制弱，直线制组织结构帮助海尔集团快速地实现企业整合，并实现高效率的生产。但随着海尔的不断发展和外部环境的不断变化，海尔进入多元化战略阶段，海尔的产品由单一的冰箱发展到彩色电视机，从白色家电进入黑色家电，形成了多产品的产出结构。直线制组织结构已经成为海尔进一步发展的制约。1996 年，海尔集团开始实行事业部制改革，这是海尔集团从集权式向分权式的转变，也是创新结构网络化的雏形（图 9.8）。

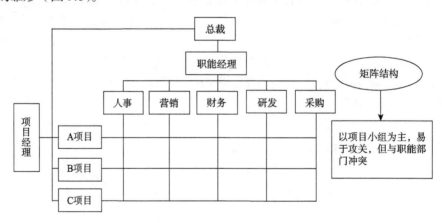

图 9.8　事业部制组织结构

海尔的事业部制结构是一种分权结构的运作形式，以 SBU 模式出现，即战略事业单位，又称战略业务单元。所谓战略事业单元既可以指一家完全独立的中型企业，也可以是一家大公司或集团内的一个事业部门，只要这个部门能够独立规划自己的经营战略、有独立的经营目标，就可以被视为一个战略事业单元。在运作方式上，海尔采取"联合舰队"的运作机制，即将集团总部作为"指挥舰"，以"计划指令"的方式对下属企业进行协调。集团内部的下属企业是集团的战略事业单元，每个事业部都是独立核算单位，对外是独立法人，独立面向外部市场进行经营活动，发挥"市场活力"。但在这种模式下，仍然需要在如项目投资、技术开发、人事调配、质量认证及管理、企业文化、财务预决算、市场网络及服务等方面听从集团总部统一指挥协调，即海尔集团内各事业部可以"各自为战"，但不能"各自为政"。这种事业部制的组织结构，要求集团总部有强大的协调领导能力，才能够使企业顺利运营。

此时，海尔集团的结构本质上仍然是从上到下的行政隶属关系：集团总部是决策中心，各事业部是利润中心，生产分厂是成本中心，基础班组是质量中心（图 9.9）。

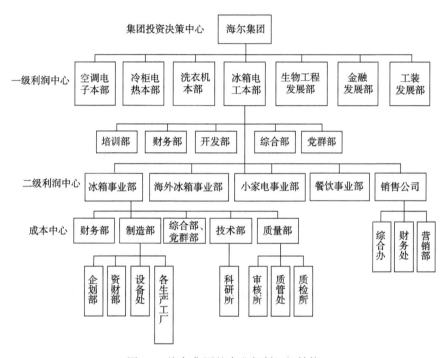

图 9.9　海尔集团的事业部制组织结构

随着海尔的壮大，开始出现了"大企业病"，"各自为战"导致了"各自为政"。各事业部自主经营、独立核算，考虑问题往往从本事业部出发，忽视整个集团的整体利益，影响事业部间的协作。而且，集团对应每个事业部都需要设置一套职能结构，因而失去了职能部门内部的规模经济效应。此外，各个事业部基于对自身产品或服务进行自身能力的构建而行动，在不同的产品线之间严重缺乏协调，产品线间的整合与标准化变得非常困难，失去了集团的深度竞争力和技术专门化发展能力。尽管海尔集团已经对"夕阳型"的产品事业部尽可能分权划小经营单位，让其保持稳定；对"朝阳型"的产业，则集中人力、财力做大规模，推动其竞争力发展。但在环境不断变化、企业不断发展的大趋势下，这种事业部制的组织结构仍然存在诸多问题。

1999 年 3 月，海尔开始将事业部制的组织结构转变成基于项目流程的矩阵结构（或称超事业部制）。这种结构仍然保留了所有的事业部和事业部的研发、采购、销售等完整的业务流程，但是集团的整个管理职能不再是程序化的由上到下的统一指令，各个事业部不再各自为政，彼此间会因为项目而发生关联，事业部包揽全部业务流程的权利被肢解。自此，海尔集团的内部创新网络初步形成，主要由集团内部各事业部间互动协作产生联结。

9.3　交互型创新阶段：内、外部创新网络的互动

为应对互联网经济和全球化发展的挑战，海尔集团从 1998 年开始实施以市场链为纽带的业务流程再造。海尔集团主要通过组织结构的再造，将传统企业金字塔式的直线职能结构转化为扁平化、信息化和网络化的市场链流程，以定单信息流为中心带动物流、资金流的运动，加快与用户零距离、产品零库存和零营运资本。这个阶段需要海尔集团广泛地与集团外部各利益相关者之间形成联盟、合作等共同体，并提供开放式创新平台，在集团内部和外部之间通过信息、资源和创新思想等的整合渠道，构建由集团内部创新网络和集团外部创新网络互动形成的开放式创新体系，即海尔集团创新网络演化的第二大阶段：面向互联网体验经济发展的、众创参与型的开放型创新阶段。海尔集团的开放型创新阶段主要对应其国际化战略阶段、全球化品牌战略阶段，以及现在所处的网络化战略阶段。

9.3.1　基于市场链的协同创新

1998 年，中国已逐步放开因加入 WTO 而形成的相关市场，海尔集团将战略相应调整为国际化发展战略，在其指引下开始全力进军海外市场，产品批量销往全球主要经济区域市场，有自己的海外经销商网络与售后服务网络，Haier 品牌已经形成一定知名度、信誉度与美誉度。在国际化发展期间，海尔陆续在美国、欧洲、中东等地投资建厂，并构建相应的营销网络。而且，这种网络不仅是"生产工厂"式的生产网络，更是基于"当地创牌"的本土化网络，这使海尔集团的下属各部对自主权的要求大幅提升，要求集团总部授予更高的自主权，以推动各分

部实现自主创新的能力发展。

因此海尔开始实施以市场链为基础纽带的业务和组织流程再造，将原有职能结构转变为基于价值链流程的扁平化、信息化和网络化的组织结构，见图 9.10 和图 9.11。

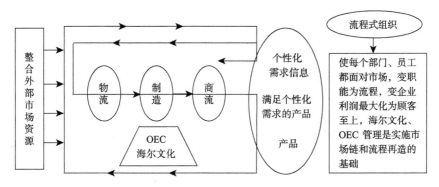

图 9.10　海尔集团的流程式组织结构

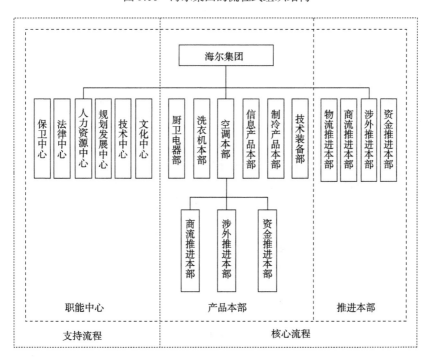

图 9.11　海尔集团基于流程再造后的组织结构

这次改革改善了传统组织结构使集团基层员工和外部市场客户之间研发、生产和需求之间严重脱节的现象，提升了对客户需求的应对能力，改善了集团内部周转效率和资源利用效率，推动海尔集团的"速度致胜"目标的实现。

这种组织结构实际上是超事业部制的，即在事业部制的组织结构的基础上，海尔集团按照规模经济及专业化分工的原则，在事业部上设置相应本部。设置物流推进本部，将各个产品事业部的采购职能、仓储职能、运输职能整合为一个部门，并由物流推进本部统一行使各产品事业部的采购、仓储和运输职能。设置商流推进部，将各产品事业部的国内营销功能整合为一个部门，并设置海外推进本部，将海外的相关营销部门整合，再设置资金推荐部将各财务部门整合。经过这种基于物流、资金流和商流的整合，海尔集团内原有的各产品事业部演变成独立的生产及研发部门，而不再具有其他的功能从而实行全集团范围内统一营销、统一采购、统一结算。并且，从各事业部分离所有支持辅助业务资源如技术质量管理、信息管理、人力资源开发、法律中心、保卫中心和设备管理服务等，形成独立经营的服务公司。这些推进本部和产品本部在集团组织结构中的地位是平级的，是一种相对扁平化的组织结构。其本质是将集团内部与外部市场整合在一起，基于用户需求设计产品流程，并根据相应流程来进行组织整合，推动创新。

这种基于市场链流程的组织结构调整经历了两个阶段，从传统的职能管理下的业务流程发展到矩阵型结构的项目流程，然后从解决基于矩阵结构所构建的业务流程运作过程中所存在的问题发展到新流程的确立和业务流程重组。1998 年到 2003 年是基础阶段，以实现三化（信息化、扁平化、网络化）为组织结构调整宗旨。从 2003 年起，海尔集团的市场链流程再造进入第二阶段，即以三主（主体、主线、主旨）为宗旨，推进人人成为 SBU，建立一个自运转的机制。

在升级后的组织结构中，海尔集团主要通过商流本部搭建全球的营销网络，从全球的用户资源中获取定单；通过产品本部，在 3R［R&D、HR（human resources，即人力资源开发）、CM（customer managemenet，即客户管理］开发支持流程的支持下通过新品的研发、市场研发及提高服务竞争力不断地创造用户新的需求，创造新的定单；通过产品事业部，在 3T［TCM（total cash management，即全面现金管理）、TEM（total equipment management，即全面设备管理、TQM（total quality management，即全面质量管理）］基础支持流程支持下将商流获取的定单执行实施，在海尔流程再造下的制造从过去的大批量生产变为大批量定制，采用 CIMS（computer integrated manufacturing system，即计算机集成制造系统）辅助，实现柔性化生产；最后，通过物流本部，利用全球供应链资源搭建全球采购配送网络，实现 JIT（just in time，即时生产）定单加速流。并且，在整个过程中，通过资金流本部搭建全面预算系统，对资金流进行全面掌控，形成了跨产品、跨物流、跨商流的创新网络。这种结构实现了集团内部创新网络和外部创新网络的互动，使集团成为一个开放的而不是封闭的有机创新系统（图 9.12）。

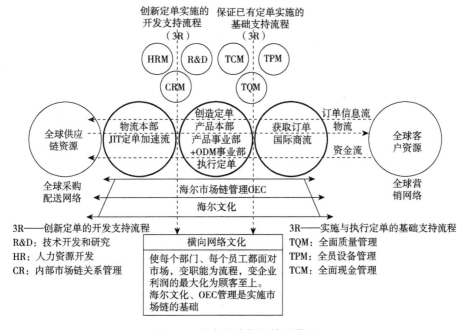

图 9.12　海尔的市场链管理模型

ODM：original design management，即初始设计管理

资料来源：根据相关资料改编绘制

9.3.2　全球化战略下的"三位一体"创新

海尔集团在 2006 年进入了全球化品牌战略阶段。制定全球化品牌战略主要是为了适应全球经济一体化的形势，在全球范围内运作海尔品牌。全球化品牌战略和此前国际化战略的核心区别是，后者是以中国本部为核心，向国际各市场进行辐射发展；而全球化品牌战略则是在海外当地实现本土化的海尔品牌形象构建。在这个品牌提升的过程中，海尔集团面临的最大问题就是需要解决产品运营能力和提升产品竞争力，从而与当地的经销商、供应商和客户实现多方共赢，并从单一的海尔中国文化变成海尔全球多元文化，实现全球范围内的可持续发展。

此前，海尔集团的组织结构一直是一种三角形的"金字塔形"的结构。"金字塔"结构的最上层是集团总部最高领导，而后是各分部，而后是一级一级的管理人员，金字塔的最下层是基础生产、营销员工。在金字塔式的组织管理结构中，外部市场所反映的问题，需要从底层员工到管理干部，再到次要领导，最后才能通达集团总部,而集团总部的战略和运营决策也是逐级下传。

　　海尔集团基于对当时外部环境的分析,通过组织结构调整,形成一种变化的"有序的非平衡结构",不断进行组织结构改革,结果是形成了"倒金字塔"式的组织结构。在这个组织结构中,由一线的员工组成一级经营体,协同一致与用户形成零距离接触,直接从事研发、营销和制造等直接创造价值的外部创新层。然后,原职能部门经过大幅精简后形成二级经营体,主要从以前下指令的领导方式改变为提供资源的职能,成为资源平台,是内部协同优化体系的重要部分,最后才由原有的主管形成三级经营体。这种组织变革颠覆了传统的企业组织结构原则,将原有的权力中心制变成了客户服务中心制,打破了各个部门之间的原生壁垒,共同合作、协同创新,为客户创造价值(图9.13)。

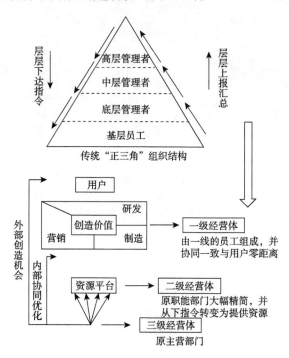

图9.13　海尔集团从"正三角"向"倒三角"演化的组织架构
资料来源:胡泳和亚洲(2014)

　　2005年9月,海尔集团总裁张瑞敏在集团年度的全球经理人年会上提出了"人单合一"的思想,来对全球化发展战略进行补充,主要体现了海尔一向支持"创造资源,美誉全球"的新企业精神。尽管在海尔探索管理的路上,形成了诸多的新型管理模式,但张瑞敏却尤其地赋予"人单合一"思想相当高的地位,他说,"海尔模式,就是人单合一",并且解释:"'人'就是员工,'单'表面上是'订单',

但本质是顾客资源，表面是把员工和订单连在一起，但订单的本质是顾客的需求、顾客的价值。人单合一，也就是把员工和他应该为顾客创造的价值、面对的顾客资源'合'在一起。"经过一段时间的整合、思考和筹备，2007 年 4 月 26 日，海尔提出"用 1 000 天实现流程系统创新（process and system innovation，PSI），完成 2 000~25 000 个流程的构建"，这个行动被称为"海尔集团的 1 000 天流程再造"。但在这个过程中，海尔集团的流程再造并不是单单针对组织业务流程，而是基于信息系统的组织流程再造，更会涉及整个海尔集团组织结构的调整。海尔集团在这次变革式的组织结构调整过程中，引入了外部创新主体，如惠普、IBM 等有实践经验的咨询公司，形成协同创新网络，帮助推进组织结构调整项目顺利实施。

在多次细节化调整后，海尔的组织结构调整为"倒三角"模式。具体而言，以白电产品部为例，最上边的一级经营体主要包括研发、生产、市场三类，提倡以员工为单位，直接面对用户进行决策；中间的二级经营体又叫平台经营体，也被称为 FU（functional unit，功能单位）平台，主要包括财务部、战略部、企业文化部、人力资源部、供应链平台等，是由大幅精简后的原职能部门转变而来，由下指令变成提供资源；最下面的三级经营体又叫战略经营体，是原来的高层管理者（如部长等），同样是由下指令变成了提供资源。这样一来，就彻底颠覆了原来的传统组织结构，集团的最终行为决策是由一线员工与用户，以及外部环境零距离接触后发起，原来的管理者则转变角色，以提供资源为任务核心。此外，这种倒金字塔形的集团组织模式虽然包含三个层次的经营体，但三个层次彼此间的关系并不是行政管辖的层级结构，而是一种以用户为中心的服务网络，所以，改革调整后的海尔集团的组织结构是相对更加扁平化的，原来的大量的中间管理层职位减少，提升了组织运营效率，降低了信息交流成本。

在国际化战略阶段，也就是市场链管理模型的初级阶段，集团内的 SBU 是市场的主体。发展到全球化战略这个阶段，海尔集团将其参与市场的主体变成了"自主经营体"，并构建了三表合一的管理模式。所谓三表，即战略损益表，用以反映顾客价值的损益；日清表，用以反映战略目标的执行情况；人单酬表，用以反映员工的价值分配情况。三表中，战略损益表为"纲"，日清表为"因"，人单酬表为"果"。即战略损益表把员工为企业创造的战略绩效锁定，而后用日清表来转化为具体经营行动，如果完成日清，并关闭了所有的"业绩差"，就能够获得很高的薪酬，甚至可以参与分红。三张表犹如一个漏斗，逐渐析出具体员工应得的公平酬劳。在这种管理模式下，自主经营体相对 SBU 拥有更大权力，具体来说是"三权"：用人权、分配权和决策权。在此基础上，每个自主经营体都通过战略损益表、日清表、人单酬表来核算业绩，形成了独特的管理会计体系。其本质仍然是基于价值链流程的运营管理，实际上，海尔集团的 OEC 管理并未随着组织模式的演进而被抛弃，而是进一步演化，继续发挥着积极的管理作用。

在 2006~2012 年，海尔集团通过多次组织结构调整，实现了集团结构与各阶段发展战略的优化匹配。例如，2007 年，海尔集团通过子集团式的架构调整，将产供销资源分配到各子集团，尽管这种模式削弱了此前的商流本部的功能，但这种变化是对新环境和新问题的适应性改进。此外，海尔集团还成立了金融集团，帮助集团内部各子集团之间进行融资拆解，强化对集团内部资金运作的整体监管力度，一方面帮助各子集团摆脱预算约束，另一方面加强对子集团的财务监控。因此可以认为，海尔集团的系列组织结构调整，是在此前的业务流程再造的基础之上，进一步基于市场链和事业部制的改革，结合了两者的优势，强化了不同的产品运营模式之间的交叉整合，提升了运营的效率。同时，这种组织结构调整，既保留了原来事业部制组织结构的优势特点，又避免了对相类似职能部门的重复建制，还能通过在子集团内部对产品线进行整合，实现优化效应。例如，海尔集团原组织结构中，对冰箱、洗衣机、空调等产品都有各自对应的独立事业部和相应的公关营销公司，这些公司分别对各自负责的产品进行推广、营销。经过组织结构调整后，新成立的整合式的白电运营集团负责统筹所有白电产品的品牌形象定位、营销和推广，既能够形成集团整体品牌形象，保证品牌内在质量，又能够节约相应的广告宣传成本。同时，在事业部模式下，由于各种因素的影响，各事业部之间在资源需求和获取方面必然存在冲突，集团总部需要付出相应的精力来协调这些资源冲突。在原有事业部下，由于某些事业本部之间产品定位及对资源需求具有一定的重复性，这就对集团总部调拨资源的能力提出了很大挑战。新的组织结构调整将同类型产品线划分在同一子集团之下，各产品线之间的资源共享和协同作战能力将得到加强。

在海尔集团的历次组织结构的变迁中，海尔一直强调"有序的非平衡结构"，即整个组织结构的变化都源自组织创新，集团为了适应外部环境的变化和发展，必须要建立一个有序的非平衡结构。

海尔集团在全球化战略阶段，在探索新管理模式的过程中，结合互联网发展趋势，整合形成了"倒金字塔式"的新型组织结构、虚实网络结合的零库存下的即需即供商业模式，以及业务流程再造等新的管理实践模式。海尔集团通过组织结构的变革和管理模式的调整，实现了飞跃式的全球化发展，推动了集团内部创新网络与外部创新网络之间的互动。

9.3.3 共创共赢的生态圈创新

2012 年，随着大数据、云计算等互联网信息、资源的交互计算手段的升级，海尔集团转型进入网络化战略阶段。

在传统工业时代家电产业链以家电品牌企业为核心，以规模经济优势，通过广告推销产品。第一，进入互联网时代，海尔集团认识到用户与企业的关系正在发生着改变，即企业和用户之间实现了信息零距离，原来企业的大规模制造注定要被大规模定制所代替；第二，去中心化，集团中每个员工都是中心，金字塔式的组织架构变得扁平化；第三，分布式管理，全球的资源企业都可以为集团所用。海尔集团抓住第三次工业革命的机遇，加快探索实践"人单合一双赢"模式，搭建"人人创客，引爆引领"的创业生态系统，不断推动员工、组织和企业实现转型。为保障员工、组织、企业三个转型的顺利展开，2015 年，海尔聚焦两大平台的建设——投资驱动平台和用户付薪平台。其中，投资驱动平台就是将企业从管控组织颠覆为生生不息的创业生态圈，为创业者在不同创业阶段提供资金支持。用户付薪平台是指创客的薪酬由用户说了算，从企业付薪到用户付薪，促使创业小微公司不断自演进和迭代升级。投资驱动平台和用户付薪平台是海尔模式创新的驱动力量（图 9.14）。

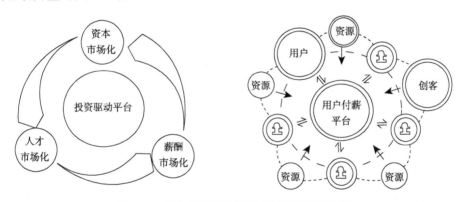

图 9.14　海尔集团的组织模式创新的驱动机制

资料来源：海尔网站

传统企业的组织是串联式的，从企划研发、制造、营销、服务一直到最后的用户，企划与用户之间有很多联动关系，但这些中间层级并不知道真正的用户需求是什么，以及一些集团外部的供应商、销售商都间隔开了集团与用户之间的距离。海尔认为，全球网络都是集团的研发部和人力资源部，因此，通过"外去中间商，内去隔热墙"，把架设在企业和用户之间的引发效率迟延和信息失真的中间机制彻底去除，让集团和用户直接连在一块，从传统串联流程转型为可实现各方利益最大化的利益共同体。在这个利益共同体里面，各种资源可以无障碍进入，同时能够实现各方的利益最大化。要建成并联的生态圈，形成新的网络化组织结构（图 9.15）。

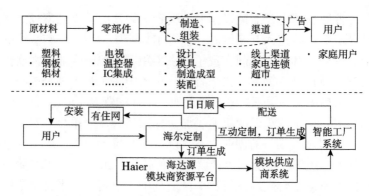

图 9.15　海尔集团的即时定制（海达源）

IC：integrated circuit，即集成电路

资料来源：根据海尔网站数据绘制

　　在此阶段，海尔的发展目标从传统制造家电产品的企业转型为面向全社会孵化创客的平台，致力于成为互联网企业，颠覆传统企业自成体系的封闭系统，变成网络互联中的结点，互联互通各种资源，打造共创共赢新平台，实现攸关各方的共赢增值。

　　为此，海尔在战略、组织、员工、用户、薪酬和管理六个方面进行了颠覆性探索，打造出一个动态循环体系，加速推进互联网转型。在战略上，建立以用户为中心的共创共赢生态圈，实现生态圈中各攸关方的共赢增值；在组织上，变传统的自我封闭为开放的互联网结点，颠覆科层制为网状组织。在这一过程中，员工从雇佣者、执行者转变为创业者、动态合伙人，目的是要构建社群最佳体验生态圈，满足用户的个性化需求。在薪酬机制上，将"企业付薪"变为"用户付薪"，驱动员工转型为真正的创业者，在为用户创造价值的同时实现自身价值；在管理创新上，通过对非线性管理的探索，最终实现引领目标的自演进。

　　在这个阶段海尔集团的战略方向是以诚信为核心竞争力，以社群为基本单元，建立后电商时代的共创共赢新平台。海尔将重点聚焦把"一薪一表一架构"融入转型的六个要素中。"一薪"即用户付薪，是互联网转型的驱动力；"一表"为共赢增值表，目的是促进边际效应递增；"一架构"是小微对赌契约，它可以引领目标的自演进。三者相互关联，形成闭合链条，共同推进互联网转型（图 9.16）。

　　在海尔集团的网络式结构中，没有层级，只有三种人——平台主、小微主、创客，所有主题都围绕用户需求进行共享式的创新。平台主从管控者变为服务者，员工从听从上级指挥到为用户创造价值，必须要变成创业者、创客，这些创客组成小微创业企业，创客和小微主共同创造用户、市场。小微主不是由企业任命的，而是创客共同选举的。创客和小微间可以互选，如果小微主做了一段时间，小

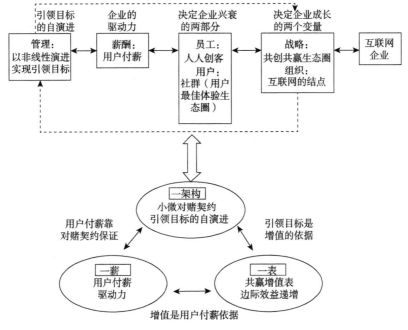

图 9.16　海尔的网络化战略模型

资料来源：根据海尔网站数据绘制

微成员的创客认为其不称职，可将其撤换。如果企业内部的人都不行，还可以引进外部的资源。这些小微加上社会的资源，就变成了一个生态圈，共同去创造不同的市场。这就会形成有很多并联平台的生态圈，对着不同的市场、不同的用户（图 9.17）。

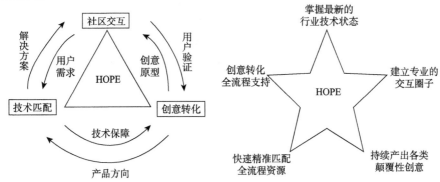

图 9.17　海尔集团 HOPE 创新平台思想

资料来源：根据海尔网站数据绘制

　　海尔集团利用各种互联网平台进行数据的采集与融合，瞄准个性化需求，采用在线定制产品，为客户量身打造合适的家电产品，积极探索新模式。

　　海尔的互联网+战略，其核心有：其一，通过海尔内部的平台化，重构内部价值链以适应大规模定制的需要；其二，卡入口，积累大数据，主要是通过有住网、众创汇、U+智能家居生活平台及机器人控制器锁定家庭用户群，积累家庭用户大数据；其三，以家庭用户端大数据为依托，以海达源平台等汇聚供应商资源，打造互联生产系统。海尔互联网+的本质是面向家庭用户群，以多平台搭建产业生态系统，实现规模经济与范围经济的结合。一方面通过互联网平台，聚合个性化的订单，形成大规模定制；另一方面，面向家庭用户群，提供包括家居单品、智能家居单品、安装/装修、金融等产品及服务（图9.18）。

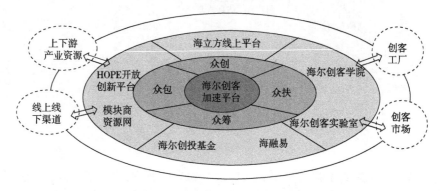

图9.18　海尔集团的开放创新网络

　　截止到2017年1月，海尔集团已支持内部创业人员成立200余家小微公司，创业项目涉及家电、智能可穿戴设备等产品类别，以及物流、商务、文化等服务领域。另外，在海尔创业平台，已经诞生470个项目，汇聚1 328家风险投资机构，吸引4 000多家生态资源，孵化和孕育着2 000多家创客小微公司。越来越多的社会人员选择海尔平台进行创业，海尔创建的创业生态系统已为全社会提供超过100万个就业机会。

9.4　本　章　小　结

　　本章首先对海尔集团的发展概况进行梳理，在此基础上，结合集团的战略发展阶段，结合集团在不同战略阶段中形成的不同组织结构，以及不同的创新网络模式进行了整理，这是中国本土企业集团的创新网络发展的企业实践。

　　海尔集团是中国本土企业集团中优秀的创新驱动型企业。海尔集团在发展历程中，随着战略的转移和市场环境的变化而创新，探索实施一系列创新的组织结构模式，并发展为基于互联网开放式创新系统。从实现海尔名牌战略的职能型结构，到实现海尔多元化战略的事业本部结构再到实现海尔国际化战略的流程型网络结构，体现了海尔组织创新之路。以海尔为代表的中国企业集团的创新网络从内部创新网络向外部创新网络发展，最后形成内、外部创新网络交互的发展路径，使以知识、技术为基础的信息技术迅速发展和广泛应用，导致企业组织内部信息交流的成本大大降低，推动了企业创新结构从纵向层级体制向网络结构的深刻变化。

第六篇

研究结论

第 10 章　结论与展望

本章主要建立在此前八章内容的分析基础之上，从这个角度而言，本章所归纳得到的结论都蕴含在本章之前的理论分析与实证检验中。在本章，首先将本书得到的基本结论进行归纳总结；其次在此基础上对研究的理论贡献及对管理实践的启示进行阐述；最后对本书的局限性和不足之处进行总结，并对未来进一步深入研究的方向进行展望。

10.1　主　要　结　论

10.1.1　创新网络结构研究

本书基于社会网络理论，结合组织理论和制度理论，从子公司的创业行为角度对子公司与企业集团网络的关系进行研究，着眼于在母子公司及子公司之间以及集团子公司与外部利益相关者之间构成的企业集团内、外双重网络维度与制度环境和经济环境的环境维度共同构成的子公司分析框架。

研究从子公司实施创业行为的内在动机、实施条件与影响因素的分析入手，理清了子公司实施创业行为的逻辑链条，并对企业集团的网络结构进行解析，据此分析由子公司创业行为推动形成的集团非正式网络对子公司所面临的就业压力的缓冲效用，研究了子公司如何通过实施创业行为来实现其对集团网络的构建与解消从而实现成长这个动态过程的内在机理。

本书探讨了作为非正式组织的集团网络可以为子公司缓解来自环境的制度压力、推动子公司实施创业行为，而子公司的成长过程就是解消制度压力、从内部主导向外部主导转化的过程，从而最终实现集团网络的共同进化。本书是对企业集团内部横向协调机制问题研究的理论深化，同时，也为企业集团管理者提供了一个如何治理子公司的分析框架。

10.1.2　创新网络机理研究

本书基于对相关文献及理论的总结与回顾，将经济社会学中的思路引入企业集团研究中，把企业集团视作一个自然系统，分析了子公司的创业行为如何影响子公司与非正式组织的集团网络嵌入关系，以及子公司出于成长的需要如何建构或解消网络环境。本书还对影响集团网络结构的重要因素——子公司创业行为及其对网络产生影响的作用机理进行了分析，指出创业行为的产生和实施一方面受到子公司权利和利益的内部驱动，另一方面还受到集团竞争环境的外部激励。通过相关命题建构了子公司创业行为与其网络嵌入程度的逻辑关系，即在理性原则下，子公司在集团网络内部的嵌入程度不是无限加大的，而是受到网络嵌入的边际效应影响，这个网络嵌入的变化伴随着子公司的成长过程。通过建立解释内部创业行为、外部创业行为和网络嵌入关系的理论模型，用内部创业行为向外部创业行为转变和网络嵌入的变化来揭示企业集团中子公司的成长路径，以及企业集团网络形态的演变机理。

10.1.3　创新网络情境研究

通过递进式分析，构建企业集团子公司成长的理论模型。即基于对我国企业集团产生、发展的路径与制度背景的梳理，进一步指出集团的规范结构遵循合法性的逻辑，而非正式网络结构遵循着效率逻辑。企业集团的正式规范结构嵌入作为非正式组织的集团关系网络中，非正式集团网络又对正式组织结构起着决定作用，反过来正式结构也约束着非正式网络结构的形态。

本书认为中国企业在经过十余年的经济转型期后，已出现了规范结构内化，即规范结构嵌入非正式网络结构中的现象，这是我们对新制度理论的发展。基于这种观点，本书进一步探讨了由企业集团子公司创业行为推动形成的集团非正式网络对子公司所面临的制度压力的缓冲效用，以及子公司如何应对制度和就业双重压力进行策略选择，进而实现子公司创新和成长的子公司治理机制，提出相关假设，并进行实证检验。

通过实证检验发现：第一，子公司外部创业行为对公司的总体成长性具有较为显著的积极影响；第二，子公司外部创业行为对集团内部网络嵌入程度有负面影响，说明外部创业行为降低了子公司网络嵌入的联结强度，子公司对外部机会的关注和追求削弱了它与企业集团内部其他结点二元关系层面上的知识、信息和资源的交流；第三，子公司外部创业行为与集团网络外部嵌入程度之间的关系正相关；第四，关于制度压力下子公司行为的分析也都得到了数据的支持，值得后续研究进行进一步探讨。

10.2　理论贡献与研究局限

10.2.1　理论贡献

本书应用社会资本理论、网络理论及新制度理论构建了以合法性机制和效率机制的耦合视角为核心的理论模型，提出研究假设，并据此分析了由企业集团子公司创业行为推动形成的集团非正式网络对子公司所面临的制度压力的缓冲效用，以及子公司如何应对制度和就业双重压力进行策略选择，进而实现子公司创新和成长的子公司治理机制。本书对现有理论的积极意义主要有以下几方面。

1. 研究视角的创新

对企业集团的分析需要多重角度，现有研究从交易成本理论和资源依赖理论对企业集团进行了大量研究，但从社会关系和网络视角以及制度理论出发对企业集团进行的研究还相对较少。本书基于社会网络理论，结合组织理论和制度理论，将网络观点引入对企业集团母子公司间关系的分析，从子公司的创业行为角度对子公司与企业集团网络的关系进行研究，探索决定子公司创业行为的一般规律与策略，系统分析子公司创业行为的网络效应，尤其重点分析网络中的弹性限制问题，并分析了制度环境中制度压力对子公司行为和状态的影响。本书着眼于企业集团的创新网络，从母、子公司间，子公司之间，以及子公司与外部利益相关者之间的多重关系构成的网络入手，拓展了公司创业理论的研究视角，弥补了交易成本理论、委托-代理理论等对此类问题研究的局限，丰富了经济社会学理论的研究内容。

本书把已有研究成果与我国的情境变量相结合，识别出企业集团运营网络治理中子公司创业行为的决定因素，尤其是对子公司创业行为的机制研究对母子公司集团网络的组织结构的变化研究具有重要影响，是进一步研究母子公司治理结构的重要桥梁，既为我国经济转型背景下企业集团中的母公司如何合理地决定子公司决策自主权、有效治理子公司提供了经验支持，也为我国企业集团治理研究深入展开奠定基础。

2. 研究内容的创新

从对企业集团的相关研究来看，目前对企业集团的研究主要是从关系理论、政治经济观点、委托-代理理论及交易成本理论的角度出发，根据不同的研究目的展开分析。这些理论各自有独特的解释能力但又具有一定的局限性，需要对其进行整合，才能形成对企业集团，尤其是我国转型经济情境下企业集团的全面理解。同时，现有研究指出，对于复杂组织的研究引入多元制度分析逻辑，有助于形成更完善的结论。

基于此，本书建立一个对企业集团整合的分析框架进行研究。同时还基于我国的转型经济情境，进一步分析制度环境中合法性机制对企业集团治理的影响作用，以子公司创业行为作为推动集团网络形成的驱动力量构成我们分析的逻辑主线。分析了作为非正式组织的网络关系如何影响子公司的创业行为，以及子公司出于成长的需要如何建构或解消网络环境。通过解释内部创业行为、外部创业行为和网络嵌入关系的理论模型，用内部创业行为向外部创业行为转变和网络嵌入的变化来揭示企业集团中子公司的成长路径，以及企业集团网络形态的演变机理，是对企业集团内部横向协调机制问题研究的进一步深化。

3. 研究方法的创新

本书将社会网络分析方法引入对企业集团母子公司创新网络及其子公司治理机制的研究中来，分析母子公司运营网络、子公司特性、环境特性与子公司创业行为的关系；以量化的方式提供有关我国母子公司关系网络治理层面的重要信息变量，是对已有企业集团关于子公司治理研究描述性编码或定性研究的一个突破和补充。

10.2.2　研究局限

探讨我国企业集团网络治理机制是一个具有挑战性的研究课题，现有研究存在较多局限，未来研究也有多重角度值得深入。

尽管本书已经尽力对研究框架进行完善，但仍存在一些研究的局限性。

首先，受手工收集数据的可获取性和数据库录入时间限制，本书仅仅收集了2003~2011年沪深300指数成分公司作为样本的初始来源，尽管这些公司具有一定的代表性，但仍未能全部概括A股上市公司。因此，未来的研究将努力搜集和获取更多的样本数据，以进行更为准确的分析。

其次，本书的分析视角是合法性机制与效率机制的耦合，但对合法性机制即制度环境对子公司的作用机制仍未能清晰描述，仅使用就业压力这一代理变量来衡量子公司所受到的制度压力，但实际上子公司还面临来自如行业规范、社会伦理等许多方面的合法性压力。本书受限于数据的可获性而缺少这方面的深化研究，这也是一处研究局限。

再次，目前关于子公司创业行为的影响研究也是刚刚开始。本书对创业行为的分析并不完整，或是采用案例分析对内部创业行为进行检验，或是采用二手数据对外部创业行为进行分析，后期还应进一步开发将二者置于同一结构中的检验手段及变量设计。同时本书基于这种理论基础所做的探讨及提出的比较粗略的命题也存在很多问题。例如，对于相关假设仅用个案进行验证，并不能完全证实命题的正确性，这些都是确实存在的难点与不足。但是这些命题的提出仍然是有意义的，至少这些命题为后续的深入研究和进一步收集数据以及实证分析提供了大致方向。虽然研究中的相关命题在海信集团的例子中部分得到验证，但仍需要进一步展开大样本的实证检验。因此采用大量问卷调查和实地访谈获取大量样本数据是我们下一阶段要做的工作。

最后，本书把子公司开拓性角色作为前提条件，对子公司创业行为及网络嵌入的基本规律进行了归纳，没有考虑其他角色对创业行为的影响，也没有论及母公司战略的影响，显然对于子公司实施创业行为而言，这是重要的情境因素。而且，书中的模型是基于已有文献及相关理论推演而来的理性模型，内部创业行为、外部创业行为以及网络嵌入等各要素之间是紧密连接的。在案例分析过程中，我们隐约地感到要素之间松散连接的自然系统模型更符合经济现实，而自然系统模型中要素之间规律的探讨需要展开更多的案例研究和实证检验。这些都表明本书存在的不足之处，这也正是我们在后续研究工作中所要重点解决的问题。

参 考 文 献

薄连明，井润田. 2014. TCL 国际化：基于本土化系统观点的行动研究[J]. 管理学报，11（12）：
　　1727-1736.

陈德铭. 2000. 变革时期的政府与企业的关系：制度分析[J]. 江苏社会科学，（4）：9-19.

陈刚. 2010. 一汽轿车自主研发创新体系建设研究[D]. 天津大学硕士学位论文.

陈劲，吴波. 2012. 开放式创新下企业开放度与外部关键资源获取[J]. 科研管理，（9）：10-21.

陈志军. 2007. 母子公司管控模式选择[J]. 经济管理，（3）：34-40.

陈志军，薛光红. 2012. 股权结构与企业集团多元化战略关系研究[J]. 财贸研究，（5）：126-131.

戴天婧，汤谷良，彭家钧. 2012. 企业动态能力提升、组织结构倒置与新型管理控制系统嵌入——
　　基于海尔集团自主经营体探索型案例研究[J]. 中国工业经济，（2）：128-138.

邓可斌，丁重. 2010. 多元化战略与资本结构之间关系探析[J]. 管理学报，（7）：1075-1084.

邓少军，芮明杰. 2010. 组织动态能力演化微观认知机制研究前沿探析与未来展望[J]. 外国经济
　　与管理，（11）：26-34.

邓少军，焦豪，冯臻. 2011. 复杂动态环境下企业战略转型的过程机制研究[J]. 科研管理，32（1）：
　　60-67.

邓新明，田志龙. 2010. 组织环境与战略关系研究：市场导向与制度导向[J]. 管理学报，7（12）：
　　1760-1766.

冯海龙. 2010. 组织学习对战略执行力的影响分析[J]. 管理评论，22（9）：75-83.

冯米，路江涌，林道谧. 2012. 战略与结构匹配的影响因素——以我国台湾地区企业集团为例[J].
　　管理世界，（2）：73-81.

冯米，张曦如，路江涌. 2014. 战略与结构匹配对新兴市场企业集团绩效的影响[J]. 南开管理评
　　论，17（6）：63-71.

高闯，关鑫. 2008. 社会资本、网络连带与上市公司终极股东控制权——基于社会资本理论的分
　　析框架[J]. 中国工业经济，（9）：88-97.

高良谋，马文甲. 2014. 开放式创新：内涵、框架与中国情境[J]. 管理世界，（6）：157-169.

高照军，武常岐. 2014. 制度理论视角下的企业创新行为研究——基于国家高新区企业的实证分
　　析[J]. 科学学研究，32（10）：1580-1592.

葛晨，徐金发. 1999. 母子公司的管理与控制模式[J]. 管理世界，（6）：190-196.

葛建华，王利平. 2011. 多维环境规制下的组织目标及组织形态演变——基于中国长江三峡集团
　　公司的案例研究[J]. 南开管理评论，（5）：12-23.

葛京. 2007. 跨国企业海外子公司的地位与作用及其演进[J]. 管理评论，（5）：57-62.

猴倩雯，蔡宁. 2015. 制度复杂性与企业环境战略选择：基于制度逻辑视角的解读[J]. 经济社会
　　体制比较，177（1）：125-138.

关涛,薛求知. 2012. 中国本土跨国企业组织结构优化设计框架[J]. 科学学研究, 30(6): 877-885.

郭海. 2013. 管理者的社会关系影响民营企业绩效的机制研究[J]. 管理科学, 26(4): 13-24.

郭劲光. 2006. 解析网络组织中的网络文化[J]. 石家庄经济学院学报, 29(6): 756-759.

郭毅, 罗家德. 2007. 社会资本与管理学[M]. 上海: 华东理工大学出版社.

郭毅, 胡美琴, 王晶莺, 等. 2009. 组织与战略管理中的新制度主义视野[M]. 上海: 格致出版社.

国家统计局企业调查总队课题组. 2001. 我国企业集团的建立与发展[J]. 中国统计, (3): 25-27.

韩朝华. 2000. 战略与制度: 中国企业集团的成长分析[M]. 北京: 经济科学出版社.

韩巍. 2009. "管理学在中国"——本土化学科建构几个关键问题的探讨[J]. 管理学报, (6): 711-717.

何郁冰. 2015. 国内外开放式创新研究动态与展望[J]. 科学学与科学技术管理, (3): 3-12.

何铮. 2006. 从主流战略管理研究折射中国国有企业战略管理实践的演变[J]. 南开管理评论, (2): 106-109.

胡泳, 郝亚洲. 2014. 张瑞敏思考实录[M]. 北京: 机械工业出版社.

黄海昕. 2010. 企业集团子公司主导行为对网络构型的影响研究——基于子公司主导行为机制框架的理论探索[D]. 南开大学硕士学位论文.

黄海昕, 王凯. 2014. 企业集团子公司治理: 合法性机制与效率机制的耦合[J]. 公司治理评论, 4(1): 1-31.

蓝海林. 2014. 中国企业战略行为的解释: 一个整个情境——企业特征的概念框架[J]. 管理学报, 11(5): 653-658.

蓝海林, 汪秀琼, 吴小节, 等. 2010. 基于制度基础观的市场进入模式影响因素: 理论模型构建与相关研究命题的提出[J]. 南开管理评论, 13(6): 77-90.

蓝海林, 宋铁波, 曾萍. 2012. 情境理论化: 基于中国企业战略管理实践的探讨[J]. 管理学报, 9(1): 12-16.

李海舰, 聂辉华. 2004. 论企业与市场的相互融合[J]. 中国工业经济, (8): 26-35.

李姝, 高山行. 2014. 环境不确定性、组织冗余与原始性创新的关系研究[J]. 管理评论, 12(1): 47-56.

李维安, 武立东. 1999. 企业集团的公司治理——规模起点、治理边界和子公司治理[J]. 南开管理评论, (1): 44-48.

李新春, 刘莉. 2009. 嵌入性、市场性关系网络与家族企业创业成长[J]. 中山大学学报(社会科学版), (3): 190-202.

林海芬, 苏敬勤. 2017. 中国企业管理情境的形成根源、构成及内化机理[J]. 管理学报, 14(2): 160-167.

林嵩. 2013. 国内外嵌入性研究述评[J]. 技术经济, 32(5): 48-53.

刘海建, 周小虎, 龙静. 2009. 组织结构惯性、战略变革与企业绩效的关系: 基于动态演化视角的实证研究[J]. 管理评论, 21(11): 92-100.

刘群慧, 李丽. 2013. 关系嵌入性、机会主义行为与合作创新意愿——对广东省中小企业样本的实证研究[J]. 科学学与科学技术管理, (7): 85-96.

刘巍. 2010. "嵌入性"理论及其在中国研究中的发展[J]. 淮阴师范学院学报(哲学社会科学版), 32(4): 507-511.

刘小玄. 2008. 奠定中国市场经济的微观基础——企业革命 30 年[M]. 上海: 格致出版社.

刘雪锋. 2009. 网络嵌入性影响企业绩效的机制案例研究[J]. 管理世界, (2): 3-12.

罗宣. 2007. 我国母子公司构架下的子公司网络化成长机制研究[D]. 浙江大学博士学位论文.

罗仲伟. 2009. 中国国有企业改革: 方法论和策略[J]. 中国工业经济, (1): 5-17.

罗仲伟, 任国良, 焦豪, 等. 2014. 动态能力、技术范式转变与创新战略——基于腾讯微信"整合"与"迭代"微创新的纵向案例分析[J]. 管理世界,（8）: 152-168.

吕力. 2014. 管理案例研究的信效度分析: 以 AMJ 年度最佳论文为例[J]. 科学学与科学技术管理,（12）: 19-29.

吕一博, 程露, 苏敬勤. 2014. 知识搜索行为与区域创新网络演化[J]. 系统工程学报, 29（6）: 725-733.

吕一博, 蓝清, 韩少杰. 2015. 开放式创新生态系统的成长基因[J]. 中国工业经济, 326（5）: 148-160.

吕源, 姚俊, 蓝海林. 2005. 企业集团的理论综述与探讨[J]. 南开管理评论,（4）: 28-35.

马洪伟, 蓝海林. 2001. 我国工业企业多元化程度与绩效研究[J]. 南方经济,（9）: 25-27.

马蕴诗, 李新家, 彭清华. 2000. 企业集团——扩展动因、模式与案例[M]. 广州: 广东人民出版社.

南建设. 2015. 企业内部环境的概念及构成要素研究述评及展望[J]. 外国经济与管理, 37（4）: 76-83.

潘安成, 王伟. 2011. 管理层知识结构与组织变革的互动机理研究——以结构化为视角[J]. 科研管理, 32（8）: 84-89.

彭华涛. 2014. 创业企业成长的创新网络、战略网络以及资源获取网络嵌入——基于海尔的案例研究[J]. 中国科技论坛,（1）: 88-93.

彭正银, 包凤耐. 2011. 网络嵌入的文献述评与发展动态分析[A]//中国管理现代化研究会. 第六届（2011）中国管理学年会—— 公司治理分会场论文集[C].（1）: 59-65.

蒲明, 毕克新. 2013. 内部嵌入性与跨国子公司成长能力关系的实证研究[J]. 中国软科学,（8）: 136-143.

秦令华, 井润田, 王国锋. 2012. 私营企业主可观察经历、战略导向及其匹配对绩效的影响研究[J]. 南开管理评论,（4）: 36-47.

邱国栋, 马巧慧. 2013. 企业制度创新与技术创新的内生耦合——以韩国现代与中国吉利为样本的跨案例研究[J]. 中国软科学,（12）: 94-113.

任兵, 楚耀. 2014. 中国管理学研究情境化的概念、内涵和路径[J]. 管理学报,（3）: 330-336.

盛昭瀚, 肖条军. 2001. 技术创新对企业集团能量效率的影响与对策[J]. 管理科学学报,（6）: 1-5.

斯科特 W R. 2010. 制度与组织——思想观念与物质利益[M]. 姚伟, 王黎芳译. 北京: 中国人民大学出版社.

苏敬勤, 刘畅. 2015. 中国情境架构及作用机理——基于中国企业战略变革案例的质化研究[J]. 管理评论, 27（10）: 218-229.

苏敬勤, 刘畅. 2016. 中国企业外部情境架构构建与研究述评[J]. 外国经济与管理, 38（3）: 3-18.

苏敬勤, 张琳琳. 2016. 情境内涵、分类与情境化研究现状[J]. 管理学报, 13（4）: 491-497.

孙国强, 李维安. 2003. 网络组织治理边界的界定及其功能分析[J]. 现代管理科学,（3）: 3-4.

孙国强, 石海瑞. 2011. 网络组织负效应的实证分析[J]. 科学学与科学技术管理, 32（7）: 24-30.

唐健雄, 李允尧, 黄健柏, 等. 2012. 组织学习对企业战略转型能力的影响研究[J]. 管理世界,（9）: 182-183.

陶向京, 盛昭瀚. 2002. 外部性与企业集团形成动因[J]. 管理科学学报,（5）: 40-45.

童时中, 陆萍. 2008. 从模块化设计到模块化企业[J]. 电子机械工程,（6）: 5-13.

万钢. 2013. 创新驱动与转型发展[J]. 中国流通经济, 27（6）: 4-7.

王蓓, 郑建明. 2010. 金字塔控股集团与公司价值研究[J]. 中国工业经济,（2）: 110-119.

王雎. 2010. 开放式创新下的占有制度: 基于知识产权的探讨[J]. 科研管理,（1）: 153-159.

王璐, 高鹏. 2010. 扎根理论及其在管理学研究中的应用问题探讨[J]. 外国经济与管理, 32（12）: 10-18.

王世权，王丹，武立东. 2012. 母子公司关系网络影响子公司创业的内在机理——基于海信集团的案例研究[J]. 管理世界，12（6）：133-146.

魏谷，孙启新. 2014. 组织资源、战略先动性与中小企业绩效关系研究——基于资源基础观的视角[J]. 中国软科学，（9）：117-126.

魏江，邬爱其，彭雪蓉. 2014. 中国战略管理研究：情境问题与理论前沿[J]. 管理世界，（12）：167-171.

魏江，应瑛，刘洋. 2014. 研发网络分散化、组织学习顺序与创新绩效：比较案例研究[J]. 管理世界，（2）：137-151.

武立东. 2007. 母子公司关系网络治理中影响子公司自主决策的因素分析[J]. 现代财经，27（10）：36-39.

武立东，黄海昕，王凯. 2014. 企业集团治理研究[M]. 北京：高等教育出版社.

武立东，王凯，黄海昕. 2012. 组织外部环境不确定性的研究述评[J]. 管理学报，（11）：1712-1717.

武立东，黄海昕. 2010. 企业集团子公司创业行为及其网络嵌入研究：以海信集团为例[J]. 南开管理评论，12（6）：125-137.

武亚军. 2009. 中国本土新兴企业的战略双重性：基于华为、联想和海尔实践的理论探索[J]. 管理世界，（12）：120-136.

夏辉，薛求知. 2010. 服务型跨国公司模块化的演进及创新机理[J]. 当代财经，（12）：28-34.

肖静华，谢康，冉佳森. 2013. 缺乏 IT 认知情境下企业如何进行 IT 规划——通过嵌入式行动研究实现战略匹配的过程和方法[J]. 管理世界，（6）：138-152.

谢金生，卢永昌. 2011. 中国省市经济发展水平的数量分类. 现代财经，254（31）：94-97.

解学梅，左蕾蕾. 2013. 企业协同创新网络特征与创新绩效：基于知识吸收能力的中介效应研究[J]. 南开管理评论，16（3）：47-56.

谢永平，孙永磊，张浩淼. 2014. 资源依赖、关系治理与技术创新网络企业核心影响力形成[J]. 管理评论，26（8）：117-126.

徐梅鑫. 2012. 制度环境差异和母公司控制下的子公司自主行为研究[D]. 华南理工大学博士学位论文.

徐淑英，张志学. 2011. 管理问题与理论建立：开展中国本土管理研究的策略[J]. 重庆大学学报（社会科学版），17（4）：1-7.

徐向龙，毛蕴诗. 2010. 我国中央企业的成长特征与战略重组研究[J]. 产经评论，（3）：60-68.

徐向艺，谢明亮. 2008. 协调与合作视角下的企业集团治理框架研究[J]. 文史哲，（1）：151-157.

许冠南. 2008. 关系嵌入性对技术创新绩效的影响研究[D]. 浙江大学博士学位论文.

许晖，李文. 2013. 高科技企业组织学习与双元创新关系实证研究[J]. 管理科学，26（4）：35-45.

薛求知，侯仕军. 2005. 海外子公司地位研究：从总部视角到子公司视角[J]. 南开管理评论，8（4）：60-66.

薛求知，罗来军. 2006. 合资子公司的演化路径[J]. 开放导报，（4）：59-63.

严若森，钱晶晶. 2017. 网络治理模式创新研究——阿里"合伙人"与海尔"小微创客"[J]. 科学学与科学技术管理，（1）：3-13.

杨桂菊. 2006. 跨国公司子公司角色演化机制理论模型——子公司网络资本的分析视角[J]. 世界经济研究，（11）：16-21.

杨林. 2014. 创业型企业高管团队垂直对差异与创业战略导向：产业环境和企业所有制的调节效应[J]. 南开管理评论，17（1）：134-144.

杨小凯. 2003. 新兴古典经济学与超边际分析[M]. 北京：社会科学文献出版社.

杨友仁，夏铸九. 2005. 跨界生产网络的组织治理模式——以苏州地区信息电子业台商为例[J]. 地理研究，24（2）：253-264.

杨玉龙，潘飞，张川. 2014. 上下级关系、组织分权与企业业绩评价系统[J]. 管理世界，（10）：114-135.

姚俊，蓝海林. 2006. 我国企业集团的演进及组建模式研究[J]. 经济经纬，（1）：82-85.

曾国军. 2006. 跨国公司在华子公司战略角色演变的影响因素与路径：以业务范围和竞争能力为框架[J]. 管理学报，（6）：692-702.

曾萍，邓腾智，宋铁波. 2013. 制度环境、核心能力与中国民营企业成长[J]. 管理学报，10（5）：663-670.

张春博，丁堃，曲昭，等. 2015. 基于文献计量的我国创新驱动研究述评[J]. 科技进步与对策，32（9）：152-160.

张富春. 1997. 论我国企业集团的组织与条件[J]. 生产力研究，（5）：65-68.

张海涛，龙立荣. 2015. 领导风格与企业战略协同对创新气氛影响的内在机理研究[J]. 科学学与科学技术管理，（6）：114-125.

张军等. 2008. 中国企业的转型道路[M]. 上海：格致出版社.

张维迎. 1995. 企业的企业家——契约理论[M]. 上海：上海人民出版社.

张正堂，吴志刚. 2004. 企业集团母子公司管理控制理论的发展[J]. 财经问题研究，（6）：87-91.

章威. 2009. 基于知识的企业动态能力研究：嵌入性前因及创新绩效结果[D]. 浙江大学博士学位论文.

赵景华. 2007. 跨国公司在华子公司竞争优势与战略倾向实证研究[J]. 中国工业经济，（4）：79-87.

赵曙明. 1998. 市场经济下政府与企业的关系[J]. 生产力研究，（1）：17-23.

赵锡斌. 2006. 深化企业环境理论研究的几个问题[J]. 管理学报，3（4）：379-386.

甄志宏. 2006. 从网络嵌入性到制度嵌入性——新经济社会学制度研究前沿[J]. 江苏社会科学，（3）：97-100.

郑方. 2012. 嵌入性视角下的连锁董事网络研究[D]. 山东大学博士学位论文.

郑小勇，魏江. 2011. Business group、企业集团和关联企业概念辨析及研究范畴、主题、方法比较[J]. 外国经济与管理，33（10）：17-25.

郑雅琴，贾良定，尤树洋，等. 2013. 中国管理与组织的情境化研究——基于10篇高度中国情境化研究论文的分析[J]. 管理学报，11（10）：1561-1566.

周鹏. 2004. DIY：企业组织分析的另一个视角[J]. 中国工业经济，（2）：86-93.

周雪光，艾云. 2010. 多重逻辑下的制度变迁：一个分析框架[J]. 中国社会科学，（4）：132-150.

朱方伟，孙秀霞，杨筱恬. 2013. 战略项目管理情境对项目权力配置的影响研究——基于战略权变视角[J]. 南开管理评论，16（4）：143-153.

朱顺林. 2012. 基于网络嵌入的子公司演化成长机制研究[D]. 浙江大学博士学位论文.

朱武祥. 2001. 金融系统资源配置的有效性与企业多元化——兼论企业集团多元化策略[J]. 管理世界，（4）：137-144.

朱瑜，王雁飞，蓝海林. 2007. 组织学习、组织创新与企业核心能力关系研究[J]. 科学学研究，25（3）：536-540.

朱镇，赵晶. 2011. 企业电子商务采纳的战略决策行为：基于社会认知理论的研究[J]. 南开管理评论，14（3）：151-160.

Smith A. 2005. 国富论[M]. 唐日松，赵康英，冯力，等译. 北京：华夏出版社.

Thompson J. 2007. 行动中的组织——行政理论的社会科学基础[M]. 敬乂嘉译. 上海：上海人民出版社.

Ajax P. 2005. Enhancing synergistic innovative capability in multinational corporations：an empirical investigation[J]. The Journal of Product Innovation Management，22（5）：412-429.

Almeida H, Park S Y, Subrahmanyam M G, et al. 2011. The structure and formation of business groups: evidence from Korean chaebols[J]. Journal of Financial Economics, 99（2）: 447-475.

Ambos T C, Björn A. 2009. The impact of distance on knowledge transfer effectiveness in multinational corporations[J]. Journal of International Management, 15（1）: 1-14.

Ambos T C, Birkinshaw J. 2010. Headquarters' attention and it's effect on subsidiary performance[J]. Management International Review, 50: 449-469.

Ambos T C, Andersson U, Birkinshaw J. 2010. What are the consequences of initiative-taking in multinational subsidiaries? [J]. Journal of International Business Studies, 41（7）: 1099-1118.

Andersson U, Forsgren M. 1997. Subsidiary embeddedness and integration in the multinational corporation[C]. EIBA conference proceedings Stuttgart.

Andersson U, Forsgren M. 2000. In search of center of excellence: network embeddedness and subsidiary roles in multinational corporations[J]. Management International Review, 40（4）: 320-350.

Andersson U, Björkman I, Forsgren M. 2005. Managing subsidiary knowledge creation: the effect of control mechanisms on subsidiary local embeddedness[J]. International Business Review, 14（5）: 521-538.

Ansoff H I. 1980. Strategic issues management[J]. Business Book Review Library, 41（2）: 456-468.

Ansoff H I. 2007. Strategy Management[M]. New York: Palgrave Macmillan.

Ardichvili A, Cardozo R, Ray S. A theory of entrepreneurial opportunity identification and development[J]. Journal of Business Venturing, 18（1）: 105-123.

Arti K W, Brush T H. 2000. Asset specificity, uncertainty and relational norms: an examination of coordination costs in collaborative strategic alliances[J]. Journal of Economic Behavior & Organization, 41（4）: 337-362.

Autio E, George G, Alexy O. 2011. International entrepreneurship and capability development—qualitative evidence and future research directions[J]. Entrepreneurship Theory and Practice, 35（1）: 11-37.

Bae K H, Jeony S W. 2007. The value-relevance of earnings and book value, ownership structure, and business group affiliation: evidence from Korean business groups[J]. Journal of Business Finance & Accounting, 34（5）: 740-766.

Baker T, Nelson R E. 2005. Creating something from nothing: resource construction through entrepreneurial bricolage[J]. Administrative Science Quarterly, 50（3）: 329-366.

Barney J B. 1986. Strategic factor markets: expectations, luck, and business strategy[J]. Management Science, （10）: 1231-1241.

Bartlett C A, Ghoshal S. 1986. Tap your subsidiaries for global reach[J]. Harvard Business Review, 64（6）: 87-94.

Bastian E, Muchlish M. 2012. Perceived environment uncertainty, business strategy, performance measurement systems and organizational performance[J]. Procedia-Social and Behavioral Sciences, 65: 787-792.

Benito G R G, Grogaard B, Narula R. 2003. Environmental influences on MNE subsidiary roles: economic integration and the Nordic countries[J]. Journal of International Business Studies, 34（5）: 443-456.

Benjamin K, Crawford R A, Arman A. 1978. Vertical integration, appropriable rents, and the competitive contracting process[J]. Journal of Law and Economics, 21（2）: 297-326.

Birkinshaw J. 1996. How multinational subsidiaries mandates are gained and lost[J]. Journal of

International Business Studies, 27（3）: 467-495.

Birkinshaw J. 1997. Entrepreneurship in multinational corporations: the characteristics of subsidiary initiatives[J]. Strategic Management Journal, 18（3）: 207-229.

Birkinshaw J. 1998. Corporate entrepreneurship in network organizations: how subsidiary initiative drives internal market efficiency[J]. European Management Journal, 16（3）: 355-364.

Birkinshaw J. 2000. Building an internal market system: insights from five R&D organizations[A]// Birkinshaw J, Hagatrom P. The Flexible Firm: Capability Management in Networked Organization[C]. Oxford: Oxford University Press.

Birkinshaw J, Fry N. 1998. Subsidiary initiatives to develop new markets[J]. Sloan Mangement Review, 39（3）: 51-61.

Birkinshaw J, Hood N. 1998. Multinational subsidiary evolution: capability and charter change in foreign-owned subsidiary companies[J]. Academy of Management Review, 23（4）: 773-795.

Birkinshaw J, Ridderstrale J. 1999. Fighting the corporate immune system: a process study of subsidiary initiatives in multinational corporations[J]. International Business Review, 8（2）: 149-180.

Birkinshaw J, Hood N, Jonsson S. 1998. Building firm-specific advantages in multinational corporations: the role of subsidiary initiative[J]. Strategic Management Journa, 19（3）: 221-241.

Birkinshaw J, Hood N, Young S. 2005. Subsidiary entrepreneurship, internal and external competitive forces, and subsidiary performance[J]. International Business Review, 14（2）: 227-248.

Boisot M, Child J. 1998. The iron law of fiefs: bureaucratic failure and the problem of governance in the Chinese economic reforms[J]. Administrative Science Quarterly, 33（4）: 507-527.

Burt R. 1992. Structural Holes: The Social Structure of Competition[M]. Cambridge: Harvard University Press.

Carmeli A. 2004. Assessing core intangible resources[J]. European Management Journal, 22（1）: 110-122.

Cavanagh A, Freeman S. 2012. The development of subsidiary roles in the motor vehicle manufacturing industry[J]. International Business Review, 21（4）: 602-617.

Chang S J. 2003. Ownership structure, expropriation, and performance of group-affiliated companies in Korea[J]. Academy of Management Journal, 46（2）: 238-253.

Chang S J, Choi U. 1988. Strategy, structure and performance of Korean business groups: a transactions cost approach[J]. Journal of Industrial Economics, 37（2）: 141-158.

Chang S J, Hong J. 2000. Economic performance of group-affiliated companies in Korea: intragroup resource sharing and internal business transaction[J]. Academy of Management Journal, 43（3）: 429-448.

Chang S J, Hong J. 2002. How much does the business group matter in Korea? [J]. Strategic Management Journal, 23（23）: 265-274.

Cheong K S, Choo K, Lee K. 2010. Understanding the behavior of business groups: a dynamic model and empirical analysis[J]. Journal of Economic Behavior and Organization, 76（2）: 141-152.

Chesbrough H. 2003. Open Innovation: The New Imperative for Creating and Profiting from Technology[M]. Boston: Harvard Business School Press.

Chesbrough H. 2006. Open Business Models: How to Thrive in the New Innovation Landscape[M]. Boston: Harvard Business School Press.

Chesbrough H, Crowther A K. 2006. Beyond hightech: early adopters of open innovation in other industries[J]. R&D Management, 36（3）: 229-236.

Child J. 1972. Organizational structure, environment and performance: the rde of strategic choice[J]. Sociology, 6 (1): 1-22.

Child J. 1973. Predicting and understanding organization structure[J]. Administrative Science Qua rterly, 18 (2): 168-185.

Child J. 2009. Context, comparison, and methodology in Chinese management research[J]. Management and Organization Review, 5 (1): 51-73.

Christmann P, Day D, Yib G S. 1999. The relative influence of country conditions, industry structure and business strategy on multinational corporation subsidiary performance[J]. Journal of International Management, 5 (4): 241-265.

Christopher W, Craighead G, Tomas M H, et al. 2009. The effects of innovation-cost strategy, knowledge, and action in the supply chain on firm performance[J]. Journal of Operations Management, 27 (5): 405-421.

Chung C N. 2001. Markets, culture and institutions: the emergence of large business groups in Taiwan, 1950s-1970s[J]. Journal of Management Studies, 38 (5): 723-745.

Claro D P, Claro P B D, Hagelaar G. 2006. Coordinating collaborative joint efforts with suppliers: the effects of trust, transaction specific investment and information network in the Dutch flower industry[J]. Supply Chain Management, 11 (3): 1338-1343.

Coff R. 2003. Bidding wars over R&D-intensive firms: knowledge, opportunism, and the market for corporate control[J]. Academy of Management Journal, 46 (1): 74-85.

Dahlander L, Gann D M. 2010. How open is innovation? [J]. Research Policy, 39 (6): 699-709.

Das T K, Teng B S. 2000. A resource-based theory of strategic alliances[J]. Journal of Management, 26 (1): 31-61.

Dellestrand H. 2011. Subsidiary embeddedness as a determinant of divisional headquarters involvement in innovation transfer processes[J]. Journal of International Management, 17 (3): 229-242.

Dimaggio P J, Powell W W. 1983. The iron cage revisited: institutional isomorphism and collective rationality in organizational fields[J]. American Sociological Review, 48 (2): 147-160.

Dimitratos P, Liouka I, Ross D, et al. 2009. The multinational enterprise and subsidiary evolution: scotland since 1945[J]. Business History, 51 (3): 401-425.

Dörrenbächer C, Geppert M J. 2009. A micro-political perspective on subsidiary initiative-taking: evidence from German-owned subsidiaries in France[J]. European Management Journal, 27 (2): 100-112.

Dörrenbächer C, Geppert M. 2010. Subsidiary staffing and initiative-taking in multinational corporations: a socio-political perspective[J]. Personnel Review, 39 (5): 600-621.

Duncan R B. 1972. Characteristics of organizational environments and perceived environmental uncertainty[J]. Administrative Science Quarterly, 17 (3): 313-327.

Dunn M B, Jones C. 2010. Institutional logics and institutional pluralism: the contestation of care and science logics in medical education: 1967 ~ 2005[J]. Administrative Science Quarterly, 55 (1): 114-149.

Dyer J H. 1996. Does governance matter? Keiretsu alliances and asset specificity as sources of Japanese competitive advantage[J]. Organization Science, 7 (6): 649-666.

Dyer J H, Singh H. 1998. The relational view: cooperative strategy and sources of interorganization competitive advantage[J]. Academy of Management Review, 23 (4): 660-679.

Dyer W G, Wilkins A L. 1991. Better stories, not better constructs, to generate better theory: a rejoinder to Eisenhardt[J]. Academy of Management Review, 16 (3): 613-619.

Eden L, Lenway S. 2001. Introduction to the symposium multinationals: the janus face of globalization[J]. Journal of International Business Studies, 32（3）: 383-400.

Edstrom A, Galbraith J. 1977. Transfer of managers as a coordination and control strategy in multinational organizations[J]. Administrative Science Quarterly, 22（2）: 248-263.

Egelhoff W G. 1982. Strategy and structure in multinational corporations: an information-processing approach[J]. Administrative Science Quarterly, 27（3）: 433-458.

Eisenhardt M. 1989. Building theories from case[J]. Academy of Management Review, 14（4）: 532-550.

Eisingerich A B, Bell S J, Tracey P. 2010. How can clusters sustain performance? The role of network strength, network openness, and environmental uncertainty[J]. Research Policy, 39（2）: 239-253.

Ellis S C, Henry R M, Shockley J. 2010. Buyer perceptions of supply disruption risk: a behavioral view and empirical assessment[J]. Journal of Operations Management, 28（1）: 34-46.

Fauver L, Houston J F, Naranjo A. 2003. Capital market development, international integration, legal systems, and the value of corporate diversification: a cross-country analysis[J]. Journal of Financial and Quantitative Analysis, 38（1）: 135-158.

Fong C M, Ho H L, Weng L C, et al. 2007. The intersubsidiary competition in an MNE: evidence from the greater China region[J]. Canadian Journal of Administrative Sciences, 24（1）: 45-57.

Franko L G. 1989. Global corporate competition: who's winning, who's losing, and the R&D factor as one reason why[J]. Strategic Management Journal, 10（5）: 449-474.

Freel M S. 2005. Perceived environmental uncertainty and innovation in small firms[J]. Small Business Economics, 25（1）: 49-64.

Freeman C. 1991. Networks of innovators: a synthesis of research issues[J]. Research Policy, 20（5）: 499-514.

Frost T S. 2001. The geographic sources of foreign subsidiaries "innovations" [J]. Strategic Management Journal, 22（2）: 101-123.

Garnier G H. 1982. Context and decision making autonomy in the foreign affiliates of US multinational corporations[J]. Academy of Management Journal, 25（4）: 893-908.

Garriga H, Von K G, Spaeth S. 2013. How constraints and knowledge impact open innovation[J]. Strategic Management Journal, 34（9）: 1134-1144.

Gates S R, Egelhoff W G. 1986. Centralization in headquarters-subsidiary relationships[J]. Journal of International Business Studies, 17（2）: 71-92.

Ghemawat P, Khanna T. 1998. The nature of diversified business groups: a research design and two case studies[J]. The Journal of Industrial Economics, 46（1）: 35-61.

Ghoshal S, Nohria N. 1989. Internal differentiation within multinational corporations[J]. Strategic Management Journal, 10（4）: 323-337.

Ghoshal S, Bartlett C. 1990. The multinational corporation as an interorganizational network[J]. Academy of Management Review, 15（4）: 603-625.

Grabher G. 1993. The weakness of strong ties: the lock-in of regional development in Ruhr area[A]//The Embedded Firm: On the Socioeconomics of Industrial Networks[C]. London: Routledge: 255-277.

Granovetter M. 1985. Economic action and social structure: the problem of em-beddnedness[J]. American Journal of Sociology, 91: 481-510.

Grant R M. 1996. Prospering in dynamically-competitive environments: organizational capability as knowledge integration[J]. Organization Science, 7（4）: 375-387.

Grönlund J, Sjödin D R, Frishammar J. 2010. Open innovation and the stage-gate process: a revised model for new product development[J]. California Management Review, 52（3）: 106-131.

Guillén M. 2000. Business groups in emerging economies: a resource-based view[J]. Academy of Management Journal, 43（3）: 362-380.

Gulati R. 1995. Social structure and alliance formation patterns: a longitudinal analysis[J]. Administrative Science Quarterly, 40（4）: 619-652.

Gulati R. 1998. Alliances and networks[J]. Strategic Management Journal, 19（4）: 293-317.

Gulati R. 1999a. Network location and learning: the influence of network resources and firm capabilities on alliance formation[J]. Strategic Management Journal, 20（5）: 397-420.

Gulati R. 1999b. Where do interorganizational networks come from?[J]. American Journal of Sociology, 104（5）: 1398-1438.

Gulati R, Nohria N, Zaheer A. 2000. Guest editors' introduction to the special issue: strategic networks[J]. Strategic Management Journal, 21（3）: 199-201.

Hadjikhani A, Thilenius P. 2009. Industrial relationships and the effects of different types of connections[J]. Industrial Marketing Management, 38（6）: 679-686.

Hadjimanolis A. 1999. Barriers to innovation for SMEs in a small less developed country（Cyprus）[J]. Technovation, 19（9）: 561-570.

Halinen A, Törnroos J A. 1998. The role of embeddedness in the evolution of business networks[J]. Scandinavian Journal of Management, 14（3）: 187-205.

Hambrick D C, Mason P A. 1984. Upper echelons: the organization as a reflection of its top managers[J]. Academy of Management Review, 9（2）: 193-206.

Hambrick D C, Fukiltomi G D. 1991. The seasons of a CEO's tenure[J]. Academy of Management Review, 16（4）: 719-742.

Harrigan F J. 1983. The stimation of regional input-output models: a mathematical programming perspective[D]. PhD.Dissertation of University of Strathclyde.

Hart O, Moore J. 1990. Property rights and the nature of the firm[J]. Journal of Political Economy, 98（6）: 1119-1158.

Hillman A J, Hitt M A. 1999. Corporate political strategy formulation: a model of approach, participation and strategy decisions[J]. Academy of Management Review, 24（2）: 825-842.

Hitt M A, Hoskisson R E. 1992. Cooperative versus competitive structures in related and unrelated diversified firms[J]. Organization Science, 3（4）: 501-521.

Hitt M A, Hoskisson R E, Ireland R D. 1990. Mergers and acquisitions and managerial commitment to innovation in m-form firms[J]. Strategic Management Journal, 11（1）: 29-47.

Hitt M A, Hoskisson R E, Ireland R D, et al. 1991. Effects of acquisitions on R&D inputs and outputs[J]. Academy of Management Journal, 34（3）: 693-706.

Hitt M A, Hoskisson R E, Johnson R A, et al. 1996. The market for corporate control and firm innovation[J]. Academy of Management Journal, 39（5）: 1084-1119.

Hitt M A, Ireland R D, Hoskisson R E. 2006. Strategic management: competitiveness and globalization[J]. West Publish Company, 21（2）: 27-46.

Hoffman A J. 1999. Institutional evolution and change: environmentalism and the US chemical industry[J]. Academy of Management Journal, 42（4）: 351-371.

Hoskisson R E, Hitt M A. 1988. Strategic control systems and relative R&D investment in large multiproduct firms[J]. Strategic Management Journal, 9（6）: 605-621.

Hoskisson R E, Hitt M A, Wan W P, et al. 1999. Theory and research in strategic management: swings of a pendulum[J]. Journal of Management, 25（3）: 417-456.

Hoskisson R E, Eden L, Lau C M, et al. 2000. Strategy in emerging economies[J]. Academy of Management Journal, 43（3）: 249-267.

Huang F, Rice J. 2009. The role of absorptive capacity in facilitating "open innovation" outcomes: a study of Australian SME in the manufacturing sector[J]. International Journal of Innovation Management, 13（2）: 201-220.

Huchet J F, Black M. 1999. Concentration and the emergence of corporate groups in Chinese industry [J]. China Perspective,（23）: 5-17.

Huizingh E. 2011. Open innovation: state of the art and future perspectives[J]. Technovation, 31（1）: 2-9.

Jacobides M G, Winter S G. 2005. The co-evolution of capabilities and transaction costs: explaining the institutional structure of production[J]. Strategic Management Journal, 26（5）: 395-413.

Jacquemin A P, Berry C H. 1979. Entropy measure of diversification and corporate growth[J]. Journal of Industrial Economics, 27（4）: 359-369.

Jap S D, Anderson E. 2003. Safeguarding interorganizational performance and continuity under ex post opportunism[J]. Management Science, 49（12）: 1684-1701.

Jarillo J C, Martinez J I. 1990. Different roles for subsidiaries: the case of multinational corporations in Spain[J]. Strategic Management Journal, 11（7）: 501-512.

Järvensivu T, Möller K. 2009. Metatheory of network management: a contingency perspective[J]. Industrial Marketing Management, 38（6）: 654-661.

Jindra B, Giroud A, Scott J K. 2009. Subsidiary roles, vertical linkages and economic development: lessons from transition economies[J]. Journal of World Business, 44（2）: 167-179.

Jochem E, Gruber E. 2007. Local learning-networks on energy efficiency in industry-successful initiative in Germany[J]. Applied Energy, 84（7）: 806-816.

Kang M P, Mahoney J T, Tan D. 2009. Why firms make unilateral investments specific to other firms: the case of OEM suppliers[J]. Strategic Management Journal, 30（2）: 117-135.

Kanter R M. 1982. The middle manager as innovator[J]. Harvard Business Review, 60（4）: 95-105.

Keister L A. 1998. Engineering growth: business group structure and firm performance in China's transition economy[J]. American Journal of Sociology, 104（2）: 404-440.

Keister L A. 1999. Where do strong ties come from? A dyad analysis of the strength of interfirm exchange relations during China's economic transition[J]. International Journal of Organizational Analysis, 7（1）: 5-24.

Keister L A. 2000. Chinese business groups: the structure and impact of interfirm relations during economic development[J]. Contemporary Sociology, 61（3）: 150-152.

Keunkwan R, Jihye Y. 2011. Relationship between management ownership and firm value among the business group affiliated firms in Korea[J]. Journal of Comparative Economics, 39（7）: 557-576.

Keupp M M, Gassmann O. 2009. International Innovation and strategic initiatives: a research agenda[J]. Research in International Business and Finance, 23（2）: 193-205.

Keupp M M, Palmié C M, Gassmann O. 2011. Achieving subsidiary integration in international innovation by managerial "tools" [J]. Management International Review, 51: 213-239.

Khanna T. 2000. Business groups and social welfare in emerging markets: existing evidence and unanswered questions[J]. European Economic Review, 44（4）: 748-761.

Khanna T, Palepu K. 1999. Policy shocks, market intermediaries, and corporate strategy: the evolution of business groups in Chile and India[J]. Journal of Economic & Management

Strategy, 8 (2): 271-310.

Khanna T, Palepu K. 2000a. Is group affiliation profitable in emerging markets? An analysis of diversified Indian business groups[J]. Journal of Finance, 55 (2): 867-892.

Khanna T, Palepu K. 2000b. The future of business groups in emerging markets: long-run evidence from Chile[J]. Academy of Management Journal, 43 (3): 268-285.

Khanna T, Rivkin J W. 2001. Estimating the performance effects of business groups in emerging markets[J]. Strategic Management Journal, 22 (1): 45-74.

Khanna T, Rivkin J W. 2006. Interorganizational ties and business group boundaries: evidence from an emerging economy[J]. Organization Science, (17): 333-352.

Khanna T, Yafeh Y. 2007. Business groups in emerging markets: paragons or parasites? [J]. Journal of Economic Literature, 45 (2): 331-372.

Kolasinski A C. 2009. Subsidiary debt, capital structure and internal capital markets[J]. Journal of Financial Economics, 94 (2): 327-343.

Krishnan R T. 2006. Subsidiary initiative in Indian software subsidiaries of MNCs[J]. The Journal for Decision Makers, (31): 61-71.

Krug B, Hendrischke H. 2008. Framing China: transformation and institutional change through co-evolution[J]. Erim Report, 4 (1): 81-108.

Langlois R N. 1993. Capabilities and coherence in firms and markets[C]. Conference On Evolutionary and Resource-Based Approaches to Strategy.

Langlois R N. 1995. Capabilities and the theory of the Firm[J]. Druid Working Paper, 77: 7-28.

Lawrence P, Lorsch J. 1967. Organization and Environment[M]. Boston: Harvard University.

Lazzarotti V, Manzini R. 2009. Different modes of open innovation: a theoretical framework and an empirical study[J]. International Journal of Innovation Management, 13 (4): 615-636.

Leavitt H J. 1960. Task ordering and organizational development in the common target game[J]. Systems Research & Behavioral Science, 5 (3): 233-239.

Lee S, Park K, Shin H. 2009. Disappearing internal capital markets: evidence from diversified business groups in Korea[J]. Journal of Banking & Finance, 33 (2): 326-334.

Lee S, Park G, Yoon B, et al. 2010. Open innovation in SMEs-an intermediated network model[J]. Research Policy, 39 (2): 290-300.

Leff N H. 1978. Industrial organization and entrepreneurship in the developing countries: the economic groups[J]. Economic Development and Cultural Change, 26 (4): 661-675.

Lemmon M L, Lins K V. 2003. Ownership structure, corporate governance, and firm value: evidence from the East Asian financial crisis[J]. Journal of Finance, 58 (4): 1445-1468.

Lengnick-Hall C L A, Wolff J A. 1999. Similarities and contradictions in the core logic of three strategy research streams[J]. Strategic Management Journal, 20 (2): 1109-1132.

Leung A, Zhang J, Wong P K, et al. 2006. The use of networks in human resource acquisition for entrepreneurial firms: multiple "fit" considerations[J]. Journal of Business Venturing, 21 (5): 664-686.

Levi Y, Pellegrin-Rescia M L. 1997. A new look at the embeddedness/disembeddedness issue: cooperatives as terms of reference[J]. The Journal of Socio-Economics, 26 (2): 159-179.

Li S, Tsai M. 2009. A dynamic taxonomy for managing knowledge assets[J]. Technovation, 29: 284-298.

Lichtenthaler U. 2009. Outbound open innovation and its effect on firm performance: examining environmental influences[J]. R&D Management, 39 (4): 317-330.

Lichtenthaler U. 2011. Open innovation: past research, current debates and future directions[J]. Academy of Management Perspectives, (2): 75-93.

Liu X, Vredenbury H, Steel P. 2014. A meta-analysis of factors leading to management control in international joint ventures[J]. Journal of International Management, 20 (2): 219-236.

Lohtia R, Brook C M, Krapfel R E. 1994. What constitutes a transaction-specific asset? An examination of the dimensions and types[J]. Journal of Business Research, 30: 261-270.

Lui S, Wong Y, Liu W. 2008. Asset specificity roles in interfirm cooperation: reducing opportunistic behavior or increasing cooperative behavior[J]. Journal of Business Research, 62: 1214-1219.

Mahmood I P, Zhu H J, Zajal E J. 2011. Where can capabilities come from? Network ties and capability acquisition in business groups[J]. Strategic Management Journal, 32 (8): 820-848.

Mahnke V, Venzin M, Zahra S A. 2007. Governing entrepreneurial opportunity recognition in MNEs: aligning interests and cognition under uncertainty[J]. Journal of Management Studies, 44 (7): 1278-1298.

Malnight T W. 1995. Globalization of an ethnocentric firm: an evolutionary perspective[J]. Strategic Management Journal, 16 (2): 119-141.

Maman D. 2002. The emergence of business groups: Israel and Korea compared[J]. Organization Studies, (5): 737-758.

Mario K, Murod A. 2016. Institutions and foreign subsidiary growth in transition economies: the role of intangible assets and capabilities[J]. Journal of Management Studies, 53 (4): 580-607.

Mark A, Subramaniam Y M, Scott A S. 2004. Intellectual capital profiles: an examination of investments and returns[J]. Journal of Management Studies, (41): 335-361.

Martinez J I, Jarillo J C. 1991. Coordination demands of international strategies[J]. Journal of International Business Studies, 22 (3): 429-444.

Masten S E, Meehan J W, Snyder E. 1991. The costs of organization[J]. The Journal of Law, Economics and Organization, (7): 1-25.

Meyer J W, Rowan B. 1977. Institutionalized organizations: formal structure as myth and ceremony[J]. American Journal of Sociology, 83 (2): 340-363.

Nee V. 1992. Organizational dynamics of market transition: hybrid forms, property rights, and mixed economy in China[J]. Administrative Science Quarterly, 37 (1): 1-27.

Nee V, Matthews R. 1996. Market transition and societal transformation in reforming state socialism[J]. Annual Review of Sociology, 22 (1): 401-435.

Nohria N, Ghoshal S. 1994. Differentiate fit and shared values: alternatives for managing headquarters-subsidiary relations[J]. Strategic Management Journal, 15 (6): 491-502.

Okazaki T. 2001. Role of holding companies in prewar Japanese economic development: rethinking zaibatsu in perspectives of corporate governance[J]. Social Science Japan Journal, (4): 263-268.

Oliver C. 1997. Sustainable competitive advantage: combing institutional and resource-based views[J]. Strategic Management Journal, 18 (9): 679-713.

Otterbeck L. 1981. The Management of Headquarters: Subsidiary Relationships in Multinational Corporations[M]. New York: St. Martin's Press.

Ozsomer A, Gencturk E. 2003. A resource-based model of market learning in the subsidiary: the capabilities of exploration and exploitation[J]. Journal of International Marketing, 11 (3): 1-29.

Palepu K. 1985. Diversification strategy, profit performance and the entropy measures[J]. Strategic Management Journal, (6): 239-255.

Park S H, Luo Y. 2001. Guanxi and organizational dynamics: organizational networking in Chinese firms[J]. Strategic Management Journal, 22（5）: 455-477.

Paulo N F. 2011. The role of dual embeddedness in the innovative performance of MNE subsidiaries: evidence from Brazil[J]. Journal of Management Studies,（4）: 417-440.

Pekkarinen S, Harmaakorpi V. 2006. Building regional innovation networks: the definition of an age business core process in a regional innovation system[J]. Regional Studies, 40（4）: 401-413.

Penrose E. 1959. The Theory of the Growth of the Firm[M]. New York: Wiley and Sons.

Peteraf M A. 1993. The tortuous evolution of the multinational corporation[J]. Columbia Journal of World Business,（4）: 179-191.

Piller F, Schaller C, Walcher D. 2003. Customers as code signers: a framework for open innovation[J]. German Ministry Research, 12（4）: 90-105.

Piontkowski J O, Hoffian A. 2009. Less is sometimes more: the role of information quantity and specific assets in the propensity to engage in cost data exchange processes[J]. Journal of Purchasing & Supply Management, 15（2）: 71-78.

Polanyi K, Arensberg C M, Pearson H W. 1957. Trade and Market in the Early Empires: Economies in History and Theory[M]. Glencoe: The Falcon's Wing Press.

Pombo C, Gutiérrez L H. 2011. Outside directors, board interlocks and firm performance: empirical evidence from Colombian business groups[J]. Journal of Economics & Business,63(4):251-277.

Porta R L, Shleifer A, Vishny R W. 2002. Investor protection and corporate valuation[J]. Journal of Finance, 57（3）: 1147-1170.

Prahalad C K, Bettis R A. 1986. The dominant logic: a new linkage between diversity and performance[J]. Strategic Management Journal,（7）: 485-501.

Prahalad C K, Hamel G. 1990. The core competence of the corporation[J]. Harvard Business Review, 68: 79-81.

Raja K, Jayati S. 2011. Diversification and tunneling: evidence from Indian business groups[J]. Journal of Comparative Economics,（9）: 349-367.

Rajan R, Servaes H, Zingales L. 2000. The cost of diversity: the diversification discount and inefficient investment[J]. Journal of Finance, 55（1）: 35-80.

Reiiie G, Rezaul K. 2012. Heterogeneity in business groups and the corporate diversification-firm performance relationship[J]. Journal of Business Research,（3）: 412-420.

Rice J B, Sheffi Y. 2005. A supply chain view of the resilient enterprise[J]. MIT Sloan Management Review, 47（1）: 41-48.

Robert J D, Shin-Kap H. 2004. A systematic assessment of the empirical support for transaction cost economics[J]. Strategic Management Journal, 25（1）: 39-58.

Robson S R, Lise G. 2011. The research for legitimacy and organizational change: the agency of subordinated actors[J]. Scandinavian Journal of Management,（9）: 261-272.

Roth K, Morrison A J. 1992. Implementing global strategy: characteristics of global subsidiary mandates[J]. Journal of International Business Studies, 23（4）: 715-735.

Roth K, Schweiger D M, Morrison A J. 1991. Global strategy implementation at the business unit level: operational capabilities and administrative mechanisms[J]. Journal of International Business Studies, 22（3）: 369-402.

Rothwell R. 1992. Successful industrial innovation: critical factors for the 1990s[J]. R&D Management, 22（3）: 221-240.

Saliola F, Zanfei A. 2009. Multinational firms, global value chains and the organization of knowledge transfer[J]. Research Policy, 38（2）: 369-381.

Sargent J, Matthews L. 2006. The drivers of evolution/upgrading in Mexico's maquiladoras: how important is subsidiary initiative? [J]. Journal of World Business, 41 (3): 233-246.

Schmid S, Schurig A. 2003. The development of critical capabilities in foreign subsidiaries: disentangling the role of the subsidiary's business network[J]. International Business Review, 12 (6): 755-782.

Schmid S, Dzedek L R, Lehrer M. 2014. From rocking the boat to wagging the dog: a literature review of subsidiary initiative research and integrative framework[J]. Journal of International Management, 20 (2): 201-218.

Schotter A, Bearnish P W. 2011. Performance effects of MNC headquarters-subsidiary confilict and the role of boundary spanners: the case of headquarter initiative rejection[J]. Journal of International Management, 17 (3): 243-259.

Shaffer B, Hillman A J. 2000. The development of business-government strategies by diversified firms[J]. Strategic Management Journal, 21 (2): 175-190.

Shane S, Venkataraman S. 2000. The promise of entrepreneurship as a field of research[J]. Academy of Management Review, 25 (1): 217-226.

Simon A. 2009. Regional integration through contracting networks: an empirical analysis of institutional collection action framework[J]. Global Journal of Emerging Market Economies, 44 (3): 378-402.

Simons R. 1995. Levers of Control: How Managers use Innovative Control Systems to Drive Strategic Renewal[M]. Boston: Harvard Business School Press.

Starr R, Newfrock J, Delurey M. 2003. Enterprise resilience: managing risk in the networked economy[J]. Strategy & Business Magazine, (30): 1-13.

Stefan S, Lars R D, Mark L. 2014. From rocking the boat to wagging the dog: a literarure review of subsidiary initiative research and integrative framework[J]. Journal of International Management, 20 (2): 201-218.

Stephanie C S, Torben P. 2013. The driving forces of subsidiary absorptive capacity[J]. Journal of Management Studies, 50 (4): 645-672.

Stevenson M, Spring M. 2007. Flexibility from a supply chain perspective: definition and review[J]. International Journal of Operations & Production Management, 27 (7): 685-713.

Stewart J M. 1995. Empowering multinational subsidiaries[J]. Long Range Planning, 28 (4): 63-73.

Svendsen G L H, Sorensen J F L. 2007. There's more to the picture than meets the eye: measuring tangible and intangible capital in two marginal communities in rural denmark[J]. Journal of Rural Studies, 23 (4): 453-471.

Taggart J, Hood N. 1999. Determinants of autonomy in multinational corporation subsidiaries[J]. European Management Journal, 17 (2): 226-236.

Tan J J, Litschert R J. 1994. Environment-strategy relationship and its performance implications: an empirical study of the Chinese electronics industry[J]. Strategic Management Journal, 15 (3): 1-20.

Thornton P H. 2002. The rise of the corporation in a craft industry: conflict and conformity in institutional logics[J]. Academy of Management Journal, 45 (1): 81-101.

Thornton P H. 2004. Markets from culture: institutional logics and organizational decisions in higher education publishing[M]. Stanford: Stanford University Press.

Thornton P H, Ocasio W. 1999. Institutional logics and the historical contingency of power in organizations: executive succession in the higher education publishing industry, 1958 ~ 1990[J].

American Journal of Sociology, 105 (3): 801-843.

Thornton P H, Ocasio W, Lounsbury M. 2012. The Institutional Logics Perspective: A New Approach to Culture, Structure, and Process[M]. Oxford: Oxford University Press.

Tomas F E, Lai P, Baum T. 2008. Asset specificity in make or buy decisions for service operations—an empirical application in the Scottish hotel sector[J]. International Journal of Service, Industry Management, 19 (1): 111-133.

Trott P, Hartmann D. 2009. Why "open innovation" is old wine in new bottles[J]. International Journal of Innovation Management, 13 (4): 715-736.

Tseng C, Fong C, Su K. 2004. The determinants of MNC subsidiary initiatives implications for small business[J]. Globalization and Small Business, (1): 92-114.

Tsui A S. 2006. Contextualization in Chinese management research[J]. Management and Organization Review, 2 (1): 1-13.

Tsui A S. 2007. From homogenization to pluralism: international management research in the academy and beyond[J]. Academy of Management Journal, 50 (6): 1353-1364.

Turnbull S. 2003. Network governance[J]. Corporate Governance International, (6): 4-14.

Uzzi B. 1997. Social structure and competition in interfirm networks: the pradox of embeddedness[J]. Administrative Science Quarterly, 42 (1): 35-67.

Verbeke A, Yuan W. 2005. Subsidiary autonomous activities in multinational enterprises: a transaction cost perspective[J]. Management International Review, 45: 31-52.

Verbeke A, Chrisman J J, Yuan W. 2007. A note on strategic renewal and corporate venturing in the subsidiaries of multinational enterprises[J]. Entrepreneurship: Theory & Practice, 31: 585-600.

Wadeson N. 2005. Projects as search processes[J]. International Journal of Project Management, 23 (6): 421-427.

Walden E A. 2005. Intellectual property rights and cannibalization in information technology outsourcing contracts[J]. MIS Quarterly, 29 (4): 699-720.

Wallin M, Krogh G. 2010. Organizing for open innovation: focus on the integration of knowledge[J]. Organizational Dynamics, 39 (2): 145-154.

Wan W P, Hoskisson R E. 2003. Home country environments, corporate diversification strategies and firm performance[J]. Academy of Management Journal, 46: 27-45.

Weber M. 1964. The Theory of Social and Economic Organization[M]. New York: Free Press.

Wernerfelt B. 1984. A resource-based view of the firm[J]. Strategic Management Journal, 5 (2): 171-180.

West J, Gallagher S. 2006. Challenges of open innovation: the paradox of firm investment in open-source software[J]. R&D Management, 36 (3): 319-331.

White R E, Hoskisson R E, Yiu D W, et al. 2008. Employment and market innovation in Chinese business group affiliated firms: the role of group control systems[J]. Management and Organization Review, (4): 225-256.

White S. 2000. Competition, capabilities, and the make, buy, or ally decisions of Chinese state-owned firms[J]. Academy of Management Journal, 43: 324-341.

Williams C. 2009. Subsidiary-level determinants of global initiatives in multinational corporations[J]. Journal of International Management, 15 (1): 92-104.

Williamson O E. 1975. Markets and Hierarchies: Analysis and Anti-trust Implications[M]. New York: Free Press.

Williamson O E. 1985. The Economic Institutions of Capitalism[M]. New York: Free Press.

Winnie Q, Peng K C, John W, et al. 2011. Tunneling or propping: evidence from connected transactions in China[J]. Journal of Corporate Finance, (4): 306-325.

Yamin M. 2005. Subsidiary Business Networks and Opportunity Development in Multinational Enterprises: A Comparison of the Influence of Internal and External Business Networks[M]. Berlin: Springer.

Yamin M, Andersson U. 2011. Subsidiary importance in the MNC: what role does internal embeddedness play?[J]. International Business Review, 20 (2): 151-162.

Yiu D W, Lu Y, Bruton G D, et al. 2007. Business groups: an integrated model to focus future research[J]. Journal of Management Studies, 44 (8): 1551-1579.

Yiu D, Bruton G D, Lu Y. 2005. Understanding business group performance in an emerging economy: acquiring resources and capabilities in order to prosper[J]. Journal of Management Studies, 42: 183-206.

Zucchella A, Maccarini M E, Scabini P. 2007. Entrepreneurial capabilities in MNE subsidiaries: the case of the dialysis industry[J]. International Journal of Entrepreneurship and Small Business, (4): 305-324.